**민지의
정치 공부
①**

MZ가 묻고 라떼가 답하는
정치에 대한 모든 것

민지의
정치 공부 ①

진보 보수 민주공화국 대중독재

시민학 국민저항권 로동루

관용의 역설 검사동일체 히틀러 비상계엄

신동기 지음

생각
여행

민지

나이   MZ 세대

하는 일   교육사업, 자기계발 강사

좋아하는 말 다만세의 "사랑해 널 이 느낌 이대로. 그려왔던 헤매임의 끝"

신박사

나이   라떼 세대

하는 일   넓고 얕은 인문학 지식으로 사회·인간 문제에 대한 나름의
            해법을 글로 옮기는 일

좋아하는 말 페인의 "이제 인류에게 생각하지 말라거나 읽지 말라고 말
            할 수 없게 됐다"

민　지　교수님, 오늘 CEO 특강 정말 좋았어요. 저는 '수신·
　　　　제가·치국·평천하'가 지금 시대에 맞게 그렇게 산뜻하
　　　　게 해석될 수 있다는 것에 깜짝 놀랐어요. 특히 '치국'
　　　　설명에서, "오늘날의 '치국治國', 즉 '나라를 다스리는
　　　　것'은 정치인이 아닌 국민이다. 주권이 국민에게 있
　　　　고, 모든 권력은 국민으로부터 나오기 때문이다"라는
　　　　부분에서 크게 공감이 갔어요.

신박사　당연한 이야기 아니겠습니까? 대의민주주의에서 대
　　　　통령과 국회의원을 국민이 뽑고 그들은 국민을 대신
　　　　해 정치할 뿐이니, 궁극적으로 정치는 국민이 하는 것
　　　　이고 거기에 대한 최종 감당 역시 국민이 해야 하는
　　　　것이니까요.

민 지   그리고 '치국'을 현대적 의미로 해석하는 부분에서, 루소의 "누군가가 국사國事에 관하여, '그게 나와 무슨 상관인가?'라고 말하는 순간, 그 국가는 끝장난 것으로 간주되어야 한다"와, 플라톤의 "정치를 외면한 가장 큰 대가는 당신보다 더 멍청하고 저질스러운 인간에게 지배당하는 것이다"라는 부분에서는 그야말로 망치로 머리를 세게 한 대 얻어맞은 기분이었어요. 갑자기 현타(?)가 왔어요.

신박사   대학원 수업 때 '사회계약론' 강의에서 언급했을 듯싶은데 그때 졸았던 모양이네.

민 지   아이고, 교수님. 그때는 학점 따기 위한 공부였잖아요. 그냥 듣는 강의하고 학점 따기 위한 강의하고는 다르죠. 그런데요, 교수님. 오늘 강의 듣다가 갑자기 생각난 게요. 치국 관련해 몇 가지 정치 개념들을 말씀하셨잖아요. 그런 내용을 일반 사람들이 쉽게 이해할 수 있도록 대화 형식으로 풀어 책을 한 권 쓰시는 것 어떠세요?

신박사   그렇지 않아도 지금 좀 고민 중이에요. 2019년에 《이 정도는 알아야 할 정치의 상식》을 펴냈는데, 최근 일련의 정치 상황을 보면서 MZ 세대도 쉽게 접할 수 있는 정치 관련 책을 한 권 써야겠다는 생각을 하고 있는 중이에요. 2022년 대선을 앞두고 이화여자대학교에서 《이 정도는 알아야 할 정치의 상식》을 학생들이 읽어야 할 정치 권장 도서에 두 번째로 리스트업 했는데, 기대만큼 많이 읽히지는 않았던 것 같아요. 지금 돌이켜보면 많이 아쉬운 부분이에요.

민 지 잘됐네요. 제가 쉽게 읽힐 수 있는 정치 책을 써보시라고 말씀드리는 게, 사실은 저부터 그런 책이 필요하기 때문이에요. 저는 정치의 근본과 관련해 궁금한 게 많아요. 저뿐만 아니라 제 주변 또래들도 마찬가지예요. 그런데 그런 궁금한 것들을 콕 집어 쉽게 설명하고 있는 책을 찾기가 쉽지 않아요. 정치 책 하면 정치인들의 자기 PR 책, 교수들의 심오한 정치 이론서, 아니면 어느 한쪽 입장에서 상대 진영을 공격하기 위한 책들이 대부분이에요. 오늘 강의하실 때 주희가 《대학》을 새로 편집해 펴낸 이유 중 하나가 '정치인들의 권모술수를 막기' 위한 것이라고 하셨잖아요. 지금이 바로 딱 그런 상황인 것 같아요. 진짜 말도 안 되는 궤변들이 세상을 어지럽히고 있잖아요. 이럴 때 쉽게 이해할 수 있으면서도 정치에 대한 근본적이고 기본적인 궁금증을 풀어줄 책을 펴내신다면 그것이 바로 오늘 교수님이 마무리에서 말씀하신 '지어지선止於至善', 즉 '지극히 좋은 세상에서 모두 함께 사는 것' 아니겠어요?

신박사   아이고, 민지 씨가 이렇게 훌륭한 청년인지 진즉에 몰라봐서 미안하네. 하하, 알겠습니다. 한번 고민해 봅시다.

-《민지의 정치 공부 ①》은 이렇게 시작되었다 -

● 목차

1부   보수와 진보

2부   민주주의

민 지

교수님, 보수·진보를 왜 '우파(또는 우익右翼)', '좌파(또는 좌익左翼)'로 부르는 거죠?

신박사

스토리가 있죠. '좌파(또는 좌익左翼)', '우파(또는 우익右翼)'라는 말은 1792년 들어선 프랑스의 국민공회에서 시작돼요. 국민공회가 회의를 하기 위해 모였는데 의장석에서 볼 때 '변화를 주장하는 진보의 자코뱅파'는 좌측, '현상을 유지하려는 보수의 지롱드파'는 우측에 자리했어요. 이후 프랑스 의회는 이 원칙을 고수해요. 이때부터 진보는 '좌파·좌익', 보수는 '우파·우익'으로 불리게 되죠. 물론, 좌빨, 우꼴과 같은 공격적 용어는 우리나라의 최근 극단적 대결이 만들어낸 혐오 언어들이고요.

1부

보수와 진보

1장

정치 이야기를 하다 보면
왜 꼭 싸움이 나죠?

정치 이야기가 싸움으로 번지게 되는 원인은 '관점의 차이', '주요 개념에 대한 잘못된 이해나 무지', '감정적 용어 사용', 그리고 '비이성적, 즉 사실과 논리에 입각하지 않은 태도' 4가지예요.

'정치 이야기' 금지?

신박사 민지 씨, 귀한 시간 내줘서 고마워요.

민 지 아이고, 무슨 말씀을요. 고맙다는 말은 제가 드려야 죠. 제가 그래도 교육사업을 하는 사람이잖아요. 또 직접 사람들에게 자기계발 강의도 하고요. 그동안 미뤄둔 숙제인데 교수님과 대담을 통해 정치에 대해 궁금한 것들을 공부할 수 있게 되었으니 제가 감사할 일이죠.

신박사 자, 커피 마시면서 천천히 이야기를 시작합시다.

민 지 교수님, 제가 두 달 전부터 러닝 크루 활동을 시작했어요.

신박사 러닝 크루요? 러닝 크루…… 아! TV에서 본 것 같네요. 달리기 모임요? 거참, 쉬운 말 놔두고(혼자서 중얼중얼)……. 오케이, 그건 그렇고. 그래서 오늘 첫 번째로 궁금한 게 뭐예요?

민 지   아, 저희 러닝 크루 모임과 관련된 얘기예요. 최근에 저희 러닝 크루에서 일이 있었어요. 한 달에 한 번 있는 저녁 식사 자리에서 한 친구가 정치 이야기를 꺼냈는데 그게 그만 큰 싸움으로 번지고 말았어요. 그래서 극렬(?) 참여자 세 명이 모임에서 쫓겨났어요.

신박사   크루에서 쫓겨났다고요?

민 지   아니, 크루가 아니고 모임에서요. 아……, 예, 예, 크루에서요(아이고). 그런데 저는 지금까지 모르고 있었는데 러닝 크루 헌장에 '정치·종교 이야기 금지' 조항이 딱 박혀 있더라고요. 그래서 리더한테 물어봤어요. 이런 조항이 왜 필요하냐고. 그랬더니 리더가 하는 말이, 그 전에 다른 '달리기 모임', 아니, 다른 '러닝 크루'를 운영한 적이 있었는데, 그때 '정치 토론' 아닌 '정치 전쟁'이 일어나 결국 모임이 공중분해가 되었다는 거예요. 그래서 새 모임을 만들 때 아예 '정치 이야기 금지'를 크루 헌장에 박아 넣었다는 거예요. '종교 이야기 금지'도 함께요. 교수님, '정치·종교 이야기'가 그렇게 문제가 되는 이유가 뭐라고 생각하세요? 그리고 '정치·종교 이야기'를 하면서 싸움까지 안 가게 할 수 있는 방법이 없는 건가요?

신박사 흐음……, 정치·종교, 그 이야기. 그래, 어려운 이야기
죠. 좀 생각해 봐야 할 문제죠. 일단 이 자리는 정치를
알아보는 자리이니 종교와 관련해서는 다른 기회에
알아보도록 하고 여기서는 정치에 대해서만 생각해
보죠. 정치 이야기가 싸움으로 번지게 되는 원인은 대
체로 4가지 정도로 생각해 볼 수 있을 것 같아요. 첫
째, '관점의 차이', 둘째, '주요 개념에 대한 잘못된 이
해나 무지', 셋째, '감정적 용어 사용', 그리고 마지막
넷째로 '비이성적, 즉 사실과 논리에 입각하지 않은
태도', 4가지로요.

관점이 다르면 생각도 다르다

신박사 먼저 세상을 보는 '관점의 차이'에 대해 생각해 볼까
요? '천동설'의 관점에 갇혀 있는 사람은 '지동설'을 받
아들일 수 없어요. '뉴턴 역학'이라는 관점에 갇혀 있
는 사람 역시 광속 환경에서 나타나는 '상대성의 원리'
나 미시 환경에서 나타나는 '양자역학의 원리'를 이해
할 수 없고요. 한마디로 관점이 다르면 서로 대화가
되지 않는다는 거죠. 그런데, 이런 현상이 자연과학에

서만 발생하는 것이 아니에요.

민　지　지금 말씀하신 내용은 토머스 쿤의 《과학혁명의 구조》에 나오는 패러다임 이야기네요. 그런데 정치에서도 그렇다는 말씀이네요?

신박사　맞아요. 정치에서도 동일한 현상이 벌어집니다. 앞서 제가 펴낸 《이 정도는 알아야 할 정치의 상식》의 '정치혁명의 구조'라는 장에서 이 부분을 다루고 있어요. 이 책에서도 이 주제는 별도로 다룰 생각이고, 오늘 여기서는 정치 이야기가 싸움으로 번지는 원인과 관련된 내용만 알아보고 지나갑시다. 정치는 한 국가의 모든 것을 아울러요. 그리고 하나의 국가는 크게 세 개의 기둥으로 이루어지죠. 바로 정치·경제·문화예요. 인류사에서 정치는 3단계로 발전해 왔어요. 먼저 '왕정과 공화정의 대립'(정치혁명 Ver. 1.0)인 '정치혁명' 단계요. 그리고 '공화정'이 보편적 정치체제로 자리를 잡으면서 이번에는 두 번째로 '경제혁명'이 시작돼요. '자본주의와 사회주의의 대립'(정치혁명 Ver. 2.0)이죠. '경제혁명'은 '혼합경제'로 마무리돼요. 그리고 마지막 세 번째가 '문화혁명'(정치혁명 Ver. 3.0) 단계예요. 제가 최초로 주장한 '정치혁명의 구조'라는 정치발전이론의 기본 틀이에요. 우리나라는 현재 세 번째 단계에 들어서고 있는 중이죠.

민 지   그런데 잠깐만요, 교수님. 일전에 어느 멀쩡한 국회의
원이 대통령을 '나라님'으로 표현했잖아요. 전 그 말을
듣고 정말 기절하는 줄 알았어요. 지금이 어느 시댄
데. 그러고 보니 몇 년 전 어떤 정치인은 전임 대통령
의 딸을 '주군'이라 부르기도 했네요. 우리나라는 아직
도 '왕정 패러다임'에 많이 갇혀 있는 것 같아요. '각하'
와 같은 호칭도 그렇고요.

신박사   오우, 민지 씨. 맥을 정확히 짚었어요. 지금 바로 그 이
야기를 하려던 참이예요. 좋습니다. 대화 나눌 만합니
다, 하하. 우리나라는 지금 동물권이나 성 소수자 권
리와 같은, 이를테면 '문화'와 관련된 문제들이 사회적
이슈가 되고 있는 때예요. 바로 '정치혁명 Ver. 3.0' 단
계로 진입하고 있는 중이죠. 그런데 민지 씨가 지적
한 것처럼, 의식이 아직 '왕정 시대'에 머물러 있는 이
들이 적지 않아요. 자연과학에 비유하면, 상대성 원리
와 양자역학이 화성까지 우주선을 보내고 있는 시대
에 아직도 1800년 전 프톨레마이오스의 천동설에 빠
져 있는 거죠. 대통령을 왕±적 존재로 인식하고, 주권
이 국민 아닌 대통령에게 있는 것처럼 행동하는 거죠.

민 지   교수님, 동의합니다. 진짜 그런 것 같아요.

신박사   '정치혁명 Ver. 2.0'에 묶여 있는 이들은 더 많아요. 이
들은 보수와 진보를 아직도 '자본주의'와 '사회주의'의

'날카로운 대립'으로 이해해요. 중학교 사회 교과서에 오늘날 대부분의 국가가 '혼합경제(Mixed economy)'라는 설명이 나와요. '시장경제'인 '자본주의' 또는 '계획경제'인 '사회주의' 하나만 추구하는 국가가 이제 지구상에 더 이상 존재하지 않는다는 거죠. 순수자본주의는 '자기 파괴적'이어서 지속 불가능하고, 강한 사회주의는 '빈곤의 평등'밖에 가져올 것이 없다는 것을 20세기 100년의 인류 역사가 생생하게 증명했잖아요. 이런 상황에서 '오로지 자본주의' 또는 '오로지 사회주의'와 같은 태도를 취한다면 그것은 매우 비현실적이고 비이성적이죠. 따라서 진보와 보수가 상대를 '순수자본주의자', '강한 사회주의자'로 단정하고 비난할 때, 그 단정이 사실이라면 그 단정받는 이들은 100년의 실험 결과를 외면하는 무지막지한 이들이겠고, 사실이 아니라면 그렇게 단정하고 비난하는 이들이 악의적으로 정치적 술수를 쓰는 것으로 생각할 수밖에 없죠.

민 지   그런데요, 교수님. 65세 이상 지하철 무임승차, 노인장기요양보험, 노령연금과 같은 복지제도는 엄밀히 말해 '사회주의'에 해당하는 것 아닌가요? 개인의 일을 개인에게 맡기지 않고 국가가 개입하니까요.

신박사   그렇죠. 사회주의, 즉 계획경제의 전형이죠. 의료보험

제도, 실업급여 등 모든 복지제도가 국가가 개인의 복리에 개입하는 것이니 구분하자면 사회주의성이죠.

민 지 교수님. 우리나라에서 이른바 '보수' 하면 연령대가 좀 되신 분들이 많잖아요. 그리고 그분들이 지하철 무임승차부터 시작해 가장 다양한, 그리고 진짜 우리나라 역사상 전무후무한(?) 많은 복지 혜택을 받고 있잖아요. 그런데 그분들이 진보를 사회주의자, 종북, 빨갱이로 많이 공격하잖아요. 그러면 어떻게 되는 거예요? 그건 자기모순 아닙니까?

신박사 전형적인 자가당착이죠. 1990년을 전후로 냉전과 이념의 시대가 저물고 국제사회가 모두 실용주의를 지향하고 있는데, 우리나라는 아직도 적지 않은 이들의 의식이 '정치혁명 Ver. 2.0'에 머물러 있는 거죠. 그로 인한 국가적 손실이 매우 크죠.

민 지 진짜 '관점의 차이'가 중요하네요. 자기의 '정치 관점'이 어디에 머물러 있는지 모든 사람이 필수적으로 한 번씩 스스로 체크해 봐야 할 것 같아요.

'개념'을 모르면 '내용'을 이해할 수 없다

신박사 두 번째 원인으로 넘어가 볼까요? 정치 이야기가 싸

움으로 번지게 되는 주요 원인 두 번째는 '주요 개념
에 대한 잘못된 이해나 무지'예요. 대화가 정상적으
로 이루어지려면 당연히 대화 당사자가 대화에서 사
용하는 주요 개념을 정확히, 그리고 양쪽 모두 동일
한 의미로 이해하고 있어야 해요. 정치에서는 자유,
평등, 민주주의, 독재, 자본주의, 사회주의, 공산주의,
시장경제, 계획경제, 혼합경제, 보수, 진보와 같은 여
러 중요한 개념들이 바로 그것들이죠. 이런 개념들은
그 의미가 단순한 것 같지만 알고 보면 사실 그리 간
단치 않아요. 좀 복잡해요. 오랫동안의 지난한 투쟁
과 희생의 역사 과정을 통해 형성된 개념들이어서 그
런 거라는 생각이 들어요. 또 하나, 개념과 관련해 염
두에 두어야 할 것은 정치인이나 일반 개인들이 이런
개념들을 자기 편의적·기회주의적으로 사용하는 경
우가 많다는 거죠. 한쪽 또는 대화 당사자 모두가 이
런 개념에 대한 이해가 제대로 되어 있지 않고, 또 자
기 편의적·기회주의적으로 사용한다면 생산적인 정
치 대화가 이루어질 수 없어요. 다툼으로 번지기 십상
이죠.

민 지 　지금 교수님과의 이 대화가 바로 그런 정치 주요 개념
들을 정리해 보는 작업이기도 하네요.

신박사 　그렇죠. 앞으로의 대화 내용 전체가 바로 정치를 보는

관점에 대한 자신의 입장 정리, 그리고 정치 관련 주요 개념에 대한 정확한 이해를 돕기 위한 것이죠.

'감정적 용어'를 사용하는 사람과의 대화를 피하라

신박사 정치 이야기가 싸움으로 번지게 되는 세 번째·네 번째 원인은 길게 이야기할 것이 없어요. 너무나 당연하니까요. 세 번째 원인인 '감정적 용어 사용'은 종북 좌빨, 극우 꼴통과 같은 정제되지 않은 도발적 용어들 또는 성(性)이나 지역을 비하하는 용어를 사용하는 경우죠. 욕 이상으로 상대를 모욕하는 용어를 사용하는데 싸움으로 번지지 않는다면 그것이 오히려 이상하죠. 정치 이야기가 싸움으로 번지게 되는 마지막 네 번째는 '사실과 논리에 입각하지 않는 태도'예요. 거짓을 말하거나 억지를 쓰는 경우죠. 거짓과 억지가 대화 중단 또는 다툼으로 이어지지 않는다면 그것 역시 비정상이죠.

민 지 다시 대학원으로 돌아가 교수님 강의를 듣는 것 같아요. 논리적으로 말씀해 주시니 귀에 쏙쏙 들어옵니다. 그러면 싸우지 않으면서 건설적 정치 토론을 할 수 있는 방법으로 무엇이 있을까요?

'개념' 설명 필요 시 '최소한의 설명 시간' 확보해야

신박사 앞의 원인 설명에서 답은 이미 나왔다고 봐요. 먼저 뒤의 세 번째·네 번째 원인과 관련해서 얘기해 보면, 감정적 용어를 많이 사용하는 사람이나 사실과 논리에 입각하지 않은 사람과의 진지한 토론은 처음부터 피하는 것이 좋겠죠. 진지한 토론은 이성에 바탕을 둔 사실과 논리로 이루어지는 것인데, 아예 그렇게 할 수가 없으니까요. 굳이 대화한다면 밖으로 드러난 뻔한 현상적인 것들에 한정해 이야기를 나눌 수는 있겠죠. 첫 번째 '관점의 차이', 두 번째 '주요 개념에 대한 잘못된 이해나 무지'의 경우에는 정치에 대한 의견 교환에 들어가기 전에 '정치혁명의 구조', 정치 관련 주요 개념을 설명해 줄 수 있으면 좋겠죠. 그런데 그렇게 하기 위해서는 '최소한의 설명 시간이 확보되어야' 하고, 무엇보다 상대가 설명을 듣겠다는 수용적인 자세가 되어 있어야 해요. 그리고 이때 염두에 두어야 할 것이, 하나의 개념을 설명할 때 그 설명이 다 끝난 다음에 상대가 질문하도록 할 필요가 있다는 거예요. 주요 정치 개념들은 최소한 어느 정도의 체계적인 설명을 필요로 하는데, 설명 도중에 질문과 이의를 제기하면 초점이 흐려지거나 바로 다툼으로 번질 수 있어요.

한 개념의 체계적 설명에서 한쪽 귀퉁이만 건드린 상
태에서요. 아, 그런데 가장 중요한 전제를 빠트렸네
요. 다른 이들과의 정치 대화에 앞서 이 4가지 사항과
관련해 먼저 자신을 점검해 볼 필요가 있어요. 점검
결과, 4가지가 안 되어 있으면 앞에서 말한 그 '문제적
대상'이 다른 이가 아닌 자신일 테니까요.

민 지 전적으로 공감합니다. 교수님, 목도 타실 텐데 잠깐
쉬었다 하시는 것 어떠세요?

신박사 그러시죠. 듣는 사람도 힘들었을 테니 잠깐 쉬었다,
다음 주제로 넘어갑시다.

2장

당신은 보수입니까,
진보입니까?

'보수'라 하면 보통 자국의 전통과 역사를 앞세우고, 국가 이익을 우선하고, 제도와 법을 중시하죠.

진보, 보수 둘 중 꼭 어느 한쪽이어야 하는가요?

민 지 교수님, 교수님은 보수세요, 아님 진보세요?

신박사 아, 그 질문…… 흐음. 아니, 그 질문에 답하기 전에 내가 먼저 민지 씨에게 하나 물어볼게요. 사람들은 누구나 보수, 진보 둘 중 꼭 어느 한쪽 입장을 가지고 있어야 하는 건가요? 아, 그리고 보니 중도도 있네요. 중도도 포함해서요.

민 지 아니, 반드시 꼭 그런 것은 아니지만…… 그래도, 그래야 하는 것 아닌가요?

신박사 나는 몇 년 전까지 '보수냐, 진보냐?'는 질문을 받으면 사실 좀 난감했어요. 평소 진보라고 생각하고 살고 있지만, 자신을 객관화시켜 관찰해 보면 그렇지 않은 부분이 또 많거든요. '일반적인 성향'으로 볼 때 나는 보수예요. 나에게 어떤 상황이 주어졌을 때 그 원인을 사회 아닌 자기 자신에게서 먼저 찾아야 한다는 입장이에요. 다른 동물과 구분되는 사람의 가장 큰 차이가 '자유 의지'예요. 스스로 선택할 수 있는 능력인 자유 의지가 부여된 이상 사람은 자기에게 주어진 상황에 대해 먼저 스스로에게 책임을 물어야 한다는 입장이에요. 성적이나 건강뿐만 아니라 사회적 지위, 부_富도 그렇다는 거죠. 그리고 세상에는 오랜 시간이 지나도 변함없이 상대방을 공경하는 이보다 그렇지 않은 이가 더 많다고 생각해요. 또 신뢰할 만한 사람보다 신뢰하기 힘든 사람이 더 많고요. 사람을 보는 시각이 긍정보다 부정적인 측면이 더 강해요. 그런 면에서 '일반적인 성향'으로 볼 때 나는 보수예요.

민 지 그럼 교수님은 보수시네요. 자본주의에서 중요시하는 '자유'를 강조하시는 것만 봐도 그렇고요.

신박사 그런데, 꼭 그렇게는 볼 수 없어요. 지금 보수, 진보 정당 중 어느 쪽을 지지하냐고 묻는다면 저는 진보예요.

민 지 그러세요? 이유는요?

내가 지금 '보수'가 될 수 없는 이유

신박사   지금 우리나라의 이른바 보수는 보수라고 할 수 없기 때문이에요. '보수'라 하면, 보통 자국의 전통과 역사를 앞세우고, 국가 이익을 우선하고, 제도와 법을 중시한다고 하잖아요. 그런데 지금의 이른바 우리나라 보수는 이것들을 중시하지 않아요. 나라를 되찾기 위한 자주독립 투쟁의 역사를 민족상잔 이후의 냉전 논리로 재단해 지우려 하고, 국민 자존감에 큰 상처를 입히면서까지 습관적으로 이 땅을 침략했던 일본의 입장을 먼저 챙기고, 법 적용에 있어서는 잣대가 고무줄이에요. 상대방의 전과前科를 문제 삼지만 기실 그네들은 법 위에 군림해요. 전과 자체가 있기 힘들죠. 급기야는 '폭력을 행사하고 공권력을 비웃는 이들'과 함께하기까지 해요. 헌법은 '정당의 목적이나 활동이 민주적 기본질서에 위배될 때에는 정부는 헌법재판소에 그 해산을 제소할 수 있고, 정당은 헌법재판소의 심판에 의하여 해산된다'(헌법 제8조④항)라고 정하고 있어요. 지금 보수는 상당한 위험 수위에 이르고 있어요. 정당은 '국민의 이익을 위하여 책임 있는 정치적 주장이나 정책을 추진'(정당법 제2조)하는 조직인데, 그렇지를 못해요.

민 지   교수님 말씀을 듣다 보니 진보를 지지한다기보다 지
금의 보수를 건전한 보수로 보기 힘들다는 말씀이네
요. 그러면 균형적으로 진보에 대해서도 한말씀하셔
야죠.

'진보'를 경계하는 이유

신박사   앞에서 이미 말했는데. 그러면 앞에서 말한, 나의 '일
반적인 성향'이 보수라는 것의 근거를 좀 더 이야기할
게요. 나는 진보가 추진하는 법률이나 정책에서 개인
의 문제를 지나치게 사회적 책임으로 돌리는 것에 대
해서는 그리 찬성하는 입장이 아니에요. 지나치게 사
회적 문제로 돌리면 당장은 사람들에게 위안이 되고
도움이 되겠지만, 시간이 지나면서 개인의 자율성은
낮아지고 의존성은 높아지는 결과를 가져올 수 있다
고 생각해요. 정책은 궁극적으로 사회 구성원의 자립
에 목표를 두어야 해요. 또 개인의 권리만 지나치게
강조하는 것도 문제라고 생각해요. 권리에는 마땅히
상응하는 의무가 따르는데, 진보는 너무 권리에만 치
중하는 경향이 있어요. 물론 현장이나 법제화에 있어
상황은 훨씬 더 복잡하고 딜레마적일 거예요. 그렇지

만 사람들의 '이기주의'라는 것이 '과욕過慾(욕심이 지나침)'뿐만 아니라 '과태過怠(열심히 하려는 마음이 없고 게으름)' 쪽으로도 작용한다는 것을 염두에 둔다면, 이런 주장은 지금보다 좀 더 비중 있게 고려되어야 한다고 생각해요.

민 지 그럼 좀 전에 "몇 년 전까지 '보수냐, 진보냐?'는 질문을 받으면 난감했다"라고 말씀하셨는데, 지금은 그렇지 않다는 이야기네요.

신박사 맞아요, 지금은 그렇지 않아요. 지금 누가 나에게 '보수냐, 진보냐?' 하고 물으면, 아까 민지 씨에게 내가 되물었던 질문을 해요. '보수 또는 진보 중 꼭 어느 한 쪽을 지지해야 하느냐'고. 그러면 어떤 사람은 머리를 갸웃하면서 거기서 질문을 멈추기도 하고, 또 어떤 사람은 내 질문 자체를 궁금해해요. 궁금하다 못해 따지고 드는 이에게는 좀 전에 민지 씨에게 했던 그 내용을 말하죠.

민 지 그럼 듣는 분들이 공감을 하던가요?

신박사 보수나 진보 모두 내가 말하는 상대 쪽 문제에 대해서는 100% 동의해요. 자기 쪽 문제에 대해서는 진보인 분들은 절반? 보수인 분들은 3분의 1 정도 동의하는 것 같아요. 그러면서 사람들이 하는 질문이, 그럼 지금 당장 선거를 한다면 당신은 보수, 진보 중 어느 쪽을 찍을 거냐고 물어봐요.

민 지　그건 저도 생각했던 질문이네요. 어느 쪽을 찍으실 거예요?

법질서 존중, 민주주의, 상식주의 충실한 이를 찍겠다

신박사　나는 '법질서 존중·민주주의·상식주의'에 가장 충실할 사람을 선택할 거예요. '법'은 가장 명백하고 기본적인 규칙이에요. 눈에 보이는 가장 명백한 규칙도 제대로 지키지 않는 이가 정직은 물론 공정하고 윤리적일 수 없어요. 국민과 국가를 위한다는 말도 믿을 수 없어요. 그다음, '민주주의'는 정치체제일 뿐만 아니라 기본적인 생활원리이기도 해요. 민주주의적 정신과 태도가 평소 깊이 배어 있지 않은 이는 국민을 '주권자'가 아닌 '통제 대상'으로 여기고, 정치 파트너를 협의의 대상이 아닌 제거의 대상으로 생각하기 쉬워요. 결과는 독선적 정치 내지는 통치죠. 마지막으로, '상식주의'는 어느 정도 예측 가능하고, 극단에 빠지지 않고, 사실과 논리를 중시하는 태도를 말해요.

민 지　그러면 교수님은 최소한 지금의 보수를 찍을 일은 없으시겠네요. 앞에서 보수가 법질서 존중, 민주주의에 충실하지 못하다고 하셨잖아요.

신박사 최소한 대통령 선거에 있어서는 그럴 것 같아요. 국회
의원 선거라면 대통령 선거보다는 개인을 좀 더 볼 것
같고요. 우리나라는 1948년 정부 수립 이후 2025년까
지 77년간 13명의 대통령이 있었어요. 그중 60년을 보
수(대통령 9명)가 집권했고, 17년을 진보(대통령 4명: 윤
보선, 김대중, 노무현, 문재인)가 집권했어요. 그런데 보
수 대통령 9명 중 7명(집권 기간 54년: 이승만, 박정희,
전두환, 노태우, 이명박, 박근혜, 윤석열)이 법을 지키지
않았고, 그중 일부는 매우 독재적이기까지 했어요. 보
수 대통령 중 법을 준수하고 민주주의를 존중했던 대
통령은 최규하(1년), 김영삼 대통령(5년) 둘밖에 없어
요. 솔직히 보수에게 '법질서 존중·민주주의·상식주의'
에 대한 기대가 잘 안 서요. 보수의 역사가 그렇게 만
들어요. 진짜 진심으로 환골탈태, 개과천선 하지 않으
면 지금의 이른바 보수는 머지않아 제도권에서 사라
질 거예요. 사람들의 '법질서 존중·민주주의·상식주의'
에 대한 기대치도 앞으로 지금보다 더 커질 것이고요.

민 지 역사적 사실까지 더하니 교수님이 왜 법질서 존중, 민
주주의를 그리 강조하시는지 충분히 이해가 가네요.
그리고 '기본 성향은 보수이면서도 보수일 수 없다'는
입장도 수긍이 가고요. 아, 또 하나 있네요. 왜 보수를

말할 때 습관적으로 '이른바'를 앞에 붙이는지도 알 것 같아요, 크크. 결국 지금의 보수는 보수가 아니라는 이야기네요.

3장

양비론? 맞는 것 같기도 하고
틀린 것 같기도 하고

양비론 관점은 그 관점을 수용하는 순간 갑자기 '욕을 한 행동'과 '사람을 죽인 행위'가 동급이 될 수 있어요. '잘못된 행동'을 했다는 점에서는 동일하니까요.

윤석열의 비상계엄은 헌법을 정면으로 어겼다

민 지   교수님, 이번에 가수 나훈아 씨의 "니는 잘했나! 왼쪽이 오른쪽을 보고 잘못했다고 생난리를 치고 있다"고 한 발언에 대해 어떻게 생각하세요?

신박사   나도 뉴스에서 봤어요. 일단 토론 자리가 아닌 무대는 그런 발언을 하기에 적당한 자리가 아니죠. 진의가 왜곡될 여지가 있으니까요. 그런데 나는 일단 '양비론'으로 받아들였어요. 뒤이은 발언이 "어릴 때 우리 어머니는 형하고 동생하고 싸우면 둘 다 똑같이 팼다"였어요. 둘 다 잘못했다는 이야기죠. 전형적인 '양비론'이죠.

민 지   대통령의 12·3 비상계엄과 야당의 장관 등에 대한 탄핵소추, 양쪽 모두 잘못되었다는 주장이네요. 이번 비상계엄에 대한 교수님의 입장은 무엇이세요?

신박사 따져봐야죠. 법, 민주주의, 그리고 상식의 기준에서요.

민 지 앞에서 말씀하신 '법질서 존중, 민주주의, 상식주의'가 또 나오네요

신박사 그렇죠. 먼저 야당의 '장관 등에 대한 탄핵소추'를 보면 입법·행정·사법의 삼권분립에 따른 '견제와 균형(checks and balances)'이라는 헌법 정신(헌법 제65조 참조)에 근거해 작동한 거예요. 대통령의, 야당 주도의 국회에 대한 '법률안 재의 요구권' 행사가 헌법 정신(헌법 제53조 참조)에 따라 이뤄진 것처럼요. 둘 다 위법이 아니죠. 법 테두리 내에서 이루어졌으니까요. 반면, 대통령의 비상계엄 조치는 결론부터 말하자면, 법을 어겼죠. 그것도 법 중의 법인 헌법을 정면으로요. 먼저 대통령이 직접 발표한 '비상계엄 포고령'을 살펴볼까요? 내용 중 일부예요.

자유대한민국 내부에 암약하고 있는 반국가세력의 대한민국 체제전복 위협으로부터 자유민주주의를 수호하고, 국민의 안전을 지키기 위해 2024년 12월 3일 23:00부로 대한민국 전역에 다음 사항을 포고합니다.

1. 국회와 지방의회, 정당의 활동과 정치적 결사, 집회, 시위 등

일체의 정치활동을 금한다.

3. 모든 언론과 출판은 계엄사의 통제를 받는다.

4. 사회 혼란을 조장하는 파업, 태업, 집회행위를 금한다.

이상의 포고령 위반자에 대해서는 대한민국 계엄법 제9조(계엄
사령관 특별조치권)에 의하여 영장 없이 체포, 구금, 압수수색을
할 수 있으며, 계엄법 제14조(벌칙)에 의하여 처단한다.

신박사　　　이어, 계엄령을 내릴 수 있는 근거 법인 헌법 제77조
　　　　　　　예요. 일부 내용이에요.

① 대통령은 전시·사변 또는 이에 준하는 국가비상사태에 있어
　서 병력으로써 군사상의 필요에 응하거나 공공의 안녕질서를
　유지할 필요가 있을 때에는 법률이 정하는 바에 의하여 계엄
　을 선포할 수 있다.

③ 비상계엄이 선포된 때에는 법률이 정하는 바에 의하여 영장
　제도, 언론·출판·집회·결사의 자유, 정부나 법원의 권한에 관
　하여 특별한 조치를 할 수 있다.

④ 계엄을 선포한 때에는 대통령은 지체 없이 국회에 통고하여
　야 한다.

⑤ 국회가 재적의원 과반수의 찬성으로 계엄의 해제를 요구한
　때에는 대통령은 이를 해제하여야 한다.

신박사   그리고, 이어 계엄 해제에 관한 계엄법 제11조(계엄의

해제) ①항이에요.

대통령은 제2조 제2항 또는 제3항에 따른 계엄 상황이 평상상태

로 회복되거나 국회가 계엄의 해제를 요구한 경우에는 지체 없

이 계엄을 해제하고 이를 공고하여야 한다.

비상계엄은 '독재'가 국민에게
더 이익이 되는 '비상한 경우'에만 가능

민 지   비상계엄이 무서운 거네요. 행정부의 수장인 대통령

이 입법, 사법 기능까지 모두 맡는다는 것 아니에요.

그렇게 되면 '독재' 아닌가요?

신박사   그렇죠. 프랑스혁명과 미국 독립선언에 큰 영향을 미

친 몽테스키외는 《법의 정신》에서 이렇게 말해요.

같은 사람 또는 같은 관리 집단에 입법권과 행정권을 주었을 때

자유란 존재하지 않는다. 왜냐하면 이들이 독재적인 법을 만들

어 집행할 수 있기 때문이다. 그리고 사법권이 입법권과 행정권

으로부터 분리되어 있지 않은 때에도 역시 자유는 존재하지 않

는다. 만약 사법권이 입법권과 결합하면 재판관이 입법자를 겸

하기 때문에 시민의 생명과 자유가 권력에 의해 침해될 것이다. 또한 사법권이 행정권과 결합하면 재판관은 압제자의 힘을 가질 것이다. 같은 사람이나 같은 집단이 이 3가지 권력, 즉 입법권, 행정권, 사법권을 모두 행사한다면 모든 것을 잃을 것이다.[1]

신박사   정확히 독재죠. 그래서 헌법에서는 '전시·사변 또는 이에 준하는 국가비상사태(헌법 제77조①항)'로, 비상계엄의 요건을 엄격히 제한해요. 군 병력으로 공공의 안녕질서를 유지하지 않으면 안 될 정도의 심각한 상황이냐는 거죠. 헌법상의 기본권 보장이 훼손되더라도 '독재'가 더 낫다고 생각이 들 정도의 위기 상황이냐는 거죠. 물론 그 판단의 주체는 '궁극적으로' 대통령이 아니죠. 국민인 거죠. 헌법상의 기본권 훼손이라는 심각한 피해를 받는 쪽은 대통령이 아닌 일반 국민이니까요.

민 지   그럼, 지금이 전쟁에 버금가는 상황인가요? 헌정을 중단시킬 정도로요?

신박사   비상계엄을 한 측에서는 그렇게 주장하겠죠. 자, 앞 야당의 탄핵소추처럼 대통령의 포고령도 적법한지를 한번 따져보죠. 위 헌법 제77조④항에 계엄을 선포할 때 대통령은 '지체 없이 국회에 통고'하게 되어 있어요. 그런데 대통령은 국회 통고는 고사하고, 포고령 첫 번째 문구에 나와 있는 것처럼 국회의 정치활동을 금지했어요. 대통령은 임기를 시작하면서 국민 앞에 선서합니다. 대통령 취임선서죠.

나는 헌법을 준수하고 국가를 보위하며 조국의 평화적 통일과 국민의 자유와 복리의 증진 및 민족문화의 창달에 노력하여 대통령으로서의 직책을 성실히 수행할 것을 국민 앞에 엄숙히 선서합니다.(헌법 제69조)

신박사   대통령 취임선서의 첫 내용이 '헌법 준수'예요. 비상계엄 포고령은 '헌법 준수'는 고사하고 헌법을 정면으로 어기고 있어요. 국가는 헌법에 의해 지배돼요.[2] 헌법을 위반하는 것은 곧 국가를 부정하는 행위예요. 지금 상황이 독재를 하지 않으면 안 될 정도의 '전시·사변 또는 이에 준하는 국가비상사태'인지에 대한 해석, 그밖의 여러 가지 구체적인 위법 여부는 사법부가 판단하겠지요.

민 지   그럼 교수님 말씀은 이번 비상계엄을 양비론으로 보는 것은 잘못되었다는 이야기네요.

'양비론자, 그놈이 나쁜 놈이다'

신박사 당연하죠. '법질서 존중'에 입각할 때 한쪽은 법 테두리 안이고 다른 한쪽은 법 테두리를 명백히 벗어났는데, 다 같이 잘못했다고 하면 그것은 '법질서 존중' 정신을 무시하고 국가 존재를 부정하는 일이죠. 비상계엄을 한 측에서는 민주주의, 상식이라는 기준에 비추어 야당을 탓할 수도 있겠죠. 그러나 그것은 최우선 기준인 '법질서 존중' 정신이라는 잣대에서 양쪽 다 위법이면서 그 정도가 비슷하거나, 둘 다 동일하게 합법일 때 해당하는 이야기죠. 사회의 첫째 기준인 '법'으로 시비是非 또는 경중을 가릴 수 없을 때, 그다음 기준인 민주주의 원칙, 상식 순으로 넘어가 따지는 거죠.

민 지 '양비론' 하면, 정치권에서 주로 많이 등장하는 것 같아요. 교수님, 우리 정치에서 양비론이 자주 등장하는 이유가 뭐라고 생각하세요?

신박사 그거야 뻔하지 않습니까? 양비론을 통해 상대의 공격을 무력화하고 자기 측 잘못은 희석하기 위한 거죠. 그런데 이때 스피커가 향하는 방향은 사실 상대 당이 아닙니다. 일반 국민이에요. 사람들이 '듣고 보니 또 그렇네. 말이 되네'라고 생각하게 하기 위한 것이죠.

민 지 사실 양비론을 듣다 보면 헷갈릴 때가 있거든요. 헷갈리지 않을 방법이 있다면요?

신박사 정치 게임에서 양비론은 게임 당사자가 들고 나오는 경우와 관전자가 들고 나오는 경우, 둘로 나뉘어요. 먼저 게임 당사자가 들고 나오는 경우는 그 당사자 쪽이 더 잘못했거나, 아니면 이번 비상계엄처럼 그냥 일방적으로 잘못을 저질렀을 가능성이 큽니다. 왜냐하면 잘못이 별로 없거나 법을 제대로 지킨 쪽에서 양비론을 들고 나올 이유가 없잖아요. '숨기는 자가 범인이다'처럼, '양비론자, 그놈이 나쁜 놈이다'입니다. 양비론 자체가 자기 잘못에 대한 자백인 셈이죠.

민 지 오, 교수님, 그것 진리네요. 법칙으로 삼아도 되겠어요. '양비론자, 그놈이 나쁜 놈이다'. 그럼 관전자인 제3자가 양비론을 주장하는 경우는 어떻게 판단하죠?

신박사 이 경우는 조금 복잡해요. 먼저 관전자의 주장이 "니는 잘했나! 왼쪽이 오른쪽을 보고 잘못했다고 생난리를 치고 있다"처럼 불쑥 꺼내는 '선언적' 형태일 때, 그 '선언적'은 그냥 '선동' 의도로 해석해도 될 것 같아요. 사실과 논리가 생략된 '선언적' 형태의 양비론은 타당한 사실과 논리를 제시하기 힘들기 때문일 가능성이 높죠. 내가 이 대화 서두에서 '무대'는 그런 이야기를 하기에 적당치 않다고 말한 것은 바로 이것과 관련된 지적이에요. '사실과 논리'에 근거한 양비론은 그 '사실'이 사실이고 '논리'가 논리적인지를 따져보면 되겠죠. 이때 사용하는 기준은 앞에서처럼 법, 민주주의, 상식이고요.

민 지 오, 전체적으로 이해가 가요. '선언적'은 '선동적'이다. 그런 것 같아요. 그럼 양비론 자체를 평가한다면요?

'욕을 한 행위'와 '사람을 죽인 행위'를 같게 하는 마법, '양비론'

신박사 사실 '양비론'은 그 존재 자체가 문제라고 생각해요. 사람의 일을 양비론적 관점에서 보자면 양비론에 해당하지 않은 경우가 없어요. 아무리 완벽한 이라 할지라도 흠이 전혀 없을 수 없으니까요. 따라서 양비론 관점은 그 관점을 수용하는 순간 갑자기 '욕을 한 행동'과 '사람을 죽인 행위'가 동급이 될 수 있어요. '잘못된 행동'을 했다는 점에서는 동일하니까요. '둘 다 잘못했네'가 되고 마는 거죠. 마치 '개미 무게가 1g이고, 코끼리 무게가 1톤이니 둘은 같다'고 말하는 식이죠. 무게를 재는 이유가 '개미 무게와 코끼리 무게가 각각 얼마나 나가나?' 또는 '어느 쪽이 더 무거운가?'를 알아보기 위한 것인데, 양비론은 '둘 다 무게를 지니고 있는가?'로 관점을 바꾸어버리는 거죠. 결론은, 그렇게 되면 잘못의 경중을 따질 수 없다는 거죠. 아니, 아예 처음부터 따질 것이 없게 되는 황당한 상황이 발생하지요. 세상 어떤 일도 따질 수 없게 되지요. 그야말로 말도 안 되는 말장난이자 고도의 속임수죠.

민 지 듣고 보니, 양비론 자체가 사회적으로 악惡으로 작용할 수 있겠네요. 쟁점을 '무의미'로 전환시키고, 사회적 논쟁 자체를 무력화하고 원천봉쇄하니까요.

신박사 그렇죠. 그래서 일찍이 맹자도 양비론을 경계했어요. 제자 만장이 '남의 물건을 취한 행위'를 '사람을 죽이고 물건을 빼앗은 강도질'에 비유하자, '사람을 죽이고 물건을 빼앗은 강도와 자기 것이 아닌 남의 물건을 취한 도둑은 둘 다 나쁘지만, 둘을 똑같이 취급하면 안 된다'[3]라는 취지의 말을 해요. 둘 다 나쁜 놈이지만 경중이 다르다는 거죠. 그런데 사실 문제는 '양비론'을 들고 나오는 이들이 아니에요. 그 양비론을 듣고 반응하는 사람들의 태도가 문제죠. 양비론이 자주 등장하는 이유가 무엇이겠습니까? 바로 그런 말장난과 속임수가 사람들에게 먹혀들기 때문 아니겠어요? 사람들이 그런 양비론을 '사실'과 '논리'에 입각해, '법·민주주의·상식'이라는 잣대로 엄정하게 재단하면 그런 속임수나 말기술은 처음부터 설 자리가 없겠죠. 🌱

4장

정치적 극단주의자가
등장하는 이유는?

―――――

'사실'에 대한 취재 능력이 약하고 '논리'보다는 자극을 중시하는 그런 유튜브 콘텐츠에 오랫동안 노출되다 보면 자연히 편향된 콘크리트 확신을 갖기 쉽죠.

'사실과 논리의 실종'이 편향된 콘크리트 확신을 만든다

민 지   교수님, 저는 이번 계엄 전후 상황을 보면서 우리나라 보수 일부가 너무 극단으로 치닫고 있다는 생각이에 요. 국가 시스템을 무시하고 폭력도 거침이 없고요.

신박사   나도 참담한 느낌이에요. 세계인이 칭송하는 경제 선 진국, 정치 선진국 대한민국에서 어떻게 이런 일이 벌 어질 수 있는지…….

민 지   교수님, 이 문제를 한번 짚어보는 것도 의미 있을 것 같아요. 정치, 경제에 이어 이제 문화적으로도 선진국 으로 인정받고 있는 대한민국에서 이런 말도 안 되는 정치적 극단주의가 나타나는 이유에 대해서요.

신박사   같은 생각이에요. 그렇지 않아도 요 며칠 머릿속을 채우고 있던 주제예요. 일단 그 원인으로 나는 5가지를 생각해 봤어요. 유튜브, 알고리즘, 맹목적 애국주의, 가스라이팅, 에코 체임버 효과요. 그리고 이 5가지는 상호 상승 작용하면서 증폭돼요.

민 지 짐작이 가는 것도 있고 그렇지 않은 것도 있네요.

신박사 먼저 '유튜브'가 정치 극단화에 끼친 영향이 크다고 생각해요. 유튜브에서 베스트셀러 컨셉 하면 오랫동안 섹시·먹방·유머였잖아요? 그런데 언제부턴가 정치 콘텐츠가 팔리기 시작했어요. 잘나가는, 즉 돈이 되는 콘텐츠에는 공통점이 있어요. 바로 자극적이거나 웃기고, 사람들에게 '생각의 부담'을 주지 않는다는 거예요. 그냥 아무 생각 없이 편하게 보고 들을 수 있는 거죠. 다른 잘나가는 콘텐츠들처럼, 정치 콘텐츠를 만든다면 매우 자극적인, 때로는 확인되지 않은 내용까지 담기 쉽죠. 원리나 복잡한 논리는 최대한 생략하고 귀에 바로바로 꽂히는 단정적 표현을 사용할 가능성이 높고요. 생각하기 귀찮아하는 이들에게는 귀에 꽂히고 머리에 박힐 거예요. '사실'에 대한 취재 능력이 약하고 '논리'보다는 자극을 중시하는 그런 유의 유튜브 콘텐츠에 오랫동안 노출되다 보면 자연히 편향된 콘크리트 확신을 갖기 쉽죠.

민 지 유튜버는 자극적인 콘텐츠로 돈을 벌고, 콘텐츠 소비자가 얻는 것은 편향된 확신과 '사실'·'논리'의 실종이 겠네요.

세상을 온통 붉게 만드는 '알고리즘'

신박사   그렇죠. 두 번째는 '알고리즘' 문제예요. 인터넷상의 알고리즘이 사람들을 더욱 편향적으로 만들어요. 알고리즘은 프로그램 논리죠. 인터넷의 알고리즘이 소비자의 기호나 취향, 관심을 파악해 거기에 맞는 콘텐츠를 찾아 소비자 앞에 끊임없이 노출하는 거죠. 시청 시간을 확보해 광고 수입을 올리기 위한 거죠. 먹방 마니아에게는 먹방 콘텐츠를 계속 노출시킬 것이고, 특정 성향의 정치 콘텐츠를 즐기는 이에게는 그 성향의 콘텐츠를 계속해서 제공하겠죠. 빨간색에 관심을 가졌더니 자기도 모르는 사이 온 세상이 붉게 변해 있는 거죠. '세상은 온통 빨강구나' 하는 확신을 갖게 되죠.

민 지   하하, 저도 그런 경험이 있어요. 강아지 유튜브를 보다 보니 온통 펫 콘텐츠뿐인 거예요. 그래서 '야, 진짜 펫맘이 많구나' 하고 생각했었어요.

신박사   알고리즘이 작용했겠죠. 나도 그런 경험이 있어요.

몇 년 전 인터넷을 보는데 내 책 광고가 계속 뜨는 거예요. 그래서 '야, 출판사가 드디어 나에게 투자를 시작했구나!' 하고 감동해서 출판사에 감사 인사를 하려 연락했더니 그게 아니었어요. 특강 갈 때 수강자 선물로 내 책을 사고는 했는데 그게 알고리즘으로 작용한 모양이에요, 하하. 좋다 말았죠.

민　지　인터넷을 사용할 때는 항상 '알고리즘'을 의식하면서 사용해야 할 것 같아요.

애국심이 '종교'가 되면 안 되는 이유

신박사　세 번째로는 '맹목적 애국주의'를 들 수 있어요. 《미국의 민주주의》 저자 A. 토크빌은 이렇게 말해요.

애국심은 때로는 종교적 열정의 자극을 받으며, 그럼으로써 놀라운 노력을 이끌어낼 수 있기도 하다. 그것은 그 자체로서 일종의 종교이다. 그것은 이성적으로 사유하지 않으며 신념과 감정의 충동으로 행동한다. 어떤 나라들에서는 군주를 그 나라의 현신顯神으로 간주한다. -중략- 모든 본능적 감정들과 마찬가지로 이런 종류의 애국심은 일시적으로는 굉장한 노력을 불러일으키지만 계속적인 노력을 이끌어내지는 못한다. 애국심은 위기에

국가를 구할지는 모르지만 평화 시에는 국가를 쇠망하게 하는
일도 흔하다.[4]

신박사　　맹목적 애국주의를 경계하고 있는 거죠. 이성 아닌 감
　　　　　정의 충동에 의한 애국심은 위험할 수 있다는 지적이
　　　　　에요. 주권자의 대리인인 대통령을 국민 위에 군림하
　　　　　는 존재로 여기기도 하고요. 이런 부분이 지금 많이
　　　　　작동하고 있다고 봐요.

민　지　　공감이 갑니다. '군주를 그 나라의 현신顯神으로 간주
　　　　　한다'는 말에 대해서도 웃프지만 공감이 가고요.

길들여지는 어른은 어른이 아니다

신박사　　네 번째로는 '가스라이팅'을 들 수 있겠어요. 우리나
　　　　　라는 중학교까지 의무교육이에요. 그리고 중학교 사
　　　　　회과목에 민주주의 원리가 잘 나와 있어요. 의무교육
　　　　　과정 이상을 마친 성인이 민주주의 원리에 크게 벗어
　　　　　난 행동을 서슴지 않는다면 그것은 아무 생각이 없거
　　　　　나 아니면 어떤 특별한 환경 아래 놓여 있을 가능성이
　　　　　커요. 바로 특정인 또는 특정 부류에 의한 가스라이팅
　　　　　환경요. 그 특정인이나 특정 부류는 돈이나 권력 같은

자기 이익에 매우 충실한 이일 테고요. 가스라이팅의 사전적 의미는 '타인의 심리나 상황을 교묘하게 조작해 그 사람이 스스로 의심하게 만듦으로써 타인에 대한 지배력을 강화하는 행위[5]예요. 세상에는 두 부류의 사람이 있어요. 스스로 생각하고 판단해 행동하는 사람과 다른 이의 판단에 의지하는 사람, 둘요. 다른 이의 판단에 의지한다는 것은 곧 그 사람에게 길들여진다는 것을 의미하죠. 이를테면 가스라이팅이죠.

민 지 교수님, 그런데 가스라이팅은 사실 미성년자나 정신적으로 건강하지 못한 이들에게나 해당하는 거잖아요. 멀쩡한 성인이 다른 이의 말에 좌지우지된다면 그것은 결국 본인의 문제 아닌가요?

신박사 그렇죠, 본인의 문제죠. 그런데 진짜 문제는 '그런 문제를 문제로 인식하지 못하고 있다는 것'이고, 또 그런 이들이 적지 않다는 거예요.

민 지 하, 문제네요.

어른이야말로 친구를 잘 사귀어야

신박사 자, 이제 마지막 다섯 번째 원인이에요. 다섯 번째는 '에코 체임버 효과(Echo chamber effect)'예요. 불교 일화인데, 어느 하루 부처님의 사촌동생인 아난존자가 부처님에게 "좋은 벗들과 모여 있으니 공부의 절반은 저절로 되는 것 같습니다"라고 했어요. 그랬더니 부처님이 "절반이 아니라 전부다"라고 대답해요. 함께 모여 학습하면 혼자 할 때보다 그 효과가 훨씬 더 커진다는 이야기죠. 그런데 이때의 효과는 '좋은 것'뿐만 아니라 '나쁜 것'에도 해당돼요. 에코 체임버 효과는 후자인 나쁜 학습 효과를 지적할 때 흔히 쓰이는 말이죠. 차단된 공간에서 반향反響(메아리)을 반복해 듣게 되면 거기에 익숙해지는 것처럼, 잘못된 성향 또는 신념이 비슷한 이들끼리 모여 있으면 시간이 지날수록 그 성향·신념에 대한 확신이 더 커지는 거죠.

민 지 중학교 때, '좋은 친구를 사귀어야 한다'는 선생님 말씀이 생각나네요, 하하.

신박사 그렇죠. 그런데 그것은 학생 때뿐만 아니라 어른이 되어서도 마찬가지 아니겠어요?

민 지 그런데요, 교수님. 5가지 원인을 듣다 보니 5가지가 각각이 아닌 것 같아요. 서로 연결이 있는 것 같아요.

신박사 빙고, 맞아요. 서두에서 말한 것처럼, 5가지 원인은 상호 상승하면서 증폭돼요. 그리고 이 5가지는 사실, 한 현상을 다양한 측면에서 본 거죠. 바로 '스스로 사실과 논리에 입각해 판단하지 않는 것'요. '성인'이라는 말과 거의 동의어인 '이성적 존재'이기를 거부하는 태도죠. 그리고 문제는 이런 현상들이 '확증 편향(confirmation bias)'이라는, 인간으로서의 자신의 피폐와 특정 누군가의 이익 실현에서 끝나지 않고, 사회 발전을 저해하고 민주주의의 파괴를 가져온다는 거죠. ▦

5장

우리 사회는
여전히 신분제 사회 아닌가요?

나는 소위 'SKY' 하면, 19세기의 '쁘띠 부르주아지(Petite Bourgeoisie)'가 머리에 떠올라요. 재산이 있다 할 수도 없고 그렇다고 전혀 없는 것도 아닌 '소자영업 계급', '쁘띠 부르주아지'요.

'귀족제'는 현재 진행 중

민 지   교수님, 좀 다른 이야기인데요. 저는 우리 사회에 아직 귀족 계급이 존재한다고 생각해요. 신분제요. 교수님 생각은 어떠세요?

신박사   우리 사회는 평등사회죠. 헌법 제11조①항에 '모든 국민은 법 앞에 평등하다' 그리고 ②항에 '사회적 특수계급의 제도는 인정되지 아니하며, 어떠한 형태로도 이를 창설할 수 없다'로 되어 있잖아요.

민 지   아이고 교수님, 제가 말씀드리는 것은 현실, 실제를 말하는 거죠. 유전무죄 무전유죄 같은 거요.

신박사   하하, 물론 현실은 다르죠. 귀족 계급이 존재한다고 봐야죠. '유전무죄 무전유죄'뿐만 아니라, '유법무죄 무법유죄', '유인무애有人無睚 무인유애無人有睚'도 있고요.

민　지　'유법무죄 무법유죄'는 '법 기술자는 무죄'라는 말씀인
　　　　줄 알겠는데, '유인무애 무인유애'는 뭐예요?

신박사　연예인이나 스포츠 스타와 같은 '인기인'에 대한 사회
　　　　적 특별대우를 말하죠. 나는 어느 시대, 어느 사회나
　　　　'사실상' 신분제가 작동한다고 봐요. 특별한 신분은 곧
　　　　그 근거가 부富, 권력, 그중에서도 특히 부富인데, 모든
　　　　사회는 항상 소수의 부자와 다수의 가난한 자로 나뉘
　　　　니까요.

민　지　그런데, 프랑스대혁명 이후 공화정, 민주주의가 자리
　　　　잡으면서 대부분의 사회에서 공식적으로는 신분제가
　　　　사라졌잖아요.

'화폐에 의한 귀족주의'

신박사　그렇기도 하고 그렇지 않기도 하죠. 《미국의 민주주
　　　　의》 저자 A. 토크빌은 왕정에서 공화정으로의 전환에
　　　　대해 '출생에 의한 귀족주의' 대신, '화폐에 의한 귀족
　　　　주의'[6]가 들어섰다고 말해요. 출생에 의한 귀족주의가
　　　　'제도적 귀족주의'라면, 화폐에 의한 귀족주의는 '실질
　　　　적 귀족주의'예요. 많은 이들이 재벌 회장과 일반인

(?)에 대한 법 적용이 동일하지 않다고 생각해요. 금액 크기로 보면 당연히 비교할 수도 없고, 죄질로 보아도 '자본주의'의 근간을 흔드는 회계 분식, 주가 시세 조종과 같은 중대 범죄를 비롯해 회사 자금 횡령, 일감 몰아주기와 내부 거래 등 일반인들은 저지르기도 힘든 범죄들인데, 이런 것들이 제대로 단죄되지 않고 있다고 보는 거죠. 일반인은 2,400원 횡령으로 17년간 다녔던 직장에서 해고당하는 판결을 받는 상황인데요.

민 지 유명 로펌의 최고 호화 전관 변호 팀을 고용해 무죄 또는 낮은 형량을 받아내고, 형을 살더라도 '국가 경제에 악영향' 등의 매우 불분명한(?) 사유로 감형·사면을 받는 식이고요. 일반인이라면 꿈도 꾸지 못할 일이죠.

신박사 그렇죠. 그들만의 솜방망이 법 적용이다 보니 다시 범죄를 저지르고, 범죄를 저지르면 다시 솜방망이 법이 적용되고. 악순환이죠.

민 지 교수님, 악순환이 아니죠. 그들에게는 선순환이죠. 그런 선순환이 자꾸 반복되다 보니 그들만의 특별대우에 대한 사람들의 저항감과 분노도 무뎌지고 있고요. 어, 악순환인가? 하하, 어쨌든요. '유전무죄 무전유죄'는 부정할 수 없는 우리 사회 진리예요.

'귀족'과 '군주'가 사라진 자리를 '법률가'가 채운다

신박사   부자 다음으로, '법률가'가 귀족이죠. 우리나라 2015~
2019년 사이 일반인에 대한 기소율(재판에 넘겨진 건
수/정식으로 사건화된 건수)이 40%예요. 그런데 검사
기소율은 0.13%, 판사는 0.40%예요.[7] '기소'는 범죄 혐
의가 있다고 판단해 검사가 사건을 재판에 넘기는 것
을 말해요. 기소되지 않으면 범죄 자체가 아예 성립될
수 없죠. 검사 기소율이 일반인의 308분의 1, 판사가
100분의 1이라는 이야기는 검·판사가 일반인에 비해
308배, 100배나 무고당하고 있거나, 아니면 반대로,
그 배수만큼 검·판사의 범죄는 단죄하기 힘들다는 의
미죠.

민　지   잘잘못을 가리는 판관인 검·판사를 고소·고발하는 데
는 상당한 용기도 필요할 텐데, 그렇게 무고당하기는
힘들죠. '유법무죄 무법유죄'네요.

신박사   A. 토크빌은 이런 말도 해요.

법률가들의 성격에는 귀족들의 습관과 취향 일부가 보일 것이
다. 법률가들과 귀족들은 마찬가지로 질서와 형식을 본능적으로
애호한다. 또한 그들은 대중의 행동에 대해서 똑같이 역겨움을
느끼고 민주 정부에 대해서 똑같이 은밀한 경멸감을 가지고 있

다. -중략- 민주정체는 법률가들이 정치적 권력을 얻는 데 유리

하다. 부유한 사람, 귀족 및 군주가 정부에서 배제될 경우 마땅

히 권력을 차지하는 것은 법률가들이다.[8]

신박사   귀족과 군주가 사라진 자리를 법률가들이 채운다는
         이야기예요. 오늘날의 공화정·민주주의 등장의 계기
         인 1789년 7월 프랑스대혁명의 주도 세력은 사실 노
         동자가 아니죠. 법률가, 자본가들이죠. 바로 1789년
         6월 구성된 프랑스 '국민의회' 610명의 대부분을 차지
         한 그 법률가, 자본가들요.[9] 21세기 대한민국 사회에
         특권계급, 귀족이 존재해요. 법률가, 자본가들요.

'연예인'이 벼슬이 되는 경우

민 지   A. 토크빌의 말처럼 귀족 계급 자체는 사라지지 않았
         네요. 다만 자본가, 법률가들로 교체되었을 뿐이네요.
신박사   그렇다고 봐야죠. 그리고 최근 등장한 신흥 귀족 계급
         으로 유명 연예인, 스포츠 스타와 같은 이들이 있죠.
         이들 신귀족은 재벌만큼은 아니지만 상당한 부를 소
         유하고, 사회적 지위가 한 국가의 정상 못지않은 경우
         도 있죠. 특히 상업적 영향력에 있어서는 그 어떤 이

들보다 막강하죠. 한 국가를 넘어 글로벌 차원이죠. 재벌이 이들과 맞팔한 것을 자랑 삼고, 유명 정치인들이 다정스레 투샷 찍기를 원하죠. 돈이 되고 표가 되니까요. 부와 영향력을 모두 가졌으니 귀족 계급이 아닐 수 없죠. 사회적 대우나 인식은 그들의 사회적 지위를 따르기 마련이에요. '유인무애有人無隘 무인유애無人有隘'죠. '인기가 있으면 애로, 즉 불편을 겪을 일이 없고, 인기가 없으면 불편을 겪는다'는 거죠. 공항을 출입할 때 공항 측이 알아서 편의를 봐주고, 병역의무를 수행할 때 편의가 따르고, 식당 가는 일 등 일상에서 항상 특별대우가 주어지죠.

민　지　그런데요, 교수님, 연예인과 같은 유명인에 대한 특별대우는 상대방이 좋아서 하는 일이잖아요? 앞의 부자, 법률가의 불공정과는 결이 좀 다르지 않습니까?

신박사　다르기도 하고 다르지 않기도 하죠. 다른 면은 팬 또는 일반인들이 자기가 좋아서 또는 셀럽 마케팅 효과를 의식해 유명인을 특별대우하는 경우죠. 그리고 다르지 않은 면은 유명인 자신이 스스로 특별대우를 요구하고 나서거나, 공적 기관이 유명인의 사적 이익을 위해 공적 자산을 동원하는 경우죠. 후자의 경우는 '연예인이 벼슬'이 되겠죠. 불공정이죠.

21세기 대한민국의 '쁘띠 부르주아지', SKY

민　지　'실질적 귀족' 이야기가 나왔으니 하는 말인데요. SKY
를 비롯한 세칭 일류대 현상에 대해서는 어떻게 생각
하세요? 우리 사회의 '실질적 귀족'이라는 관점에서요.

신박사　나는 'SKY' 하면, 19세기의 '쁘띠 부르주아지(Petite
Bourgeoisie)'가 머리에 떠올라요. 재산이 있다 할 수도
없고 그렇다고 전혀 없는 것도 아닌 '소자영업 계급',
'쁘띠 부르주아지'요. 이들은 자영업을 하니까 '유산계
급(Bourgeoisie)'으로 볼 수 있죠. 그런데 실상은 노동자
와 별 차이가 없어 '무산자(Proletariat)'에 가까워요. 우
리나라 사회에서 일류대를 들어가면 사람들은 이제
기득권층 또는 상류층에 한 발을 들여놓았다고 생각
해요. 그래서 어떻게든 일류대를 들어가려 하는 것이
고요. 그렇게 생각하는 것도 무리가 아니에요. 전국
고등학교 졸업생 중 불과 상위 2~4%만이 들어갈 수
있으니까요. 일류대를 마친 졸업생은 대부분 직장에
취직해요. 그리고 그곳에서 오랫동안 안정적으로 직
장생활 할 수 있기를 희망해요. 자본주의 사회에서 부
자가 되는 길인 자기 사업 선택의 기회가 있음에도 불
구하고 일류대 출신 대부분 그 길을 선택하지 않는 거
죠. 좋은 대학, 좋은 직장은 중산층으로 사는 데는 분

명 괜찮은 수단이에요. 그러나 '부자'가 되거나 '영향력'을 갖는 것과는 별 관계가 없죠. 부, 권력이 특권계급의 속성이라면, 일류대를 졸업하고 좋은 직장에 들어가는 것은 그런 특권계급이 되는 것과는 거리가 멀어요. 그런데 세칭 일류대를 졸업한 이들의 '전국 상위 2~4%'에 대한 기억은 오래 지속돼요. 그리고 그 기억은 스스로가 상위 계층이라는, 아니 어쩌면 상위 계층이어야 한다는 착각으로 이어지죠. 나아가 이 사회의 주류로서 현상을 잘 보전하고 지켜야 한다는 사명적 보수 의식으로 연결되기도 하죠. 일종의 허위의식일 수 있죠. 실상은 여느 직장의 사람들과 별다를 것 없는 평범한 직장인이 스스로 상위 2~4%라고 생각하고 있는 거죠.

21세기 명문가는 국가와 사회를 위해 희생한 집안

민 지   아, 이해가 가요. 제 주위의 세칭 일류대 출신 중 적지 않은 이들이 강한 보수 성향을 띠고 있는 이유가요. 그중 어떤 분은 평소 매우 젠틀하고 상식적인데 정치 이야기만 나오면 말도 안 되는 극단적 성향을 보여 깜짝 놀랐는데, 그것도 어느 정도 이해가 가고요. 그러

면 교수님, 요즘도 가문이나 집안을 내세우는 이가 있
던데 이것은 어떻게 이해해야 돼요? 신분제와 관련해
서요.

신박사 좋은 질문입니다. 세상에는 진짜 특별한 신분이 있
죠. 일제강점기에 나라 독립을 위해 재산과 삶을 바
친 이들, 광복 이후에는 자유·민주주의 수호를 위해
6·25 민족상잔에서 북한의 침략을 막다 희생된 이들,
독재 시대 민주화에 청춘과 삶을 바친 이들, 법을 준
수하면서 국가 경제 발전에 크게 이바지한 이들, 사회
운동가들, 자원봉사자들과 같은 이들이죠. 이유는 분
명하죠. 그들이 있어 오늘날 세계 속의 대한민국이 존
재할 수 있고, 그들이 있어 우리가 자유와 행복을 누
릴 수 있게 된 것이니까요. 자신을 희생해 세상을 이
롭게 한 이들이죠. 그들이 진짜 특별한 신분, 그런 집
안이 진짜 명문 가문이죠. 우리가 감사를 표하고 특별
히 대우해야 할 이들, 가문이죠.

6장

의회는
어떻게 시작되었나요?

우리는 국회를 흔히 '국민의 대표기관'이라 불러요. 그런데 '대통령'에 대해서는 '대표'라는 표현을 잘 사용하지 않아요. 그것은 국회의 태생 자체가 역사적으로 국민의 입장을 대변하기 위한 것이었기 때문이에요.

'국회'가 '대통령'보다 먼저인 이유

민 지　　교수님, 지금까지는 제가 평소 궁금했던 보수·진보를 둘러싼 다소 논쟁적 주제들에 대한 질문이었고요. 이번에는 '공부' 냄새가 나는 질문으로 넘어갈게요. '의회'는 어떻게 시작되었나요?

신박사　　그 전에 내가 먼저 질문 하나 할까요? 민지 씨, 우리나라 헌법에 '국회'가 먼저 나올까요? 아니면 '대통령'이 먼저 나올까요?

민 지　　교수님의 질문 의도로는 국회가 답인 것 같은데, 그래도 대통령이 먼저 아닌가요?

신박사　　맞아요. 아니, 아니에요. 국회예요. 헌법은 전문과 본문 10개 장으로 이루어져 있어요. 국회는 제3장, 대통령의 행정부는 제4장에 나와요. 우리가 국가권력을 말할 때도 보통 입법·행정·사법 순서로 말하죠. 그럼 두 번째 질문요. 역사에서 대통령 제도가 먼저 만들어 졌을까요, 아니면 국회가 먼저 만들어졌을까요?

민 지 그건 당연히 국회죠. 그리고 대통령이 아닌 왕이 있었고요.

신박사 '국회와 왕'. 오, 민지 씨. 핵심을 찔렀어요. 우리는 국회를 흔히 '국민의 대표기관'이라고 불러요. 그런데 똑같이 국민이 선출한 '대통령'에 대해서는 '대표'라는 표현을 잘 사용하지 않아요. 그것은 국회가 정치적으로 국민을 대표하는 것뿐만 아니라, 태생 자체가 역사적으로 국민의 입장을 대변하기 위한 것이었기 때문이에요. '왕'의 전횡에 대항해 국민의 권리와 자유를 대변한 거죠. 바로 의회를 낳은 영국의 역사에서요.

민 지 그 말씀은, 오늘날 혹시라도 1인 권력인 대통령이 왕정 시대의 왕처럼 주어진 권력을 남용하려 하면 국회가 국민을 위해 나선다는, 그런 생각이 남아 있다는 이야기 같네요.

신박사 1인 권력이 자신을 왕으로 착각하고, 또 적지 않은 이들의 사고가 왕정 시대에 머물러 있는 사회라면 더욱 그렇겠죠. 영국 의회의 역사를 알아보는 것은 이런 면에서 아주 중요해요. 영국 정치 하면 나는 '페이비어니즘(fabianism)'이라는 말을 떠올려요. 페이비어니즘은 '점진적으로 사회주의를 추구한다'는 영국 페이비언 협회의 이념인데, 여기서 내가 주목하는 것은 '사회주의'가 아닌 '점진적 변화'예요. '페이비어니즘'의 어원은 고대 포에니전쟁(BC264~BC146년)에서 카르타고의 명장 한니발을 전멸 직전까지 몰아세웠던 로마의 지장 '파비우스(Fabius)'의 이름이에요. 이 싸움에서 파비우스가 쓴 전술이 지구전이었어요. 시간을 끌면서 전황을 자신에게 유리하게 만들어갔죠. 프랑스의 민주주의 역사가 '혁명적'이었다면 영국의 민주주의 발전은 대체로 '점진적'이었어요. 이를테면 '페이비어니즘' 식이었던 거죠.

민 지 　둘 다 인류 사회의 민주주의를 선도해 왔지만 서로 결이 다르네요.

'세금 내는 사람들의 대표', 국회

신박사 　그렇죠. 그럼, 의회의 역사를 살펴봅시다. 영국은 9세기 말 왕정이 형성된 이후 '국왕'과 '귀족·시민'의 힘겨루기가 시작돼요. 국왕이 우세할 때는 왕권이 강화되고 귀족·시민이 우세일 때는 의회의 등장과 함께 의회의 권한이 강화돼요. 따라서 의회의 등장 및 발전 역사는 곧 귀족·시민의 왕권 견제의 역사라고 할 수 있어요.

민 지 그 과정도 대체로 급격한 변혁보다 점진적이고 타협적이었다는 말씀이네요.

신박사 그렇죠. 1649년 청교도혁명 때 국왕 찰스 1세가 국회파 지도자 크롬웰에 의해 사형당하는 경악할 만한(?) 사건도 있었어요. 하지만 프랑스와 비교할 때 영국은 대체로 '점진적' 변화였어요. 영국은 9세기 후반 알프레드 대왕이 국왕 체제를 형성한 이후 12세기 말까지 강력한 왕권을 유지해요. 그러다 존 왕이 프랑스와의 전쟁을 강행했다 패배해 1215년 귀족들에게 무릎을 꿇는 사건이 발생해요. 바로 영국 최초의 헌법이자 현대 민주주의의 주춧돌로 평가받는 '대헌장(Magna Carta)'에 국왕이 서명한 사건이죠. 이때 국왕의 권력 중 일부가 귀족·영주·농장주·부유한 상인들로 이루어진 '납세자 대표 회의'로 넘어가요.

민 지 '납세자 대표 회의' 멤버가 귀족만이 아니었네요?

신박사 그렇죠. 그렇다고 '납세자 대표 회의'가 국민 전체를 대표한 것도 아니죠. '납세자 대표 회의'이니, 사실 재산이 어느 정도 있는 '유산자'들의 대표인 거죠. 그러나 어쨌든 귀족 아닌 일반 시민까지 포함하고 있으니, 일반 시민의 이해관계가 반영 안 된 건 아니죠. 대헌장 서명은 50년 뒤인 1265년, '의회'의 등장으로 이어져요. 왕인 헨리 3세가 대헌장을 수시로 어기자 왕의 매제인 시몽 드 몽포르 백작이 반란을 일으켜 헨리 3세를 포로로 잡는 사건이 벌어져요. 시몽 드 몽포르는 각 주 및 지방 대표들을 모아 '의회'를 만들어요. 당연히 평민 대표들도 포함하죠. '논의하다'는 의미의 'Parliament', 즉 '의회'가 시작되고, 시몽 드 몽포르 백작은 '의회의 아버지'로 역사에 남아요. 이때부터 영국은 제도화된 두 권력인 '왕'과 '의회'의 대립·견제가 시작되고, 1341년 의회는 '귀족·성직자'로 이루어진 '상원'과 '유산자·학식 있는 평민 등'으로 이루어진 '하원'으로 나뉘어요. 양원제의 출발이에요.

민　지　'국회'를 뜻하는 'Parliament'가 '논의하다'라는 의미였네요. 저는 '대립하다', '싸우다'인 줄 알았어요. 농담입니다, 하하.

신박사　같은 생각입니다, 하하. 1485년, 영국의 역사는 다시 왕권 강화 단계로 접어들어요. 바로 튜더 왕조인, 헨리 7세로 시작해 헨리 8세, 엘리자베스 1세로 이어지는 1603년까지의 절대왕정 시대의 도래예요. 절대왕정이라는 것은 곧 민주주의 제도의 발전을 기대할 수 없는 시기라는 의미이기도 하죠.

민　지　민주주의의 발전은 없지만 문화 융성은 있었네요. 대
　　　　　문호 셰익스피어를 낳고, 그 셰익스피어가 당시 2등
　　　　　언어였던 영어의 위상을 크게 올렸으니까요.

신박사　사회가 안정되고 풍요로우니 문화가 융성할 수밖에
　　　　　요. 영국은 엘리자베스 1세 사후 제임스 1세, 찰스 1세
　　　　　가 뒤를 이으면서 왕권 약화와 함께 혼란기를 맞이해
　　　　　요. 왕권신수설을 신봉했던 찰스 1세는 프랑스와의 전
　　　　　쟁을 강행했다 패해, 1628년 의회가 요구한 '권리청원'
　　　　　에 동의해요. 그리고 이듬해인 1629년부터 1640년까
　　　　　지 국회를 아예 폐쇄하고 독재를 하다 마침내 '청교도
　　　　　혁명(1642~1649년)'을 맞이해요. 찰스 1세가 스코틀
　　　　　랜드와의 전쟁에서 패해, 의회에 배상금 마련을 요구
　　　　　하자 의회가 국회 존중 등의 조건을 내걸었는데 찰스
　　　　　1세가 의회를 적으로 선언하고 의회 공격에 나선 거
　　　　　예요. 대부분 청교도였던 의회가 크롬웰을 중심으로
　　　　　왕과의 전쟁(청교도혁명)에 나서, 1649년 왕의 군대를
　　　　　격파하고 찰스 1세를 사형에 처해요.

보수와 진보의 등장

민　지　'신의 대리인'이 '국민의 대표기관' 의회에 의해 사형당

한 거군요.

신박사   그렇죠. 찰스 1세 사형 후 11년간 크롬웰이 통치하다 1660년 죽자, 찰스 1세의 아들인 찰스 2세가 왕위를 이어받고, 1685년 찰스 2세가 후계 없이 죽자 왕위는 찰스 2세의 동생인 제임스 2세에게 돌아가요. 의회는 가톨릭 교도에다 독재 성향이 강한 제임스 2세의 왕위 계승을 두고 둘로 갈라져요. 제임스 2세의 후계를 찬성하는 '왕당파(토리즈)'와 반대하는 '자유파(휘그즈)'로요. 보수와 진보의 등장이죠.

민 지   의회 제도를 낳은 영국 의회의 역사가 1215년의 '납세자 대표 회의'로 시작해, 1265년 '의회', 1341년 상원과 하원의 '양원제', 그리고 1685년 보수와 진보 정당의 등장으로 이어지네요.

신박사   그렇죠. 꽤 순리적으로 보이죠. 실상은 치열한 투쟁의 결과인데요. 자, 의회로 시작했으니 의회로 매듭짓죠. 결국 제임스 2세가 왕위에 오르고 왕은 전제정치를 기도해요. 의회는 1688년 제임스 2세를 끌어내리고 그의 딸인 메리와 사위 윌리엄 3세를 공동 왕으로 추대해요.

민 지   명예혁명이네요. 국민과 의회가 평화롭게 왕을 갈아치운 인류 최초의 사건요.

신박사   그렇죠. 일대 사건이죠. 메리와 윌리엄 3세는 의회가 제정한 '권리장전'을 승인(1689년)해요. 왕권을 제약하고 왕에 대한 의회의 우위를 확인한 '권리장전'을요. '입헌군주제'의 시작이에요. 메리와 윌리엄 3세가 죽고 난 다음 왕위는 메리의 여동생 앤 여왕으로 이어지고, 1714년 앤 여왕이 후계 없이 죽어요. 영국은 왕위계승률에 따라 독일의 하노버 공을 왕(조지 1세)으로 데려와요. 언어가 불편하고 소심했던 이방인 조지 1세는 국회에 정치를 의지해요. '의원내각제'의 등장이에요. 역사적으로 의회민주주의를 발전시켜 온 영국이 마침내 '의회'가 국정 운영의 주체가 되는 정치제도, '의원내각제'를 낳은 거죠.

민 지 1215년 '납세자 대표 회의'로 시작된 영국의 의회 발달사가 1265년 '의회', 1341년 '양원제', 1685년 '정당제', 1689년 '입헌군주제', 그리고 1714년 '의원내각제' 도입으로 마무리되었네요. '국민의 대표기관', '의회'가요. 예광

7장

정당은
어떻게 시작되었나요?

정치사적으로 보면 프랑스의 정당 역사가 가장 의미가 깊어요. 혁명의 소용돌이 속에서 '왕정주의와 공화주의의 대립'이 빠르게 '유산자와 무산자의 대립'으로 전환되는 것을 볼 수 있죠. 역동적이에요.

민주주의 실현 역사의 트로이카, 영국·프랑스·미국

민 지 교수님, 앞에서 의회의 역사를 알아보았어요. 영국 역사를 통해서요. 이번에는 정당으로서의 보수·진보가 어떻게 등장하게 되었는지에 대해 말씀해 주세요.

신박사 정당으로서의 보수·진보 역사는 앞에서 본 것처럼 1685년 영국에서 시작돼요. 그리고 프랑스는 100여 년이 지난 1791년, 미국은 1792년에 시작되고요. 시간 순서로 보면 영국, 프랑스 그리고 미국 순이에요. 그렇지만 정치사적으로 보면 프랑스의 정당 역사가 가장 의미가 깊어요. 혁명의 소용돌이 속에서 '왕정주의와 공화주의의 대립'이 빠르게 '유산자와 무산자의 대립'으로 전환되는 것을 볼 수 있죠. 역동적이에요.

보수와 진보 대립을 통해 왕정의 종말과 동시에 공화
정의 구조적 과제가 드러난 거죠.

민 지 　그러고 보니 우리가 영국, 프랑스에만 주목하고 미국
을 간과한 측면이 있네요.

신박사 　그렇죠. 민주주의 역사 하면 그 중심에 영국, 프랑스
뿐만 아니라 미국이 있어요. 영국이 일찍부터 의회제
도에 기초한 민주주의를 발전시켜 왔다면, 프랑스는
혁명을 통해 평등 개념과 주권재민사상을 전 유럽에
전파했어요. 미국은 신대륙이라는 순백의 캔버스에
인류 최초로 삼권분립과 자유, 민주주의 제도를 명시
화·제도화했고요. 그리고 프랑스대혁명과 미국의 민
주주의 실현에는 로크(1632~1704), 몽테스키외(1689
~1755), 루소(1712~1778)와 같은 사상가들이 크게 영
향을 미쳤어요. 또 이 사상가들에게는 고대 그리스의
직접민주주의, 영국의 의회 실현 역사가 영향을 미쳤
고요.

민 지 　공화제·민주주의의 발전 역사가 정리되네요. '고대 그
리스의 직접민주주의 → 영국의 의회 실현 역사 → 로
크·몽테스키외·루소의 사상 → 프랑스의 평등과 주권
재민사상, 미국의 민주주의 실현'으로요.

신박사 　오우, 좋습니다. 그럼 여기서는 먼저 미국의 건국과
의회 역사를 살펴보고, 이어 혁명 이후부터 나폴레옹

등장 이전까지, 6년 동안 진행된 프랑스의 역동적인
보수·진보의 등장 및 대립 역사를 알아보죠.

미국의 민주주의 실현 역사

신박사 미국은 1774년 북미의 13개 식민지 주 대표들이 모여
'대륙회의'를 개최하고, 2년 뒤인 1776년 7월 4일 '영
국 왕정으로부터의 독립'과 함께 최초로 '공화정' 수
립을 선언해요. 그리고 11년 뒤인 1787년 헌법 제정
을 통해 최초로 '대통령 중심의 공화정 체제'를 확립
하고, 2년 뒤인 1789년 연방의회 구성과 함께 같은
해 4월 30일 조지 워싱턴을 초대 대통령으로 '연방공
화제 정부'를 수립해요. 미국의 건국 하면 우리는 흔
히 1776년을 떠올리는데, 1776년은 '독립선언'을 한
해이고, 연방공화제 정부는 그로부터 13년이 지난
1789년 수립돼요. 바로 프랑스혁명의 시발인 삼부회
소집(1789년 5월 5일)을 5일 앞둔 4월 30일, 신생국 공
화정 미국이 탄생하죠.

민 지 그리고 보면 교수님, 사상이 참으로 대단하다는 생각
이 들어요. 같은 시기에 구대륙과 신대륙에서 공화
제·민주주의를 향한 에너지 분출이 동시에 일어났다

는 거잖아요. 인류사적으로 볼 때 공동 원인이 작용했다고 생각할 수밖에 없죠. 앞에서 교수님이 말씀하신 로크·몽테스키외·루소의 계몽주의 사상과 같은 원인들요.

신박사 그렇죠. 플라톤과 아리스토텔레스, 공자의 사상이 수천 년이 지난 지금도 우리에게 영향을 미치고 있잖아요. 계몽주의 영향은 말할 것도 없죠. 아니죠, 옥스퍼드 대학이 지적한 오늘날과 같은 '뇌 썩음(Brain rot)의 시대'에 계몽주의야말로 진짜 다시 한 번 크게 부활할 필요가 있죠. 미몽이 계몽되게요. 자, 이번에는 미국 의회의 역사로 가보죠. 양원제로 출발한 미국 의회는 초대 대통령인 조지 워싱턴의 정책에 대한 찬반을 둘러싸고 1792년 '연방주의자당'과 '민주공화당'으로 갈라져요. 30년 가까이 지난 1820년 '연방주의자당'은 해산하고, '민주공화당'은 여러 명칭으로 불리다 1830년대 '민주당'이라는 이름으로 정착해요. 앞선 1824년 '민주공화당'에서 갈라져 창립된 '국민공화당'은 '휘그당'으로의 재창당을 거쳐 1854년 '공화당'으로 정착해요. 이때부터 미국은 보수인 '공화당'과 진보인 '민주당'의 양당 체제를 지금까지 유지해요.

프랑스 왕정의 재정 악화, 인류 구원의 방아쇠를 당기다

민 지 우리나라는 리더가 바뀔 때마다, 큰일이 터져 석고대
죄 할 때마다 당명이 바뀌어 당명을 다 기억할 수 없
을 정도인데, 미국은 200년 가까이 보수, 진보 당명이
그대로 유지되었네요.

신박사 그렇죠. 우리나라 정당은 최근까지도 전근대적 요소
가 많이 남아 있었죠. 정책 중심이 아닌 인물 중심,
왕정적 권위주의와 같은 현상요. 그러면 이어 프랑
스의 역동적인 보수·진보 대립의 역사를 알아보죠.
먼저 프랑스대혁명이 일어난 원인은 4가지로 정리해
볼 수 있어요. ① 국가 재정 파산, ② 미국독립전쟁
영향, ③ 계몽주의, 그리고 ④ 불황 여파요. 이것들이
복합적으로 작용해 프랑스대혁명이 일어나죠.

민 지 프랑스대혁명이 미국 건국과도 관련이 있네요.

신박사 있죠. 있는 정도가 아니라 매우 깊죠. 루이 16세가 악
화된 재정 상태를 해결하기 위해 국왕자문기관인 '명
사회(Assemblée des notables)'를 소집했는데, 그 재
정 악화의 주요 원인이 바로 미국독립전쟁 지원이
었어요. '명사회'는 협조를 거부하고, 왕은 1789년
5월 5일 봉건시대 신분제 의회라 할 수 있는 '삼부회
(États Généraux)'를 소집해요. 그러자 성직자·귀족·평

민대표로 구성된 삼부회에서 평민 대표들이 '신분별 토의 및 투표' 방식을 '전체 단일' 방식으로 바꿀 것을 요구해요. 왕은 요구를 거절하고 평민 대표들은 6월 17일 자기들만의 '국민의회(Assemblée Nationale)' 결성에 나서요. 법률가, 자본가 등으로 이루어진 중류 계급이 영국의 '하원'을 모방해 '국민대표 모임'을 만든 거죠. 6월 19일 성직자와 귀족 의원 일부가 '국민의회'에 합류하자, 왕은 할 수 없이 '국민의회'를 승인해요. '국민의회'는 7월 9일 '제헌국민의회(Assemblée nationale constituante)'로 이름을 바꾸고, 헌법 제정과 의회 정치 준비에 나서요. 그러자 왕이 군대를 베르사유로 불러들이고, 삼부회의 책임자인 네케르의 파면과 함께 내각 개각을 단행해요. 제헌국민의회를 제압하기 위해서죠. 파리 시민은 자위를 위해 거리에 바리케이드를 설치하고 부상병병원 무기창고로 몰려가 무기를 확보한 다음 7월 14일 앙시앵레짐(Ancien Régime, 구체제)의 상징 바스티유를 공격해요. 왕정 반대자들을 주로 가두는 국왕 권위의 상징 국립감옥 바스티유가 절대왕권과 함께 무너지고, 전 인류로 퍼져나갈 자유의 방아쇠가 당겨져요.[10]

민 지 프랑스대혁명은 진짜 숨 가쁘게 진행되었네요. 삼부회 소집에서 바스티유 붕괴까지 걸린 기간이 딱 70일이네요.

신박사   그렇죠. 그야말로 혁명이죠. 바스티유가 무너지고 21일
이 지난 8월 4일 '제헌국민의회'는 봉건적 신분제·영
주제 폐지와 함께 '입헌군주제'를 채택하고, 8월 26일
〈프랑스 인권선언〉을 발표해요. 그로부터 2년 뒤인
1791년 10월 1일, '입법의회(Assemblée Législative)' 출범
과 함께 '보수의 푀양파'와 '진보의 지롱드파'가 등장하
고, 그 1년 뒤인 1792년 9월 20일에는 '입법의회'의 해
산과 동시에 '국민공회(Convention Nationale)'가 들어서
요. 그러면서 프랑스는 마침내 '왕이 없는 나라', '공화
국(Republic)'으로 재탄생해요. 국민공회는 '보수의 지
롱드파'와 '진보의 자코뱅파'로 대립해요. '입헌군주제'
상황에서 '푀양파', '지롱드파'가 보수, 진보로 각각 '입
헌군주정'과 '공화정'을 편들었다면, '공화정'에서의 '지
롱드파'와 '자코뱅파'는 보수, 진보로 각각 '부르주아',
'중소시민·농민'의 입장을 대변해요. '공화정'에서의 보
수와 진보 정당 대립이 본격적으로 시작된 거죠.

7월혁명을 그린 〈민중을 이끄는 자유의 여신〉

민 지   3년 만에 정치체제가 '절대군주제'에서 '입헌군주제'

로, '입헌군주제'에서 다시 '공화제'로 바뀌었어요. 진짜 인류 역사상 일대 사건이에요. 그런데 교수님, 좀 엉뚱한 질문인데요. 들라크루아가 그린 〈민중을 이끄는 자유의 여신〉 그림 있잖아요. 그 그림이 이 1789년 프랑스대혁명 배경인가요?

신박사　민지 씨 나랑 비슷하네요. 나도 예전에 헷갈려 한번 찾아본 적이 있어요. 〈민중을 이끄는 자유의 여신〉은 1789년 프랑스대혁명이 아닌, 부르봉 왕가의 절대왕정 복고를 반대해 파리 시민이 1830년에 일으킨 '7월 혁명'을 그린 작품이에요. 그래서 부제도 '1830년 7월 28일'이죠. 말이 나온 김에 좀 더 말씀드리면, 파리에 가면 바스티유 광장이 있어요. 바로 바스티유 감옥이 있던 자리인데, 이 광장 중앙에 53미터 높이의 '7월의 기둥(Colonne de Juillet)' 탑이 있어요. 꼭대기에는 자유 정신을 상징하는 금빛의 '자유 천사'가 나는 형상으로 서 있고요. 이 기둥 역시 1830년 7월혁명 기념물이에요. 탑 아래 7월혁명 때 희생된 사람들의 유해가 묻혀 있죠.

민　지　진짜, 프랑스를 '혁명의 나라'라 부를 만하네요. 인류가 프랑스 역사에 많은 빚을 지고 있다는 생각이 들어요.

신박사　그렇죠. 오늘날 우리가 호흡하는 자유의 공기가 거저 얻어진 게 아니죠. 멀게는 프랑스대혁명, 가깝게는 광주의 '5·18민주화운동' 등 수많은 이들의 희생이 지금 우리가 마음껏 들이마시는 자유의 공기를 만든 거죠. 자, 다시 프랑스의 국민공회 이야기로 돌아갑시다. '지롱드파와 자코뱅파의 대립'은 '자코뱅파'의 독주로 이어져요. 1793년 1월 21일 루이 16세가 단두대의 이슬로 사라지자, 유럽 군주국들이 프랑스를 공격하기 위한 동맹 결성에 나서요. 국내에서는 왕당파들이 반란을 도모해요. 자코뱅파는 1793년 4월 6일 '전시내각'이라 할 수 있는 공안위원회를 설치하고 로베스피에르가 독재에 나서요. 자코뱅 공화국은 1년여 만에 외부 침략을 물리치고 국내 질서를 회복해 난국을 수습해요. 그런데 이때 로베스피에르가 반대파에 의해 살해당하는 사건이 일어나요. '테르미도르의 반동'이에요. 정국 주도권을 쥔 테르미도르파는 '부활을 꿈꾸는 왕당파'와 '자코뱅파의 수혜자였던 파리 빈민들' 양쪽으로부터 협공을 받아요. 그러던 중 1795년 10월 5일 왕당파의 쿠데타가 일어나요. '방데미에르의 반란'이에요. 국민공회는 군대를 동원해 위기를 극복해요. 변방 코르시카섬 출신의 26살 난 장군이 프랑스, 아니 세계사의 전면에 등장해요. 프랑스대혁명의 어둠이자 빛, 나폴레옹 보나파르트(1769~1821)의 등장

이에요. 잠시 공화정의 역사는 퇴보해요. 2보 전진을
위한 1보 후퇴의 퇴보를.

보수, 진보가 '우파', '좌파'로 불리게 된 것은 우연

민 지   교수님, 서사시예요. 눈앞에서 18세기 말 프랑스 역사
가 현재진행형으로 전개되고 있는 것 같아요. 아, 그리
고 교수님, 제가 보수·진보 주제에서 꼭 물어보려던 것
이 있어요. 보수, 진보를 왜 우파, 좌파로 부르는 거죠?

신박사   오, 재미있는 질문이에요. 스토리가 있죠. '좌파·우파'
라는 말은 1792년 시작된 프랑스의 국민공회에서 시
작돼요. 국민공회가 회의를 하기 위해 모였는데 의장
석에서 볼 때 변화를 주장하는 진보의 자코뱅파는 좌
측, 현상을 유지하려는 보수의 지롱드파는 우측에 자
리했어요. 이후 프랑스 의회는 이 원칙을 고수해요.
이때부터 진보는 좌파·좌익, 보수는 우파·우익으로도
불리게 되죠. 물론, 좌빨, 우꼴과 같은 공격적 용어는
우리나라의 최근 극단적 대결이 만들어낸 혐오 언어
들이고요. 神

8장

상원이 보수,
하원이 진보 아닌가요?

의회는 역사적으로 '국민의 대표'로 탄생했어요. 오늘날 대의제 민주주의에서는 정확히 '국민의 대표'이고요. '국민의 대표' 역할에 보다 충실한 쪽은 상원이 아닌 하원이에요.

상원·하원과 보수·진보가 헷갈리는 이유

민 지 교수님, 저는 상원·하원이 가끔 보수·진보와 헷갈려요. 그런데, 결국 상원이 보수, 하원이 진보 아닌가요?

신박사 그런 면이 전혀 없다고 할 수 없죠. 특히 처음에는 더 그랬고요. 영국에서 1265년 시작된 의회(단원제)가 1341년 에드워드 3세 때 양원제로 바뀌어요. '귀족·성직자'로 이루어진 '상원'과 '평민'으로 이루어진 '하원', 둘로 의회가 나뉜 거죠. 단원제일 때의 권력 구도는 '왕과 의회의 대립'이에요. 단순하죠. 그런데 양원제는 이를테면 '왕과 의회의 대립'임과 동시에 '상원과 하원의 대립'이에요. 이중 대립 구조죠. 의회 내 새로운 대립 전선의 등장은 2가지 측면에서 왕에게 도움이 돼요. 첫째, 대립 상대인 의회의 분화로 '왕과 의회의 대립' 강도가 떨어질 것이고요. 둘째, '귀족·성직자' 대 '평민'이라는 계급 간 대립에서, '귀족·성직자'로 구성된 기득권 계급의 '상원'이 왕 쪽으로 기울어질 가능성이 있는 거죠. 그렇게 되면, '상원'과 '하원'의 대립은 어느 정도는 보수와 진보 대립 성격을 지니게 되죠.

민 지 　조금 전에 '그런 면이 전혀 없다고 할 수 없다'는 말씀은 지금도 그런 면이 남아 있을 수 있다는 거네요. 상원·하원의 보수·진보 대립 구조 측면요.

그 나라의 역사·사회적 조건을 반영한 양원제

신박사 　양원제에서 '하원'은 어느 국가나 그 존재 의미가 동일해요. 선출 방식과 실질적 역할에서 '국민의 대표'예요. 그런데 '상원'은 국가에 따라 의미가 달라요. 그리고 그 차이는 그 나라의 역사적·사회적 조건 등에 따른 결과라 할 수 있어요. 최초로 의회, 그리고 양원제를 시작한 영국의 상원은 '보수대표형 또는 귀족원형'에 해당해요. 하원을 견제해 진보성을 억제하는 측면이 있죠. 어느 정도 보수와 진보의 대립이죠. 최초로 공화정을 선언한 미국의 상원은 '지방대표형 또는 연방형'에 해당해요. 미국의 '하원'은 각 주별로 인구수에 비례해 뽑아요. 그리고 '상원'은 50개 각 주별로 2명씩 뽑아요. '하원'은 '국민대표기관', '상원'은 '각 주의 대표기관'이라는 의미죠. '연방으로서의 통일성'과 '각 주의 독립성'을 '양원제'로 절묘하게 조화시키고 있는 거죠. 일본의 상원(참의원)은 하원(중의원)과 마찬가지로 '국민대표형'이에요. 다른 점은 피선 자격·선거구·임기·정원 등에서 하원과 차이를 두어 '좀 더 높은 식견과 능력 있는 이들로 구성'된다는 거죠. 일본의 하원인 중의원 출마자는 25세 이상이어야 하고 소선거구제(선거구 의원일 경우)로 뽑아요. 반면, 상원인 참의원은 30세 이상이어야 하고 중·대선거구제(선거구 의원일 경우)로 뽑아요. 30세 이상 중·대선거구제로 뽑힌 이가, 25세 이상 소선거구제로 뽑힌 이보다 '더 높은 식견과 능력을 갖추고 있을 것'으로 보는 거죠.[11]

'상원'이 '하원'보다 위다?

민 지   재미있네요. 좀 복잡하긴 한데 흥미로워요. 그럼 교수님, 우리가 '상원(upper house)', '하원(lower house)'으로 부르는데, '상원'이 '하원'보다 우위인가요?

신박사   그렇게 이해하기 쉽죠. '상'과 '하'로 부르니까요. 그런데 실제는 그 반대예요. '하원 우월의 법칙'이라는 말이 있어요. 하원이 상원보다 우위라는 거죠. 이유는 명백해요. 의회는 역사적으로 '국민의 대표'로 탄생했어요. 오늘날 대의제 민주주의에서는 정확히 '국민의 대표'이고요. 그런데 이 '국민의 대표' 역할에 보다 충실한 쪽은 상원이 아닌 하원이에요. 아니, 논리가 뒤바뀌었네요. 양원제를 채택한 모든 나라가 제도적으로 한쪽은 전형적인 '국민의 대표', 다른 한쪽은 영국, 미국, 일본의 예에서처럼 다른 대표성을 지니는 이들로 구성해요. 그리고 '국민의 대표'를 '하원(의미적으로)'으로 불러요. 다른 한쪽을 '상원(의미적으로)'이라 하고요. 따라서 나라에 따라 정도의 차이는 있지만, 대체로 상원보다 하원에 더 큰 권한이 주어져요. 물론 하원에는 없는 권한을 상원만 가지고 있는 경우도 있고요.

민 지   그러면 교수님, 얼른 질문이 딱 잡히지 않는데요, 음…… 그렇죠! 의원, 즉 '국민의 대표' 하면 그냥 '단원제'로 하면 되는 것 아니에요? 왜 복잡하게 굳이 '양원제'로 하는 거죠. 이게 말이 되는 질문인지 모르겠네요.

기득권의 짙은 회의가 반영된 양원제

신박사   아주 말이 되는 질문이에요. '양원제'를 두는 가장 근본적인 이유는 '심의의 신중화'예요. 의회는 한 국가의 규칙인 법과 중요 국가정책이 결정되는 곳이에요. 신중을 기하기 위해 스크리닝 과정을 한 번 더 거치는 것이 좋지 않겠냐는 거죠. 다른 입장, 다른 관점에서요. 그런데 나는 '양원제'에는 19세기 초의 '민주주의'라는 새로운 정치 원리 실험에 대한 기득권의 짙은 회의도 반영되어 있다고 봐요. 19세기 미국의 민주주의 실험을 면밀하게 관찰한 A. 토크빌은 이렇게 말해요.

민주국가에서는 재산을 적게 갖고 있는 계급이 이 사회의 관습에 대한 생각과 관습의 방향을 결정하는 힘을 갖는 계급이 된다.[12]

보통선거제는 가난한 사람들에게 사회에 대한 통치권을 부여하는 것이다.[13]

민 지   아, 그럴 것 같네요. 양원제는 그냥 단순한 제도가 아니네요. 다양한 의도와 고민이 담겨 있네요. 그러면 교수님, 민주주의의 원형이라는 고대 그리스 아테네에서도 양원제의 흔적을 찾아볼 수 있겠네요.

신박사   아테네보다는 로마에서 찾아볼 수 있죠. 고대 아테네는 알다시피 '직접민주주의'였어요. 시민 자격에 제약(여성, 노예는 제외)은 있었지만 어쨌든 시민이 직접 아고라 광장에 모여 국가 일을 결정했어요. 자기들 일을 자기들이 직접 다루고, 특히 시민은 누구나 평등하다는 입장에서, '더 우월한', '다른 관점' 또는 '더 높은 식견' 같은 것을 전제로 하는 양원제 개념은 처음부터 아예 고려 대상이 아니었죠.

민 지   아하?, 그렇네요. 시민이 '평등'하고, 직접 모두 모이니. 상상이 가네요. 재밌네요.

신박사   영국에서는 '상원'을 'the House of Lords'로 불러요. '귀족들의 모임(Lords)'이라는 이야기죠. 귀족·성직자로 이루어진 상원의 기원을 그대로 반영하고 있죠. 미국에서는 상원을 'the Senate'로 불러요. 고대 로마의 '원로원'을 나타내는 'the senate'에서 가져온 말이죠. 로마에 가면 하수구 뚜껑부터 시작해 온갖 곳에 'S. P. Q. R'이라는 문자가 박혀 있어요. 바로 'Senatus Po-pulus Que Romanus(로마의 원로원과 시민들)'의 약어죠. '공화정'을 상징한다고 해요. 고대 로마 공화정(BC509~BC27년) 때 '원로원(Senate)'과 함께 존재했던 시민의 회의체가 '민회(Comitia)'예요. 공화정 전반기(BC494~BC287년) 동안 민회에서 결정된 사항이 법적 효력을 갖기 위해서는 원로원의 '승인'을 필요로 했어요. 오늘날 양원제 하면 제일 먼저 떠오르는 것이 양쪽의 '합의'인데 이런 것은 아직 존재하지 않았죠. 어쨌든 고대 로마의 귀족적 회의체인 '원로원'과 일반 시민의 회의체인 '민회'가 오늘날의 양원제로 발전했다고 봐야죠. 그 흔적이 미국의 상원 이름인 'the Senate'이겠고요.

국회 법사위를 '상원'에 비유하는 이유

민 지　그런데요, 교수님. 갑자기 생각난 건데요. 우리 국회에서 법사위를 상원에 비유하는 경우가 자주 있더라고요. 그 이유를 간단하게 정리해 주시면요.

신박사　우리나라 국회에는 의원 전체로 이루어지는 '본회의'에 부의하기 전에 의안·청원 등을 미리 심의·심사하는 상임위원회가 17개 있어요. 그중 하나가 법사위, 즉 '법제사법위원회'예요. 법사위는 국회법 제37조①항 2호에 의거해 여러 가지 역할이 주어져요. 그중 하나가 '법률안·국회규칙안의 체계·형식과 자구의 심사에 관한 사항'이에요. 국회의 주요 역할이 법을 만드는 것인데, 입법과 관련된 사항은 모두 법사위를 거치게 되어 있는 거죠. 그러다 보니 법사위는 상임위원회 중에서도 매우 특별한 위치에 서게 돼요. 미국에서 법률이 성립하려면 대통령의 서명 전에 상원 발의는 하원, 하원 발의는 상원을 통과해야 해요. 이 경우와 비슷한 상황이 발생하죠. 그래서 국회 안에 또 다른 국회가 있다고 말하는 거죠. 이를테면 상원인 거죠.

민 지 말씀을 듣다 보니 주요 선진국들이 대체로 양원제인 것 같은데 우리나라는 단원제예요. 무슨 특별한 이유라도 있나요?

신박사 우리나라도 잠시지만 양원제를 시행했던 적이 있어요. 바로 1960년 7월 29일부터 1961년 5월 16일까지, 9개월간요. 제2공화국인 4·19혁명 이후부터 5·16군사정변 때까지죠. 알다시피 우리나라의 민주주의, 정당 정치는 자생적이지 못했어요. 외부로부터 이식되었어요. 어떤 원칙, 제도가 한 사회에 착근하는 데는 당연히 시간이 들어요. 학습 시간이요. 그 학습에는 어느 정도의 시행착오와 혼란도 포함될 것이고요. 오늘날 우리 정치에 특별히 어떤 덜 성숙된 부분이 있다면 이런 민주주의와 정당 정치의 학습 과정이 중도에 단절된 탓도 있다고 봐야죠. 🔖

9장

왜 에드먼드 버크가
보수주의의 아버지예요?

'보수', '진보'는 각각 '현상 유지', '변화 추구'라는 '방향'을 나타내는 '그릇'일 뿐이고, 거기에 담기는 '내용물'은 시대 상황에 따라 달라져요.

'보수', '진보'를 '고유명사'로 이해하면 안 되는 이유

민　지　교수님, 보수에서 에드먼드 버크를 '보수주의의 아버지'라고 하는데, 잘못된 것 아닌가요? 버크는 '왕정주의자'잖아요?

신박사　음, 버크를 '보수주의의 아버지'라고 하죠. 그리고 왕정주의자인 것도 맞고요.

민　지　지금 우리나라 보수가 왕정주의를 지향하는 것은 아니잖아요. 그런데 왜 버크를 '보수주의의 아버지'라 부르죠.

신박사　음……. 이렇게 한번 생각해 보죠. '보수', '진보'는 '상대적 켤레 말'로 '방향'을 나타낼 뿐인 '일반명사'예요. '상대적 켤레 말'이라는 것은 상호 서로를 필요로 하는 관계의 말이라는 거죠. 즉, '진보'가 없으면 '보수'가 있을 수 없고, '보수'가 없으면 '진보'가 있을 수 없죠. 1685년 영국에서 제임스 2세의 왕위 계승을 두고 휘그즈(진보)의 반대가 없었다면 찬성파인 토리즈가 '보수'로 불릴 일이 없었겠죠. 이전까지 그래 왔던 것처럼 왕위는 관례대로 이어졌을 테고 의회 역시 종전 그대로의 보수·진보 구분 없는 그냥 하나의 의회로 남았겠죠.

민 지   '상대적 켤레 말'은 '동쪽과 서쪽'처럼 마주하는 상대가 있어야 이쪽도 존재하는 관계의 말이네요. 그러면 '방향을 나타내는 일반명사'라는 말은 무슨 의미로 쓰신 거예요?

신박사   '보수'의 사전적 의미는 '새로운 것이나 변화를 적극적으로 받아들이기보다는 전통적인 것을 옹호하며 유지하려 함'이에요. '진보'는 '역사 발전의 합법칙성에 따라 사회의 변화나 발전을 추구함'이고요. 간단히 말해 '보수'는 '현상 유지'이고 '진보'는 '변화 추구'예요. 따라서 '보수', '진보'는 '방향'을 가리킬 뿐 '특정의 고유 내용'이 없어, 이를테면 '일반명사'라 할 수 있어요. 반면에 '왕정', '자유주의(고전적 자유주의)', '민주 공화정'과 같은 말은 특정의 고유 내용이 있어요. '왕정'의 사전적 의미는 '군주가 나라의 모든 일을 관할하는 정치'

예요. '자유주의(고전적 자유주의)'는 '17~18세기에 주로 유럽의 신흥 시민계급에 의하여 주장된 시민적·경제적 자유와 민주적인 여러 제도의 도입을 요구하는 사상이나 운동'이에요. 그리고 '민주 공화정'은 '주권이 국민에게 있고 주권의 운용이 국민의 의사에 따라 이루어지는 정치'를 의미하고요. 따라서 '왕정', '자유주의(고전적 자유주의)', '민주 공화정'은 앞의 '보수', '진보'라는 말에 대비해 '고유명사'라 할 수 있죠.

민 지   그 말씀은 '보수', '진보'는 각각 '현상 유지', '변화 추구'라는 '방향'을 나타내는 '그릇'일 뿐이고, 거기에 담기는 '내용물'은 시대 상황에 따라 달라진다는 이야기인 것 같네요.

'정치혁명의 구조 Ver. 1.0': 왕정 vs. 민주정

신박사   오우! 빙고. 바로 그거예요. 정확히 맞혔어요. 그 이야기를 하려고 설명이 돌아왔어요. 훌륭한 교수 아래서 공부한 사람이라 역시 달라요. 하하, 농담이고요. 자, 지금부터 민지 씨 질문에 대한 본격적인 답이에요. 에드먼드 버크(1729~1797)는 토머스 페인(1737~1809)과 함께 알아보는 것이 좋아요. 버크가 '보수주의의 아버지'라면 페인은 '진보주의의 아버지'이니까요. 1789년 일어난 프랑스대혁명을 두고 버크는 혁명을 반대하고 페인은 혁명을 찬성하는 논쟁 과정에서 정치에서의 '보수주의'와 '진보주의'가 탄생했어요.

민 지 대비를 통해 두 사람의 주장을 더 선명하게 이해할 수 있겠네요.

신박사 그렇죠. 버크는 프랑스대혁명을 '이제까지 세상에서 벌어진 일 중 가장 경악스러운 일'[14]로 인식하고, '혁신하는 정신은 일반적으로 이기적 성향과 편협한 시각의 산물'[15]이라고 말해요. 버크의 인식과 주장의 결론은 '왕정 유지'[16]예요. 반면, 페인은 '인간의 자유와 평등, 개인의 자유·재산·안전을 지키기 위한 권리와 압제에 대한 저항의 권리, 국민주권주의'[17]를 주장해요. 한마디로 '자유주의에 바탕을 둔 민주 공화정'이에요. 에드먼드 버크는 '보수주의의 아버지'로서 '왕정주의자', 페인은 '진보주의의 아버지'로서 '자유주의자' 또는 '민주 공화주의자'로 남게 돼요.

민 지 1789년 프랑스대혁명을 계기로 최초로 '보수', '진보'라는 '그릇'에 각각 '왕정주의', '자유주의·민주 공화정'이라는 '내용물'이 담기게 되었다는 말씀이네요.

'정치혁명의 구조 Ver. 2.0': 자본주의 vs. 사회주의

신박사 그렇죠. 최초의 '보수'는 '왕정주의', 최초의 '진보'는 '자유주의·민주 공화정'이었던 거죠. 프랑스대혁명 이후 혁명이 낳은 새로운 정치 원리, '자유주의·민주 공화정'은 지구촌으로 퍼져나가요. 보수인 '왕정'과의 대립에서 승리를 거두면서 인류 사회 정치 원리의 새로운 패러다임으로 자리를 잡죠. 그러다 1848년, 맑스의 '공산당 선언' 발표, 프롤레타리아계급이 인류 역사 최초로 정치의 한 축으로 등장하는 '프랑스 2월혁명'이 일어나요. 이때를 기점으로 '자유주의·민주 공화정'은 분화하기 시작해요. '자본주의 vs. 사회주의'라는 새로운 '보수 vs. 진보' 대결로요. 1789년의 1차 '보수 vs. 진보' 대립이 '왕정 vs. 민주 공화정'의 '정치체제' 대립 패러다임이었다면, 1848년 시작된 2차 '보수 vs. 진보' 대립은 '자본주의 vs. 사회주의'의 '경제체제' 대립 패러다임이에요.

민 지 1848년을 기점으로 '보수', '진보'라는 '그릇'에 담긴 '내용물'이 '왕정', '민주 공화정'에서 '자본주의'와 '사회주의'로 바뀌어간다는 이야기네요.

신박사 그렇죠. 그리고 이런 패러다임의 변화는 20세기에 또 한 번 일어나요. 1929년부터 1991년에 걸쳐서요.

1929년 대공황 때 '사회주의의 계획경제'가 '자본주의' 깊숙이 들어와 '순수자본주의'가 종언을 고해요. 1989~1991년 사이에는 동유럽 공산권이 몰락하고 공산 국가의 종조宗祖 소비에트연방(소련)이 해체돼요. '강한 사회주의' 역시 지구상에서 종언을 고해요. '순수자본주의'·'강한 사회주의'가 사라진 지구촌에 뉴노멀(New Normal)이 등장해요. 자본주의와 사회주의의 혼합물인 '혼합경제(Mixed Economy)'라는 뉴노멀요. 혼합비율에 차이가 있을 수는 있지만 이제 어떤 국가도 '우리는 자본주의다', '우리는 사회주의다'라고 자신할 수 없어요. 물론 북한이라는 '왕정사회주의'와 같은 매우 특이한 경우는 제외하고요.

버크가 반대한 것은
'프롤레타리아 혁명'이 아닌, '부르주아 혁명'이었다

민 지   '보수'와 '진보'라는 '그릇'에 담긴 '내용물'이 역사 발전에 따라 변화되어 왔다면, 오늘날 보수가 버크를 '보수주의의 아버지'라고 부르는 것은 최소한 '내용물'인 '왕정주의' 때문은 아니겠네요.

신박사   그렇죠. '보수保守'라는 말 의미 자체인 '현상 유지' 중시

때문이죠. 그런데 실은 오늘날 보수가 버크를 높이 평가하는 데는 오해 때문인 부분도 있어요. 바로 사람들(보수 측)이 1789년의 '프랑스대혁명'을 맑스의 '프롤레타리아혁명'과 동일시한다는 거죠.[18] 자본주의의 기본사상은 자유주의이고, 그 자유주의를 가져온 역사적 사건이 '부르주아혁명'인 1789년의 '프랑스대혁명'이에요. 버크는 프랑스대혁명을 반대했어요. 페인은 찬성했고요. 그런데 사람들(보수 측)이 이 프랑스대혁명을 '혁명'이라는 말이 들어가니까 '프롤레타리아혁명'과 동류의 혁명으로 인식하는 부분이 있다는 거죠. 그래서 이 '프랑스대혁명'을 반대한 버크를 찬양한다는 거예요. '자유'를 중시하는 보수라면 당연히 버크가 아닌 페인을 찬양해야 맞죠. 그런데 버크를 떠받들고 페인은 부정해요. 잘못된 거죠. 따라서 '현상 유지'라는 '방향'에서는 버크가 '보수주의의 아버지'이지만, '내용의 실제(자유주의)'에 있어서는 마땅히 페인이 '보수주의의 아버지'죠. 오늘날에는요. 그런데요, 버크는 프랑스대혁명을 부정했지만 또 '변화' 자체를 거부하지는 않았어요. '변화'가 바로 혁명을 막는 최선의 수단이기 때문이죠. 버크는 이렇게 말해요. "변화할 수단을 갖지 않은 국가는 보존을 위한 수단도 없는 법이다."[19] '버크' 하면 회자되는 대표적인 말이죠.

버크는 '보수주의의 아버지'이지만
'보수주의의 아버지'가 아니다?

민 지   교수님, 완전히 이해했어요. 버크가 '보수주의의 아버지'이면서도 '보수주의의 아버지'가 될 수 없는 이유를요. '방향'은 '보수주의(현상 유지)'이지만 '내용물(왕정주의)'은 오늘날 '보수주의(자유주의)'의 반대편에 있기 때문이에요. 그리고 우리나라 보수 중 왕정주의적 사고에 무젖어 있는 이가 적지 않은 이유도 알 것 같아요. 나아가 왜 보수가 권위주의로 흐를 때가 많은가에 대해서도요. 버크의 입장을 추종한다면 '현상 유지'에 한정해야 할 텐데, 은연중 '왕정주의'에까지 젖어 있기 때문이에요. 한마디로 교수님이 말씀하신 1789년, 1848년 그리고 20세기(1929~1990년대)의 '보수·진보 패러다임 변화'를 사람들이 제대로 구분하지 못하고 있기 때문이에요.

신박사   그럴 수 있죠. 여기서 이야기한 '정치 패러다임' 관련 내용은 내가 2019년 펴낸《이 정도는 알아야 할 정치의 상식》'10장 정치혁명의 구조'에서 좀 더 상세히 다루고 있어요. 참고하면 되겠어요. 🖐

진보는 왜
도덕을 앞세우나요?

―――――――

한쪽(진보)은 스스로 행동반경에 제약을 가하는 자기검열과 함께 상대에게 자신의 아킬레스건을 공개적으로 드러내고, 다른 한쪽(보수)은 아이기스 방패와 페르세우스의 하르페 검으로 무장을 하고 있고요.

세상에서 제일 큰 구속은 자기 입으로 강조한 '도덕'

민 지   교수님, 저는 우리나라 진보와 보수의 대립 환경이 기울어진 운동장이라 생각해요. 그리고 진보 스스로 그런 환경을 만들고 있고요.

신박사   갑자기 웬 기울어진 운동장? 어떤 의미에서죠?

민 지   진보는 스스로 손발을 묶고 싸워요. 반면, 보수는 손발이 자유로워요. 때로는 방호구와 몽둥이도 사용하고요.

신박사   그렇게 싸우는 광경을 본 적이 없는데?

민 지   진보는 '도덕'을 강조하잖아요. 저는 세상에서 제일 큰 구속이 '자기 입으로 강조한 도덕'이라고 생각해요. '자기 입으로 강조한 도덕'은 본인의 행동뿐만 아니라

보이지 않는 내면까지 구속해요. 거의 '무한대의 구속'
이에요. 때로는 본인에 본인의 가족은 물론 주변인까
지 포함되기도 하고요.

신박사   아, 그 이야기네요. 그렇죠, 그렇게 되죠. 책 쓰는 입
장에서도 그런 비슷한 느낌을 가질 때가 있어요. 나도
잘 실천하지 못하는 것을 강조하거나 했을 때 마음이
불편해요. 스스로 구속되고 있는 거죠. 책을 쓰고 난
뒤에라도 강조했던 내용을 조금이라도 실천하려고
신경 쓰죠. 하하. 민지 씨 말 공감합니다. 그럼 방호구
와 몽둥이는 무슨 의미예요?

민 지   진보는 정권을 잡아도 평소에 강조한 도덕 때문에 대
놓고 권력을 적극적으로(?) 사용하지 못해요. 그러나
보수는 정권을 잡으면 그 권력·권력기관을 과감하게
(?) 사용해요. 자신을 보호하는 데, 때로는 상대를 공
격하는 데요. 보호하는 데 쓰면 방호구, 공격하는 데
쓰면 몽둥이가 되는 거죠.

신박사   하하하, 비유가 재미있어요. 민지 씨 말을 들으니 불
법 정치자금 수수를 공개적으로 고백하면서 정치인
의 정치자금 관련 '집단 양심 고백'을 제안했던 고故 김
근태 민주당 상임고문도 생각나고, 정치자금 수수 의
혹으로 스스로 삶을 마친 고故 노회찬 전 정의당 원
내대표가 생각나네요. 또 도곡동 땅 실소유 의혹과

BBK 투자 자금 의혹에 대해 '새빨간 거짓말입니다'라
고 강력 부인했던 이명박 전 대통령과 재임 1,000일
동안 야당과 진보 세력을 적대시하고 언론과 국민의
입을 틀어막다 급기야 국민 전체의 기본권 통제·국가
삼권분립 무력화에 나선 전 대통령 윤석열도 생각이
나고요.

민 지   앞의 둘이 진보의 '도덕' 관련 상징적인 사건·사람들이
라면, 뒤의 둘은 '손발이 자유로운, 그리고 방호구, 몽
둥이'를 사용한 이들이네요. 이 둘, 즉 '도덕'과 '몽둥
이'의 교차점에 고故 노무현 대통령의 죽음과 이른바
조국 사태가 자리하고 있고요.

신박사   오, 그렇게 구분이 되나요? 듣고 보니 그런 것 같네요.
검찰·언론의 '논두렁 시계설' 조작과 검찰 소환 과정
의 헬기 생중계 등 기득권의 전방위적 공격 앞에 '국
민 여러분께 면목이 없습니다'로 자신을 버리는 선택
을 한 노무현 대통령의 죽음이 '몽둥이와 도덕의 교차'
라면, 검찰·언론의 총공세와 진보 내부의 도덕적 위선
논란, 도덕·준법의 현실과 암묵적 용인의 경계 관련
사회적 논쟁으로 이어진 이른바 '조국 사태'는 '도덕과
몽둥이', '이상과 현실'의 다중 교차였다고 할 수 있겠
네요.

진보가 '도덕'을 내걸 수밖에 없는 이유 4가지

민 지   교수님, 진보는 꼭 도덕을 앞세워야 하는 건가요? 정
치 하면 늘 따라다니는 말이 '정치판은 진흙탕 싸움이
다'잖아요. 이런 환경에서 일반 시민도 아닌 정치인
본인이 '도덕'을 앞세우는 것은 솔직히 너무 순진한
것 아닌가요? 온갖 반칙이 난무하는 프로레슬링 대결
에서 나 혼자 경기 규칙을 반드시 지키겠다고 공언하
고 나서는 것과 다름없잖아요. 사실 많은 이들이 '도
덕, 심지어 준법의 현실적 한계와 암묵적 용인의 경
계 선상'에서 망설이고 서성대면서 그렇게 사는 것 아
니에요?

신박사   민지 씨, 평소답지 않게 갑자기 웬 기성세대 모드에
요? 하하. 자, 생각해 봅시다. 일단, 진보가 '도덕'을 앞
세우는 것은 사실 선택 사항이 아니에요. '진보'의 숙
명이자 어쩌면 동의어라고까지 할 수 있어요. 첫째,
진보는 '기득권 질서'에 도전하는 입장이에요. 오늘날
진보가 바라보는 '기득권 질서' 하면 '경쟁 만능주의·
효율성 중시·능력 우선주의·인권 경시·카르텔적 이기
주의'와 같은 것들이라 할 수 있겠죠. 여기에 대해 진
보는 '약자 보호·정의·평등·인권 중시·공공선'과 같은
가치들을 내세워요.

민 지   그렇죠. 프랑스대혁명 때 같으면 '기득권 질서'가 '절
대 왕정주의·신분제·과세의 평민 전담·인권 개념 뭥
미(?)'와 같은 것들이고, 여기에 대항하는 진보의 혁명
세력은 '자유와 민주주의·신분제 타파·전 국민 과세·
인권 보호'와 같은 주장이었겠고요.

신박사   맞아요. 그렇게 인류 역사가 발전하죠. 이때 진보가
내세우는 가치들을 한데 묶어 '도덕'이라 할 수 있어
요. 도덕은 '인간이 지켜야 할 도리 또는 바람직한 행
동 기준'[20]이에요. 진보의 지향점은 지금보다 더 나은
사회예요. 그 더 나은 사회는 마땅히 '인간이 지켜야
할 도리 또는 바람직한 행동 기준'이 더 잘 지켜지는
사회여야죠. '도덕'은 사회적 요구 및 필요에 따라 강제
규칙으로 바뀌어요. 그 결과가 오늘날의 법, 제도죠.

민 지   아하, 그렇게 되겠네요. '법·제도' 이전에 '도덕'이 있고,
더 나은 사회로의 변화를 지향하는 진보는 마땅히 도
덕을 강조할 수밖에 없겠네요. 선택의 여지가 없네요.

신박사   이게 진보가 도덕을 우선시할 수밖에 없는 핵심 이유
예요. 지금부터 말하는 것은 사실 여기에 대한 보완
에 불과해요. 어쨌든 왜 진보가 도덕을 내세울 수밖
에 없는지에 대한 두 번째 이유를 알아보죠. 진보 사
상의 배경인 '계몽주의'가 사실 '도덕주의'에 근거해
요. 루소(1712~1778)는 《사회계약론》 첫 장 첫 줄을

"인간은 본래 자유인으로 태어났다. 그런데 그는 어디서나 쇠사슬에 묶여 있다"[21]로 시작해요. 도덕이 뭐예요? '인간이 지켜야 할 도리 또는 바람직한 행동 기준'이잖아요.

민 지 그렇죠. 사람은 다른 동물과 달리 '생각'이라는 것을 하는 '이성'적 존재죠. 사람 또는 사회가 사람을 언제 어디서나 쇠사슬에 묶어놓아서는 안 되는 거죠. 물론 사회계약인 법을 어기지 않은 경우에요. 루소가 계몽, 그리고 진보의 출발점이 개인의 자유와 도덕적 권리 회복이라는 것을 못 박고 있네요.

신박사 세 번째로는 진보가 '이상주의'이기 때문이에요. 진보의 종조 페인은 이성을 반역으로 간주했던 억압의 시대를 벗어나면 사람들이 모두 이성적으로 생각하고 행동할 것으로 봤어요.[22] 맑스는 공산주의가 완성되면 '각자는 능력에 따라, 각자에게는 필요에 따라'[23]가 실현된다고 했어요. 능력만큼 일하고 필요한 만큼 상품을 가져다 쓸 수 있는 천국이 도래할 거라는 이야기죠. '이상주의'는 '인생의 의의를 도덕적·사회적 이상의 실현에 두는 태도'[24]예요. 현실이 아닌 이상적 가치를 지향하는 만큼 그 바탕은 도덕일 수밖에 없어요. 인간을 인간이게 하는 페인의 '이성 사회', 모두가 함께 잘 사는 맑스의 '유토피아' 추구와 같은 도덕요.

민 지   보수가 '현실주의'라면 진보는 '이상주의'네요. 그래서
        보수는 질서와 안정, 전통을 중시하고, 진보는 변화를
        중시하면서 도덕적·사회적으로 더 나은 세상을 추구
        하는 거네요.

신박사   마지막으로, 진보는 기득권의 보수와 대립하는 만큼
        사회적 약자의 입장을 대표해요. 같은 이성적 존재로
        서 약자의 입장을 대표하는 것 자체가 도덕적이죠. 진
        보 입장에서 도덕을 강조하지 않을 수 없죠.

'깨어 있는 시민의 조직된 힘'이
'기울어진 운동장'의 방향을 바꾼다

민 지   교수님, 그러면 진보 입장에서는 스스로 만든 기울어
        진 운동장을 그냥 안고 가는 수밖에 없는 건가요? 진
        보가 도덕을 강조할 수밖에 없는 입장은 이제 이해하
        겠는데, 그래도 너무 언페어하잖아요. 한쪽은 스스로
        행동반경에 제약을 가하는 자기검열과 함께 상대에
        게 자신의 아킬레스건을 공개적으로 드러내고, 다른
        한쪽은 아이기스 방패와 페르세우스의 하르페 검으
        로 무장을 하고 있고요.

신박사   하하하, 웬 아이기스 방패와 하르페 검까지요? 어쨌

든 오늘 대화 서두부터 '기울어진 운동장'을 이야기했는데, 사실 그 '기울어진 운동장'은 민지 씨 염려와는 반대로 작용할 수도 있어요. 어느 시대 어느 사회나 부자보다는 가난한 자가 많고, 강자보다 약자가 많고, 기득권을 가진 자보다 소외된 자들이 더 많아요. 그 사회의 다수를 대변하는 정치세력이 바로 진보예요. 이 부분에 대해 어떻게 생각해요? 민지 씨는?

민 지 어, 그렇네요. 음…… 그럼 아이기스 방패고 하르페 검이고 무의미하게 되죠. 그리고 기울어진 운동장은 진보 아닌 보수에게 불리한 기울어진 운동장이 되겠죠. 그렇지만…….

신박사 민주주의 사회에서 가장 중요한 것은 진보의 종조 페인이 말한 대로 그 사회 구성원이 이성적으로 사고·행동하느냐 그렇지 않느냐예요. 노무현의 언어로 말하면 '깨어 있는 시민의 조직된 힘' 여부죠. 사람들이 이성적으로 사고하고 행동하면 정당하지 않은 아이기스 방패와 하르페 검은 모두 무력화되고 말아요. 그리고 도덕은 그 어떤 것보다 강력한 무기가 돼요. 엑스칼리버가 되는 거죠.

민 지 교수님, 죄송한데요. 현실은…… 음, 좀 그렇지 않다는 생각인데요.

신박사 하하하, 한번 살펴볼까요? 비유가 적절한지 모르겠는

데, 전쟁이 아닌 전투만 볼 때는 민지 씨가 생각한 대로예요. 김근태의 정치자금 공개 고백은 참으로 고독한 고백이었어요. 그렇지만 이 고독한 고백이 2004년 정치자금법 개정에 영향을 미쳐요. 노무현 대통령의 죽음은 비극이었어요. 그렇지만 노무현은 부활해요. '노무현 정신'으로요. '국민과 함께하는 민주주의', '정당하게 노력하는 사람이 성공하는 사회', '더불어 사는 균형발전사회' 건설과 같은 국민적 정신자산으로요. '도덕'은 전투에서 흔히 패해요. 그러나 '전쟁'에서는 이겨요. 특히 '역사'라는 장대한 전쟁에서는 필승이에요. '부르주아 민주주의'가 '왕정'을, '복지 민주주의'가 '부르주아 민주주의'에 승리를 거둬요. 승리의 근본 원인은 다른 것이 아니에요. '부르주아 민주주의'가 '왕정'보다, '복지 민주주의'가 '부르주아 민주주의'보다 더 도덕적이기 때문이에요. '인간이 지켜야 할 도리 또는 바람직한 행동 기준'에 더 맞기 때문이에요.

민 지 그 말씀은 동의해요. 인간의 욕구가 그 이상으로 커진다는 문제가 있긴 하지만 개인의 부富, 복지, 인권 등의 절대량은 분명 역사와 함께 커져왔으니까요. 그런데 단견이라 하시겠지만, 일단 우리가 사는 세상은 지금 현재잖아요. 전쟁에서 이기는 것도 좋고, '역사'라는 장대한 전쟁에서 이기는 것도 의미 있지만 지금 이

기는 것도 중요하다고 생각해요. 그리고 말씀하신 것
처럼 제일 중요한 관건은 사람들의 '이성'이잖아요. 과
연 지금 사람들이 과거 사람들보다 이성적인가? 지식
량의 크기와 이성 능력은 과연 비례하는가? 교수님도
이 질문에는 회의적이시잖아요. 그렇다면 앞에서 말
씀하신 가난한 자·약자·소외된 자가 당연히 도덕적 진
보의 편을 들 것이라는 믿음도 착각일 수 있죠. 언론·
재벌·법조·학계 등 기득권의 사회적 영향력까지 고려
하면 진짜 말할 것도 없고요. 그렇게 되면 '기울어진
운동장'은 역시 보수를 위한 '기울어진 운동장' 그대로
이기 쉽죠.

신박사   음, 민지 씨 말에 부정하기 어려운 부분이 있다는 것
인정해요.

'조국 사태'가 불러온
'도덕적 위선' 논란과 '검찰개혁의 필연성' 각인

민 지   교수님, 마지막 질문으로 남겨두었는데요. 이른바 '조
국 사태', 어떻게 생각하세요?

신박사   음, 그 질문이 나오네요. '조국 사태'는 조국의 '도덕적
위선' 논란과 함께 '검찰개혁의 필연성'을 전 사회적으

로 각인시킨 사건, 아니 말 그대로 '사태沙汰'였죠. '조
국' 하면 언제부턴가 한국 사회에서 공정과 정의의 상
징이자 검찰개혁의 기수로 통했으니까요. 조국의 '자
녀 입시 비리·감찰 무마·청탁금지법 위반 등'과 관련
된 여러 혐의 중 '자녀 입시 비리' 관련 혐의가 특히 파
장이 컸죠. 조국이 늘 강조했던 공정·정의와 배치되는
'도덕적 위선'이라는 거죠.

민　지　아, 교수님 잠깐만요. 조국 교수의 11가지 혐의 중에
서 6가지가 '자녀 입시 비리' 관련이잖아요. 그런데 엄
밀히 말하면, 일단 이 6가지 혐의로 기소되었다는 것
은 이 6가지 관련 '법'을 어겼다는 혐의 아니에요? 지
켜도 되고 안 지켜도 되는 '도덕'을 어겼다는 것이 아
니고요. 아니, 그 전에 먼저, '도덕'은 본인이 알아서
하는 것이지 어기고 말고 할 대상 자체가 아니고요.
왜 사람들이 그것을 '도덕'과 연결짓는 거죠?

신박사　민지 씨, 촉이 있어요. 그 부분을 이야기하려던 참이
에요. 조국은 11가지 혐의로 기소되었는데, 그중 사람
들의 폭발적 관심을 끌고 전 사회적 논란이 된 게 '자
녀 입시 비리' 관련 혐의들이었어요. '도덕적 위선'이
라는 비판과 함께요. 여기서 주목할 게 왜 한국 사회
가, 사람들이 '자녀 입시 비리' 혐의를 '도덕적' 위선이
라는 관점으로 반응했느냐는 거예요. 혹시 자녀 입시

와 관련된 비리를 은연중 '법'이 아닌 '도덕' 영역으로 여기고 있는 것 아닌가 하는 의심요. 아니, 멀리 갈 것도 없이 나 자신이 우리 아이 대신 부모인 내가 대리 봉사활동 정도는 할 수 있고, 봉사활동 시간을 부풀리는 것은 그리 큰 잘못이 아니고, 온라인 오픈북 시험을 온 가족이 함께 모여 푸는 것 정도는 그리 문제될 것 없다고 생각하고 있는 것 아닌가 하는 의문요.

민 지 부모의 능력만 된다면 우리 아이 해외 명문대 입시를 위해 글로벌 차원의 논문 대필도 할 수 있고, 할 수만 있다면 대학교 입시 요강을 바꿀 수도 있는 것 아니냐는 생각요? 하하하.

신박사 웬 거기까지요. 하하. 조국의 '자녀 입시 비리' 혐의에 대한 사회의 '도덕적 위선' 반응은 크게 2가지 의미를 지녀요. 먼저 조국과 진보 진영의 신뢰 상실이에요. 조국은 신뢰를 잃었어요. 더 이상 공정과 정의의 아이콘일 수 없어요. 법적 처벌과 상관없이 사회적·도덕적 단죄를 받았어요. 신뢰 자산이 크게 줄어든 거죠. 둘째, 우리 사회의 내로남불적 태도의 노정이에요. 조국의 '자녀 입시 비리' 혐의에 우리 사회가 거의 반사적으로 '도덕적 위선'이라는 시각을 보였다는 것은 '자녀 입시 비리'를 무의식중에 '도덕' 영역으로 보고 있다는 방증일 수 있어요. '지켜도 되고 안 지켜도 되는' '도덕'처럼, 은연중에 그 정도의 '자녀 입시 비리'는 '할 수도 있고 안 할 수도 있는' 문제로 여기고 있다는 방증요. 당연히 모두 그런 것이 아니고, 또 정도의 차이는 있겠지만요. 우리가 '도덕'을 말할 때 그 대상은 주로 '내'가 아닌 '남'이에요. 선생이 학생에게, 어른이 아이들에게, 내가 남에 대해 '도덕'을 갖다 대는 거죠. '도덕적 위선'으로 바라보는 '자녀 입시 비리' 마찬가지일 수 있어요.

민 지 무의식적 반응이 그 사람의 진짜 모습일 수 있죠. 반사적인 사회 반응이 그 사회의 진짜 수준일 수 있고요. 그런데요, 교수님. 진짜 마지막 질문인데요. '조국 사태'에 대한 사회의 '도덕적 위선' 지적 반응을 말씀하시면서, 조국이 사회적·도덕적 단죄를 받아 신뢰 자산이 크게 줄어들었다고 말씀하셨잖아요. 그런데 실제는 그 반대 아닌가요? 신당을 만들어 비례대표 전국 24.25%를 득표해 국회의원 12명의 제3당을 만들었어요. 어떻게 된 거죠?

신박사 그렇죠. 그 부분 설명을 빠트렸네요. 조국은 '도덕적 위선' 논란으로 진보 진영 내부에서도 정치적 신뢰에 치명상을 입어요. '조국 사태'에 대한 진보 진영 내부의 논란과 분열이 그 증거죠. 그런데 다른 쪽에서 그 치명상을 치유하고도 남을 큰 정치적 신뢰를 확보해요. 바로 검찰개혁의 절대 필요성을, 멸문지화 수준의 온 가족의 수모와 고통을 전 국민에게 거의 생중계로 보여주는 과정에서요. 법무부 장관 후보 지명 이후 시작된 검찰의 먼지털이식 표적 수사는 그야말로 기소를 위한 수사의 전형이었어요. 수사에 투입된 자원 규모, 일거수일투족의 언론 생중계와 여론몰이, 부인 정경심 교수의 소환 없는 기소와 기소 시점, 토끼몰이식 전방위적 가족 수사 등 누가 봐도 검찰의 조국 죽이기였어요. 검찰개혁의 선봉에 선 조국 죽이기요. 그 과정에서 조국은 '검찰개혁의 기수'에서 '검찰개혁의 제단에 바쳐진 희생 제물'로 다시 태어나요. 물론 그렇게 만든 장본인은 검찰이에요. 검찰개혁에 바쳐진 희생 제물 조국에 대한 국민의 연민은 조국이 '도덕적 위선'으로 상실한 신뢰를 크게 넘어서요. 그 결과가 조국혁신당 비례 득표율 24.25%, 국회 의석 12자리예요. 그리고 더 강력한 전사로 부활한 지금의 조국이고요.

민   지   어둠과 빛이 함께했는데 빛이 어둠을 능가했네요.

신박사   그 '어둠'의 일부는 상대가 조성한 부분도 있다고 봐야죠. 조국의 11개 혐의 중 7개가 1심에서 최종 판결까지 일관되게 무죄였으니까요. 그리고 지금 조국의 '빛'은 확실하게 검찰이 만들어준 거죠. '검찰개혁의 제단에 바쳐진 희생 제물 조국'이라는 광배光背요.

민 지 교수님 말씀 들으면서 느낀 게요. 진보는 어쩔 수 없
기도 하지만 당장은 손해 보더라도 역시 '도덕'을 앞세
우는 것이 좋을 것 같아요. 교수님 말씀대로, 전투 아
닌 전쟁, 특히 역사 전쟁에서는 결국 도덕의 승리일
것 같아요. 또, 그래야 하고요. 🎇

11장

서부지법 습격 사건
어떻게 생각하세요?

지금처럼 극우 현상이 이렇게 사회적으로 용납되면, 언젠가 이 땅에서 특정 국가나 민족 또는 특정 종교에 대한 매우 배타적인 상황이 일어나지 않을 거라고 장담하기 힘들어요.

'국가기관 습격'은 '전 국민을 상대로 한 전쟁 도발 행위'

민 지 교수님, 윤석열 지지자들이 서부지방법원을 습격(2025년 1월 19일 새벽)했어요. 하루 전인 18일 서부지법이 윤석열에게 발부한 구속영장에 대한 불만으로요. 어떻게 생각하세요?

신박사 TV를 보면서 잠시 숨이 멎었어요. 평소 극우가 문제라는 생각은 하고 있었지만, 그날 그 장면은 진짜 경악 그 자체였어요. 아니, 다른 곳도 아닌 법원이에요. 거침이 없었어요. 도대체 그런 무모하기 이를 데 없는 일을 벌일 생각을 어떻게 하게 된 것인지 도저히 상상이 안 가요.

민 지 평소에도 극우가 폭력 성향을 드러내기는 했었죠. 그런데 이번에는 그런 것과는 차원이 달라요. 사인私人이 아닌 '국가기관'을 상대로 했어요. '전 국민을 상대로 전쟁을 도발'한 거죠.

신박사   그렇죠. 그런데 돌이켜보면 이번 일이 어느 날 우연히 충동적으로 일어난 사건은 아니라는 생각이 들어요. 예고편이 있었어요. 습격 4일 전인 1월 15일 윤석열이 영상을 통해 "이 나라에는 법이 모두 무너졌다. -중략- 불미스런 유혈사태를 막기 위한 마음 -중략- 특히 우리 청년들의 자유민주주의의 소중함을 정말 재인식하게 되고 거기에 대한 열정을 보여주시는 것을 보고"[25]라는 내용을 발표해요. 이 내용을 들으면서 나는 히틀러의 '돌격대(SA, Sturmabteilung)'를 떠올렸어요. 젊은이들로 구성된 나치당 초기의 폭력 담당 전위대인 '돌격대'요.[26] 윤석열은 '청년들의 열정을 격려'하면서 '유혈사태'를 운운해요. 그리고 '상대가 법을 어기고 있다'고 주장해요. 물론 윤석열의 영상 발표 전후로 전광훈 목사의 국민저항권 주장, 김민전 의원의 국회 내 백골단 기자회견 주선 그리고 당일 현장에서 법원을 습격한 이들에게 한 윤상현 의원의 "17명의 젊은이들이 담장을 넘다가 또 유치장에 있다. -중략- 애국 시민 여러분들께 감사드린다"[27]라는 연설과 같은 일련의 메시지가 있었어요.

우파 모임에 성조기와
이스라엘기가 등장하는 이유

민 지 그렇다고 법원 공격에 나서요? 히틀러의 돌격대도 아
니고요. 참으로 이해하기 어려워요. 아, 그런데요, 교
수님. 극우 모임을 보면 성조기와 이스라엘 국기를 들
고 나온 사람들이 많잖아요. 보수 모임에서도 그렇고
요. 왜 그러는 거예요?

신박사 우리나라는 20세기 들어 중반까지 단절과 굴절의 시
련을 겪어요. 바로 일제강점기 36년의 단절과 민족상
잔의 6·25전쟁 및 분단의 굴절이 그것이죠. 두 사건
은 우리나라만의 특수성을 설명하거나 이해할 때 빠
트릴 수 없는 핵심 요소예요. 정치에서는 말할 것도
없고요. 일제강점기 36년의 역사는 미완의 청산으로
남아요. 강점기 동안의 기득권이 광복 이후에도 상당
부분 그대로 이어져요. 북한의 침략으로 시작된 6·25
민족상잔은 온 민족을 고통 속에 밀어 넣었지만, 특
히 기득권층에게는 고통과는 또 다른 차원의 악몽으
로 기억돼요. 공산주의 자체가 노동자계급의 세상을
지향하는 것이니까요. 그리고 여기에 더해 추가로 고
려해야 할 것이 기독교계의, 6·25 민족상잔을 통한 공
산주의에 대한 확고한 부정적 인식이에요. 바로 맑스

의 "종교는 인민의 아편이다"[28]라는 주장과 '유물주의(materialism)'에 대한 기독교계의 반발요. '정신·의식의 근원도 물질에 두는 유물론'과 '종교를 부정시하는 맑스의 주장'은 기독교 입장과 대척점을 이뤄요. 기독교계가 특히 북한·공산주의를 증오하는 이유죠. 아울러 반사적으로, 미국을 높게 평가하고 절대 지지하는 배경이고요. 증오의 대상인 북한·공산주의의 침략 방어에 앞장선 나라가 미국이고, 공산주의의 반대편인 자본주의의 표준이 또 미국이니까요. 이와 같은 이유로 '기득권'을 대변하는 보수, 기독교는 북한·공산주의는 악惡, 미국은 절대선善이라는 확신을 갖는 경향이 있어요. 이런 확신이 밖으로 드러난 하나의 현상이 극우 또는 보수 모임에 등장하는 성조기가 아닌가 싶어요. 그리고 민지 씨 질문과 관련은 없지만, 광복 이후까지 이어지는 '일제강점기하의 기득권'은 오늘날 보수가 북한 문제보다 일본 문제에 더 관대한 태도를 보이는 배경 중 하나라고 할 수 있겠고요.

민 지 오, 이해가 돼요, 교수님. 성조기를 흔드는 이유뿐만 아니라 보수가 북한 문제에 대해서는 공격적이면서 일본에 대해서는 우호적인 이유까지요. 그러면 극우가 이스라엘기를 들고 나오는 의도는요?

신박사 음, 먼저 유대교와 기독교, 이스라엘과 미국의 관계를 한번 살펴볼 필요가 있어요. 유대교에서 기독교가 나왔어요. 그러나 둘의 관계는 어머니와 아들의 모자 관계라기보다 변증법에서의 '정正'과 '반反'의 관계라 할 수 있어요. 유대인이 '신과의 약속(구약)'을 자꾸 어기자 신이 당신의 아들을 보내 다시 '새로운 약속(신약)'을 했어요. 그래서 유대교와 기독교는 관련은 있지만, '유대교'는 '선민사상에 바탕을 둔 유대인의 민족종교'로, 그들 '민족의 신'을 믿고, '기독교'는 '인류의 보편종교'로 '예수'를 구세주로 믿어요. 보수(기독교계 보수)에서 이스라엘 국기를 들고 나오는 것은 일단 유대교와 기독교를 '모자 관점'으로 보고 있어 그런 것 아닌가 하는 생각이 들어요. 기독교에서 '구약'을 '신약에 대한 예언편'으로 보아, 유대교의 경전인 구약도 기독교의 경전으로 채택하고 있는 현실이기도 하니까요. 두 번째로는, 이스라엘이 미국의 최우선 우방 국가여서 그러는 것 아닌가 싶어요. 미국의 절친인 이스라엘을 미국과 동일시하면서, 우리도 미국과 그런 절친 우방이라는 것을 보여주고 싶은 의도 같은 것요. 미국의 친이스라엘 정책은 사실 어떤 다른 이유보다 '이스라엘의 중동 지역 내 미국의 전략적(특히 석유 자원 관련) 거점 역할'과 함께, '미국 내 유대인의 정치적 영향력'에 의한 부분이 크다고 할 수 있는데요.

'극우'의 출발은 나치즘·파시즘

민 지　그런데요, 교수님. 보수는 기본적으로 자기 나라를 중시하고 앞세우는 입장이잖아요. 그리고 모든 나라는 각자 독립된 주권국가이고요. 적대 관계이지만 이해가 일치하는 부분이 있을 수 있고, 우방이지만 서로 이해가 갈릴 수 있죠. 1990년대 냉전체제 종말 이후 세계가 각자도생인 상황에서 어떻게 다른 나라를, 그나라 국기를 흔들 정도로 우리 편이라고 확신할 수 있는 거죠? 이해하기 어려워요. 참으로 특별해요.

신박사　하하하. 사실과 논리에 입각한 정확한 평가예요. 동의합니다.

민 지　교수님, 다른 나라에도 그런 극우가 있나요? 아, 교수님, 이렇게 해보는 것 어떠세요? 극우의 기본을 한번 정리해 보는 거예요. 물론 간단하게요. 그러면 그것을 참고로 우리나라 극우를 좀 더 객관적으로 바라볼 수 있을 것 아니에요.

신박사　좋은 생각이에요. 그러면 '극우'의 의미를 먼저 알아볼까요? '극우'는 '극단적으로 보수적이거나 국수주의적인 성향 또는 그 성향을 가진 사람이나 세력'[29]을 말해요. 그런데 일반적으로 '극우'는 학문적으로 정립된 용어는 아니라고 해요. 그럴 수밖에 없는 게 앞에서 우리나라의 극우 현상을 설명하면서 '우리나라만의 특수성'을 알아본 것처럼 다른 나라 역시 각자 주어진 역사와 상황이 있을 것이니까요. 보수(우파)와 진보(좌파)의 대립 구도는 1789년 프랑스대혁명을 계기로 시작돼요. 그리고 '극우'는 제1차세계대전 이후, 이탈리아 무솔리니의 파시즘, 독일 히틀러의 나치즘, 그리고 일본의 군국주의를 '본격적인 출발'로 보고요. 극우의 원형들이죠. 앞의 사전적 의미는 이 원형에 대한 정의라 할 수 있겠고요.

민 지 이 원형으로부터 시대·상황에 따라 변형해 온 결과가 지금의 극우네요. 그런데요, 교수님. 사전적 의미로는 극우의 심각성을 거의 느낄 수 없는 것 같아요. 실제 나치즘의 만행은 몸서리가 쳐지잖아요.

극우의 주요 특징, 민족주의·배타주의·전체주의

신박사 그렇죠. 극우의 경전인 히틀러의 《나의 투쟁》을 읽다 보면 분노가 유발되고 경악할 때가 많아요. 그런데 사전적 정의는 단순명료해야 해요. 그런 몸서리·분노·경악 그리고 방대한 내용을 다 담을 수가 없는 거죠. 그래서 '사전적 정의'에 대한 '해석'이 필요해요. 고도로 압축된 정의를 다시 압축 해제하는 작업요. 극우 정의의 '극단적으로 보수적이거나 국수주의적인 성향'에서 주목해야 할 부분이 '극단적'과 '국수주의'예요. 여기에서 '극단적'은 중용을 잃고 어느 한쪽으로 크게 치우친다는 거예요. 그것은 정치 현실에서 다른 것일 수 없죠. 일상에서는 '폭력', 국가적으로는 '전체주의'와 같은 독재죠. '국수주의'는 '편협하고 극단적인 민족주의'[30]예요. '국수주의'는 현실에서 양방향으로 작용해요. '민족주의'라는 구심력과 '배타주의'라는 원심력으로요. '민족주의'의 구심력은 주위에 해를 끼칠 일도 크지 않고 국가 유지에 어느 정도 필수이기까지 해요. 반면, '배타주의'는 주위에 피해·고통을, 아니 인류적 재앙을 몰고 오기까지 해요. '배타주의'가 '의도'만 있고 '강제력'이 아직 갖춰지지 않았을 때는 외국인 혐오와 같은 '소극적 배타'에 머물러요. 그러다 '강제력'을 갖추면 전쟁 도발과 같은 '적극적 배타'로 전환돼요. 제2차세계대전이라는 인류사적 비극을 일으킨 세 주축국, 이탈리아·독일·일본처럼요.

민 지   아, 교수님, 알겠어요. 제 기억이 잘못되지 않았다면, 극우의 주요 특징이 민족주의·배타주의·전체주의예요. '국수주의'가 내부로 발현되면 '민족주의', 외부로 발현되면 '배타주의'예요. 그리고 '전체주의'는 이런 민족주의, 배타주의를 강화하고 실현하는 수단이에요. 물론 합리화된 수단이죠. 특정인의 야망이나 망상, 또는 특정 부류의 이익 실현을 위한 합리화된 수단요. 그리고 '의도'에 더해, 현실적으로 '군사력'을 갖추고 있느냐 그러지 않느냐가 '배타의 정도'를 결정하는 핵심이에요.

우리나라 극우의 현재

신박사   민지 씨는 정리의 천재예요. 대단해요. 그러면 이어서 극우의 흐름을 대체적으로 살펴보죠. 극우의 흐름은 크게 5단계로 나눠볼 수 있을 것 같아요. ① 제1차 세계대전 후의 파시즘·나치즘 '극우의 대두', ② 제2차 세계대전 이후 '극우의 금기禁忌 시 또는 퇴조' ③ 공산권의 부상에 따른 '반공적 극우'의 등장, ④ 냉전 종식과 미국 중심의 일극화 및 세계화에 따른 '반난민·반이슬람·반세계화 극우' 등장, 그리고 마지막으로, ⑤ SNS·인터넷 등 매체의 민주화(?)로 인한 '극우 포퓰리즘의 양지화' 및 '극우의 제도권 진입'요. 유럽의 경우 현재 ⑤번 단계에 접어들고 있는 중이라 할 수 있어요. 냉전 종식 이후 1990년대부터 달아오르기 시작한 반난민·반이슬람·반세계화의 극우 열풍이 이제 독일, 프랑스, 이탈리아 등 여러 나라에서 제도권 정치세력으로 안착(?) 중이에요.

민 지 교수님, 우리나라 극우는 ③번 단계네요. 자본주의·공산주의 대립의 '냉전 시대'가 지구상에서 사라진 지 30년 이상 지났는데, 아직도 '레드 콤플렉스(Red complex)'에 사로잡혀 좌빨, 빨갱이를 입에 달고 사니요. 그리고 ⑤번 단계에도 해당해요. 극우가 유튜브 등을 통해 대놓고 주장하는 음모론이나 가짜 뉴스, 선동이 사회적으로는 물론 심지어 대통령에게까지 영향을 미치고, '극우의 제도권 진입'은 유럽과 달리 극우가 제도권으로 진입하고 있다기보다 제도권의 정치인·정당이 극우로 뛰어들고 있는 형국이고요.

신박사 나는 ④번도 조금씩 나타나고 있다고 봐요. 특정 국가에 대한 외국인 혐오증과 같은 현상으로요. 나는 오래 전부터 우리나라 사람들이 정신문화에 있어 '원리주의적(fundamental)' 성향이 상당히 강하다고 생각해 왔어요. 그 원리주의적 성향은 '암暗'으로도 작용하고 '명明'으로도 작용해요. 유교가 우리나라에 들어와 종주국인 중국보다 더 원리주의적이 되고, 기독교가 자발적으로 도입돼 짧은 시간에 세계 어느 나라보다 융성하고, 또 공산주의가 들어와 세계 어느 민족에서도 찾아볼 수 없는 잔혹한 민족상잔^{民族相殘}으로 이어졌어요. 민주주의 마찬가지예요. 4·19혁명, 5·18민주화운동, 6월민주항쟁, 촛불혁명, 빛의 혁명 등 다른 나라에서는 한 번도 있기 힘든 거족적 민주주의 투쟁이 끊임없이 이어져 왔어요. 전 세계 민주화운동의 모범이 될 정도로요. 민주주의에 대한 확고한 정신적 신념이 서 있지 않다면 있기 힘든 일이죠. 지금처럼 극우 현상이 이렇게 사회적으로 용납되면, 언젠가 이 땅에서 특정 국가나 민족 또는 특정 종교에 대한 매우 배타적인 상황이 일어나지 않을 거라고 장담하기 힘들어요.

민 지   교수님, 듣고 보니 진짜 교수님 말씀처럼 우리나라가 원리주의적 성향이 강한 것 같아요. 그리고 거기에 명^明과 암^暗이 함께 있네요. 어떻게 보면 제일 중요한 질문인 것 같은데요. 우리나라에서 최근 들어 이렇게 극우가 늘어나고 있는 배경이 무엇이라고 생각하세요?

신박사   9년 전 내가 펴낸 책에서 '파시즘·나치즘'에 대해 이렇게 쓴 적이 있어요. "민족주의 고양을 통한 전 국민의 '이성 거세', 편 가르기와 희생양 규정을 통한 '감성의 무한 배설구 마련', 빵의 절대 가치화를 통한 '정신자산의 무의미화'를 기본 입장으로 취하고 있다. 무솔리니와 히틀러 모두 로마, 게르만족의 영광으로 국가와 자신을 절대화하고, 사회주의와 유대인을 적대화함으로써 모든 사회적 모순의 블랙홀로 이용하고, 일자리와 빵 문제 해결에 모든 국민의 관심을 묶어두고 집착하게 함으로써 자유·인권·평등·평화와 같은 인간 궁극의 가치들을 사람들의 관심 밖으로 몰아냈다"[31]라는 내용이에요.

민 지 　제 질문에 대한 직접적인 답변은 아니지만, '이성 거세', '감성의 무한 배설구 마련', '정신자산의 무의미화'라는 말이 낯설지 않네요.

12장

정치 성향
스펙트럼에 대하여

'자기 자신의 이익 여부'를 기준으로 한 '변화 추구'라면 그것은 '진보'이되 '망국적 진보', '현상 유지'라면 '보수'이되 혁명을 부르는 '탐욕적 보수'밖에 되지 않겠고요.

정치에 대한 그 복잡한 것들을 어떻게 1차원으로 나타내요?

민 지 교수님, 정치 성향을 나타낼 때 사용하는 스펙트럼 있잖아요. '극좌-진보-중도진보-중도-중도보수-보수-극우' 형식요. 저는 이 스펙트럼을 볼 때마다 뭔가 불편해요. 강요당하는 것 같기도 하고, '나는 바보인가?' 하는 생각이 들기도 하고요.

신박사 하하. 무슨 느낌인지 조금은 알 것 같아요.

민 지 교수님도 같은 경험이 있으셨네요?

정치 성향 스펙트럼

극좌	진보	중도진보	중도	중도보수	보수	극우

신박사   같지는 않고 비슷한 느낌요. 글 쓰는 일을 하기 전이
죠. 주위 사람들을 보면 정치 성향에 대한 자기 입장
이 분명해요. 한 정당을 일관되게 지지하고요. 그런
데 나는 내 정치 성향을 잘 모르겠는 거예요. 이를테
면 이 사안에 대해서는 진보적인데 다른 사안에서는
보수적인 거죠. 또, 평소 진보라고 생각하고 있는데
어떤 쟁점에서는 보수당의 주장에 머리가 더 끄덕여
지기도 하고요. '다른 사람들은 일관성(?)이 있는데 왜
나는 왔다 갔다 하지. 내가 좀 문제 있는 것 아닌가?'
하는 생각을 했었죠.

민 지   크크, 그러셨을 것 같아요. 그래서 어떻게 하셨어요?

신박사   뭘 어떻게 합니까? 그냥 그렇게 사는 거죠, 하하하.
자, 민지 씨 질문으로 돌아가 보죠. '극좌-진보-중도진
보-중도-중도보수-보수-극우'의 스펙트럼을 대할 때
민지 씨가 강요당하는 듯한 느낌을 받았다면, 그건 아
마 '모델' 때문이지 않았을까 싶어요. 스펙트럼 모델
요. 스펙트럼 하면 우리는 가시광선可視光線 스펙트럼
을 떠올려요. 프리즘을 통과한 빛의 '파장'이 '크기 순
서(700nm~380nm)'로 연속적으로 빨·주·노·초·파·남·
보의 색깔로 나타나는 것요. 가시광선 스펙트럼은 기
준이 '파장의 크기' 하나, 즉 1차원이에요. 그래서 직
선상으로 나타나요. 정치 성향을 나타내거나 물을 때

흔히 사용하는 '극좌-진보-중도진보-중도-중도보수-보수-극우' 모델은 가시광선 스펙트럼을 닮았어요. 직선이에요. 또 스펙트럼으로 부르기도 하고요. 우리는 무의식중에 '내 정치 성향을 '하나의 요인'으로 나타내보라고? 그 복잡하고 많은 것들을 이 직선상의 한 점으로 간단하게 나타낼 수 있다고?'라는 생각을 할 수 있어요. 일종의 강요당하는 느낌이죠.

민 지 교수님, 맞아요. 그런 것 같아요. 그거예요. '어떻게 이렇게 단순하게 나타낼 수 있는 거지? 정치에 대한 그 복잡한 것들을?' 이게 제가 든 생각이었어요. 그러면요, 교수님. 이렇게 1차원이 아닌 다차원으로 정치 성향을 물을 수도 있잖아요. 그러면 강요받는 느낌이 덜할 것 같은데요.

신박사 그렇죠. 설문 방식이 그것이죠. 그런데 설문 방식은 비용이 많이 들어요. 응답자들도 부담스러워하고요. 체크하는 데 시간이 들고 생각을 좀 해야 하니까요. 그래서 다양한 차원, 다양한 관점을 질문할 수 있는 설문 방식이 효과적이긴 한데 이런 이유로 잘 사용하지를 않죠. 설문 형식의 정치 성향 조사 방식에 '블런델-고스초크'라는 모델이 있어요. 설문 방식이니 당연히 1차원이 아닌 다차원(다면적)으로 정치 성향을 물어요. 그런데 내 사견이지만, 이 모델은 역사성이 좀 결여되어 있어요. 사족蛇足이 있어요.

'블런델-고스초크' 모델

민 지   블런델-고스초크 모델을 간단히 설명해 주시죠.

신박사   블런델-고스초크 모델은 22가지 설문 항목(요인)을 통
해 개인의 정치 성향(결과)을 '시장 자유적 태도(x축)'
와 '개인 자유적 태도(y축)' 둘의 종합으로 나타내요.
즉, '시장 자유'와 '개인 자유' 둘 다 높은 '자유주의', '시
장 자유'는 낮고 '개인 자유'는 높은 '진보주의', '시장 자
유'도 낮고 '개인 자유'도 낮은 '권위주의', 마지막으로
'시장 자유'는 높고 '개인 자유'는 낮은 '보수주의', 4가지
결과로요.

'블런델-고스초크' 모델

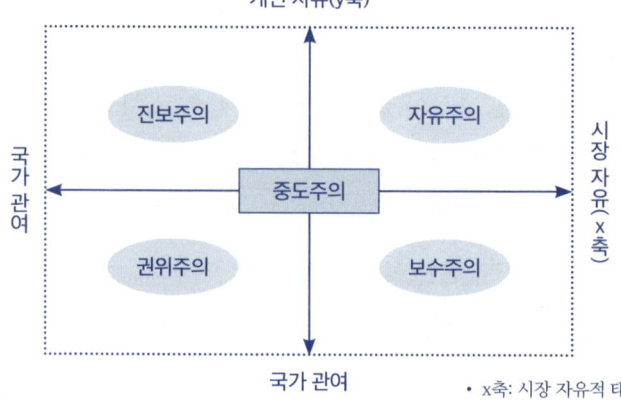

• x축: 시장 자유적 태도
• y축: 개인 자유적 태도

민 지   어? 교수님, x축과 y축의 좌표로 나타낸다면 2차원 아니에요? 1차원은 아니지만 그렇다고 다차원이라고 하기에는 좀 그렇지 않은가요?

신박사   하하, 민지 씨, 헷갈리고 있어요. 우리가 지금 여기서 문제 삼고 있는 것은 응답자에게 '몇 개의 관점으로 알아보느냐(질문하느냐)?'이지, '몇 개의 관점으로 결과를 나타내느냐?'가 아니에요. '극좌-진보-중도진보-중도-중도보수-보수-극우' 모델은 '좌와 우 중 어느 쪽으로 얼마만큼 기우느냐?', 즉 하나의 관점만을 묻고 있어요. 물론 조사 결과도 질문과 동일하게 하나의 관점이죠. 그래서 응답자 입장에서 질문이 여러 개가 아닌 하나예요. 1차원이에요. 블런델-고스초크 모델은 설문 질문이 '시장 자유적 태도(x축)'에 대해 14개, '개인 자유적 태도(y축)'에 대해 8개예요. 그 이야기는, '경제 체제(시장 자유적 태도)'와 관련해 14가지 관점을, '정치 체제(개인 자유적 태도)'와 관련해 8가지 관점을 묻고 있다는 거예요. 그리고 그 결과를 '시장 자유적 태도(x축)'와 '개인 자유적 태도(y축)' 둘의 종합인 자유주의, 진보주의, 권위주의, 보수주의의 4분면으로 나타내요. 종합하면, 블런델-고스초크 모델은 '22개의 관점'을 물어, 즉 22개의 질문으로 구성된 '요인'으로 4가지 유형의 '결과'를 도출하는 모델이에요.

역사성이 결여된 '블런델-고스초크' 모델

민　지　이 모델이라면 강요받는 기분이 들지 않을 것 같아요.
　　　　22개의 다양한 관점(질문)이 종합되어 저의 정치 성향
　　　　이 객관적으로 나타날 테니까요. 그런데요, 교수님.
　　　　앞에서 사건을 전제로 이 모델은 역사성이 반영되어
　　　　있지 않다고 말씀하셨잖아요. 그게 무슨 뜻이에요?

신박사　아! 역사성요. 음, 보수와 진보는 대립해요. '현상 유
　　　　지'와 '변화 추구' 입장으로요. 보수의 현상 유지, 진보
　　　　의 변화 추구 입장은 바뀌지 않아요. 그것 자체가 보
　　　　수, 진보 각각의 정체성이니까요. 그런데 그 현상 유
　　　　지의 내용, 변화 추구의 내용은 시대 상황에 따라 바
　　　　뀌어요. 시대 상황에 따라 '유지해야 할 것', '변화해야
　　　　할 것'이 달라지니까요.

민　지　아, 교수님. 그 말씀이네요. '1장 정치 이야기를 하다
　　　　보면 왜 꼭 싸움이 나죠?' 주제에서 말씀하신 '정치혁
　　　　명의 구조' 내용요. 보수와 진보 대립은 3단계로 발전
　　　　해 왔는데, 1단계가 '왕정과 공화정의 대립'(정치혁명
　　　　Ver. 1.0)의 '정치혁명'이고, 공화정이 보편적 정치체제
　　　　로 자리 잡으면서 2단계로 '자본주의와 사회주의의 대
　　　　립'(정치혁명 Ver. 2.0)의 '경제혁명'이 진행되고, 경제혁
　　　　명이 혼합경제로 정리되면서, 마지막 세 번째로 '문화

혁명(정치혁명 Ver. 3.0)'이 진행된다[32]는 말씀요.

신박사 맞아요. 민지 씨는 기억력이 아주 좋네요. 블런델-고스츠크 모델이 역사성이 결여되어 있다는 것은 시대 상황에 맞지 않은 '개인 자유적 태도(y축)'를 묻고 있기 때문이에요. '높은 개인 자유도'는 '민주주의·자유주의·공화정'이에요. '낮은 개인 자유도'의 끝은 결국 '독재·절대주의·왕정'이고요. 1789년 프랑스대혁명 이후 오랜 시간에 걸쳐 이 부분에 대한 인류적 합의는 사실 완결되었어요. 지금 '독재·절대주의·왕정'을 지지하는 사람은 독재자 본인이나 정신이 이상한 사람 말고는 없어요. '민주주의·자유주의·공화정'이 '정치체제'의 정답이라는 것을 온 인류가 인정해요. 그런 21세기에 '민주주의·자유주의·공화정이 좋으냐, 독재·절대주의·왕정이 좋으냐?'를 묻는 것은 무의미하죠. 우리나라는 당연히 '정치혁명 Ver. 1.0'인 '왕정과 공화정의 대립' 단계를 졸업했어요. 현재 '정치혁명 Ver. 2.0'인 '자본주의와 사회주의의 대립'과 '정치혁명 Ver. 3.0'인 '문화혁명', 양쪽에 다리를 걸치고 있는 중이에요.

민 지 그러고 보니까 그렇네요. '개인의 자유가 우선이냐 국가의 관여가 우선이냐?'를 묻는 '개인 자유적 태도(y축)'에 대한 질문은 시대 상황적으로 무의미하네요. 말씀하신 것처럼 사족蛇足이네요. 아, 그리고 보니 뭔가 걸리는 부분이 있었어요. 블런델-고스초크 모델 4분면 각 영역에 대한 정의 중에도 좀 수긍하기 어려운 부분이 있는 것 같아요. 4사분면의 '높은 시장 자유'와 '낮은 개인 자유'가 합해진 성향을 '보수주의'로 정의하는 것, 좀 이상하지 않으세요?

'보수주의'가 '높은 시장 자유'와 '낮은 개인 자유'의 결합?

신박사 민지 씨가 '보수주의'의 정의에 대해 의구심이 든다면, 그것은 앞에서 내가 설명한 것과 같은 이유 때문이에요. '정치혁명 Ver. 1.0'에서의 '보수 vs. 진보' 대립은 '왕정 vs. 공화정'이에요. '왕정'은 '개인 자유'가 낮아요. 즉, '낮은 개인 자유'예요. '보수 vs. 진보' 대립 패러다임이 시대 상황에 따라 바뀐다는 것을 분명하게 인식하지 못하면, '보수주의'를 '정치혁명 Ver. 2.0'에서의 '보수' 주요 개념인 '높은 시장 자유(자본주의)'와, '정치혁명 Ver. 1.0'에서의 '보수' 주요 개념인 '낮은 개인 자유(왕정)'를 더한 것으로 정의할 수 있어요. '높은 시장 자유(자본주의) + 낮은 개인 자유(왕정)'로요. '보수' 하면 오늘날 가장 앞세우는 것이 '자유'인데, '보수주의'를 '정치적 자유'라 할 수 있는 '개인 자유'를 원하지 않는 것으로 정의한다면 그것은 분명 문제죠. 혹시라도 거꾸로, 이 정의가 우리의 정치 현실을 반영하고 있는 것이라면 그것은 더 큰 문제고요. '보수'가 말하는 '자유'가 '경제적 자유'에만 해당할 뿐, '정치적 자유'에는 해당하지 않는다는 이야기가 되니까요. 이 모델에서 2가지를 묻는다면, '시장 자유'에 더해 '개인 자유'가 아닌 '문화 자유'를 물었어야 해요. '정치혁명 Ver. 3.0'인 문화혁명에 대한 것을요. 지금 '정치혁명의 구조'가 '정치혁명 Ver. 2.0'의 '자본주의와 사회주의의 대립'에서 '정치혁명 Ver. 3.0'인 '문화혁명' 단계로 거의 넘어가는 중이니까요.

민 지   그렇죠. 성 소수자 문제, 생활동반자법 문제, 동물권 문제 등과 같이, '왕정이냐 공화정이냐?', '자본주의냐 사회주의냐?' 같은 관점과는 아무 관련이 없는 '문화 이슈'가 정치 쟁점이 되는 때니까요. 그런데요, 교수님. 또 하나 궁금한 게요. 제가 볼 때 많은 사람이 자신의 정치 성향을 먼저 정립하고 난 다음 지지 정당을 선택하는 것이 아니라, 먼저 좋아하는 정당이 있고 그 다음 그 정당의 입장을 자신의 정치 성향으로 받아들이는 경향인 것 같아요. 자기 생각이 먼저 있어야 하는 것 아닌가요?

사람들의 자기 정치 성향 인식 통로 3가지

신박사 중요한 지적이에요. 사람들의 정치 성향 인식 통로는 세 갈래로 생각해 볼 수 있어요. 먼저 앞의 스펙트럼 모델에서처럼 주관적으로 자신의 정치 성향을 인식하는 거예요. 두 번째로는, 민지 씨 말처럼 자신이 선호하는 정당이 있고, 그 정당이 보수면 나도 보수, 진보면 나도 진보로 인식하는 거예요. 그리고 마지막 세 번째로, 블런델-고스초크 모델처럼 설문조사 방식을 통해 자신의 정치 성향을 객관적으로 알아보는 방식요. 그런데 이 셋 어느 경우든 꼭 필요한 게 자신의 시민적 소양이에요. 주관적이면 주관적이니만큼 스스로의 정치 성향을 판단할 수 있는 '시민적 소양'이 있어야죠. 객관적 방식이면 최소한 설문 설계의 적절성을 대체로라도 판단할 수 있는 시민적 소양이 있어야 하고요. 형식은 객관적(설문)이지만 설문 설계가 잘못되어, '전체주의적 시장 만능주의자'가 '평범한 보수주의자'로 잘못 판명될 수 있으니까요. 정당 기준일 경우에는 그 정당이 제대로 된 정당인지를 판단할 시민적 소양이 있어야겠죠. 이때의 시민적 소양은 앞의 두 경우보다 더 정교해야 해요. 잘못된 정당에 대한 잘못된 지지는 그 정당을 망치고, 나라를 망치고, 종국에는 자신을 반反시민으로 전락시키니까요.

민 지   아, 그렇네요. 시민적 소양 문제로 귀결되겠네요. 주관적이든, 객관적이든, 정당 기준이든 모두요. 시민적 소양이 제대로 되어 있지 않으면 결국 내가 알고 있는 나의 정치 성향이 허위의식일 수 있겠네요. 실제와 인식이 다르니까요. 어…… 그런데요, 교수님. 이것 현실적으로 어려운 일 아니에요? 거의 불가능한 것 아니에요?

자신의 정치 성향을 알아보는 데 꼭 필요한 '시민적 소양' 3가지

신박사   하하하, 무슨 불가능까지요. 내가 생각하는 시민적 소양은 3가지예요. 이 책 두 번째 대화에서 '보수·진보 중 어느 쪽을 지지하느냐?'는 민지 씨 질문에 나는 이것에 충실한 쪽을 선택할 것이라고 말했던 '법질서 존중·민주주의·상식주의'요. 먼저 '법질서 존중·민주주의' 시민적 소양에 대해 생각해 볼까요?. '극좌-진보-중도진보-중도-중도보수-보수-극우' 스펙트럼으로 정치 성향을 물을 때 자신을 극우 또는 극좌로 표시하는 사람은 없을 거예요. 극우, 극좌를 자처하는 정당도 없을 것이고요. 그러나 현실에서는 그런 사람, 그런 정당이 존재해요. 특히 극우요. 극우는 '극단적 보수주의'로 폭력도 서슴지 않아요. 폭력은 '법질서 존중' 정신을 벗어나요. 법을 벗어나면 그것은 애초부터 그 어떤 정치 성향, 어떤 정당에도 해당되지 않아요. 그냥 불법·반사회적 세력으로 범법자, 범법 도당일 뿐이에요. 극좌도 마찬가지죠. 극좌가 '민주주의 체제를 부정하고 북한의 3대 세습 왕정 전체주의 체제와 프롤레타리아 폭력혁명을 옹호하는 개념'이라면 그것 역시 불법이고 반사회적 세력일 뿐이죠. 주관적으로 자신의 정치 성향을 판단할 때 먼저 스스로 법질서 존중 정신주의자이고 민주주의자여야 해요. 자신이 지지하는 정당을 자기 정치 성향의 기준으로 삼을 때 역시 그 당이 범법 도당, 반사회적 도당이어서는 안 돼요. 당연히 법질서·민주주의를 존중하는 정당이어야 해요. 법질서 존중·민주주의가 준수되고 난 다음 주관적 정치 성향이 있을 수 있고, 해당 정당을 기준으로 삼을 수 있어요.

민 지 　당연한 말씀이죠. 불법·폭력은 정치 성향과는 처음부터 관련이 없죠. 논외죠. '법질서 존중·민주주의'로 먼저 불법·반사회적 영역을 제외했으니, 그러면 이제 상식주의가 정치 성향을 판단하기 위한 진짜 시민적 소양이겠네요.

신박사   그렇죠. 법질서 존중·민주주의 환경에서 주관적으로 자신을 판단하거나 정당을 판단할 때 그 기준은 '상식'이에요. 상식의 핵심은 다른 게 아니에요. '사실과 논리'예요. 먼저 '논리'와 관련한 한 예(例)예요. 사람들은 투표·SNS·지인과의 대화 등을 통해 자신의 정치적 견해를 밝혀요. 그런데 그 견해의 판단 근거가 많은 경우 '자기 자신의 이익 여부'예요. 주식투자를 하는 사람은 기계적으로('자극과 반응'식으로)' 증권거래세율 인상을 반대하기 쉬워요. 사업을 하는 사람은 기계적으로('자극과 반응'식으로) 노란봉투법을 반대하기 쉽고요. 자신에게 손해이니까요. 국가는 '국민의 행복'(헌법 제10조 참조)을 위해 존재해요. 그리고 그 국가 의지를 실현하는 정당은 '국민의 이익'(정당법 제2조)을 위해 존재하고요. 국가 차원의 일은 '자기 자신의 이익 여부'가 아닌 '국민 전체의 이익 여부'를 기준으로 삼아야 해요. '국민의 행복', '국민의 이익'요. '자기 자신의 이익 여부'는 '자신이 놓인 상황'에 따라 달라져요. '움직이는 기준'은 기준이 될 수 없어요. 또한 '자기 자신의 이익 여부' 기준은 선동 정치가, 선동 정당의 목표물이 되기 매우 쉬워요. 플라톤이 지적한 우중 정치로 들어가는 입구죠. 자신의 정치적 견해를 정하거나, 정당의 주장·정책을 판단할 때 그 기준은 '국민의 행복'과 '국민의 이익'이어야 해요. 그것이 법질서 존중·민주주의 국가의 시민 된 자로서의 이익 논리예요.

민 지   논리적으로 그렇네요. 사적 영역에서는 '자기 자신의 이익 여부'가 기본적으로 기준이겠지만, 공적 영역에서는 공익을 기준으로 하는 것이 맞죠. '공익'을 기준으로 해, '변화 추구' 입장이라면 건전한 시민으로서의 '진정한 진보', '현상 유지' 입장이라면 건전한 시민으로서의 '진정한 보수'가 되겠네요. '자기 자신의 이익 여부'를 기준으로 한 '변화 추구'라면 그것은 '진보'이되 '망국적 진보', '현상 유지'라면 '보수'이되 혁명을 부르는 '탐욕적 보수'밖에 되지 않겠고요. 그리고 자기 이익만을 우선한다면 환경보호나 사회적 약자 배려, 미래 세대 대비와 같은 일은 모두 뒷전으로 밀리고 말죠. 나중에 돌아오는 돌이킬 수 없는 피해는 결국 국민 전체의 몫이겠고요. 그러면 '상식주의'에서의 '사실'은 어떤 것들이에요?

자신의 정치 성향을 알아보는 데 필요한
두 차원의 '사실'

신박사   '사실'은 둘로 봐요. '큰 사실'과 '작은 사실'요. 먼저 큰 사실은 '정치혁명의 구조'에서 말한, 정치혁명 3단계와 같은 큰 사회 흐름을 말해요. 정치혁명 3단계는 정치를 보는 관점, 즉 패러다임이에요. 뉴턴 역학으로 광속 세계와 미립자 세계를 설명할 수 없는 것처럼, 18·19세기 '왕정 vs. 공화정' 대립의 '정치혁명 Ver. 1.0'으로는 21세기 정치 현상을 올바르게 이해할 수 없어요. 21세기 정치 현상은 21세기에 맞는 정치 패러다임으로 바라봐야 해요. 사건을 전제로 말했던, 앞의 블런델-고스초크 모델의 문제가 바로 이것이었죠. 정치혁명 3단계와 같은 큰 사회 흐름을 제대로 이해하는 것은 매우 중요하다고 생각해요. 시민뿐만 아니라 정치인에게도요. 퇴행이 아닌 앞으로 나아가는, 발전하는 정치를 위해서요.

민 지   지금 우리나라 정치에서는 아직도 '정치혁명 Ver. 2.0'인 '자본주의와 사회주의의 대립'에 집착하고 있는 이들이 바로 정치를 퇴행시키는 이들이겠네요. 그러면 '작은 사실'은 어떤 것들이에요, 교수님?

신박사   정치 현상을 주도적으로 이해하는 데 필요한 주요 원리와 사실들이죠. 바로 민지 씨와 대화를 통해 지금 알아보고 있는 민주주의, 보수와 진보, 자유와 평등, 자본주의와 공산주의 등에 대한 여러 원리와 사실들요.

민 지 교수님, 말씀을 듣다 보니 주권자인 국민이 법질서 존중·민주주의·상식주의라는 시민적 소양을 갖추는 것이 매우 중요하다는 생각이 드네요. 국민 각자가 주체적으로 정치를 판단할 능력을 갖추지 못하면 국민으로서의 주권도 제대로 지킬 수 없다는 생각이 들고요. 아, 갑자기 꼬리가 머리를 흔들고 있는 정치 현실이 눈에 들어오네요. 교활한 꼬리가 미몽迷夢의 머리를 흔들고 있는 현실요. 颂

13장

'보수냐 진보냐?' 질문은
의미 없는 것 아니에요?

하는 의회가 보수, 진보로 나뉘어 대립한다면, 그것은 바로 '인민의
복지' 증진, 즉 '국민의 복리' 증진에 대한 견해 차이 때문이어야 한다는 거죠.

입법을 담당하는 의회가 보수, 진보로 나뉘어 대립한다면, 그것은 바로 '인민의
복지' 증진, 즉 '국민의 복리' 증진에 대한 견해 차이 때문이어야 한다는 거죠.

'보수냐 진보냐?'는 수단일 뿐, '국민의 복리' 증진이 정치의 궁극 목적

민 지　교수님, 앞에서 국가 존재 이유가 '국민의 행복'(헌법
　　　제10조 참조)이고, 정치의 목적이 '국민의 이익'(정당법
　　　제2조)이라고 하셨잖아요. 그러면 '보수냐 진보냐?'를
　　　따지는 것 자체가 어찌 보면 무의미한 것 아닌가요?
　　　어느 쪽이든 '국민의 복리福利'만 더 잘 키우면 되는 것
　　　아니에요?

신박사　좋아요. 비판적 시각으로 의문을 갖는 것요. 민지 씨
　　　는 아주 건전한 민주 시민이에요, 하하. 민지 씨 말대
　　　로 '국민의 복리'는 정치의 목적이에요. '지지 정당', '보
　　　수냐 진보냐?'를 따지는 것은 국민의 복리를 이루기

위한 수단일 뿐이고요. 목적은 상수지만 수단은 변수예요. 변수는 자연 발생적으로 바뀌어요. 필요에 따라 생기고 필요에 따라 없어질 수 있죠. 물론 필요는 그 시대를 사는 사람 대다수가 느끼는 필요이고요.

민 지 그런데요, 교수님. 현실은 또 그렇지 않잖아요. 흔히 '시민이라면 보수든 진보든 어느 한 입장을 견지해야 되고, 또 자신이 지지하는 정당이 정해져 있어야 한다'고 생각하잖아요. 정당도 그렇게 나뉘어 있고요.

신박사 고정관념일 수 있죠. 1685년 영국 의회가 제임스 2세의 왕위 계승을 두고 찬성파인 '왕당파(토리즈)'와 반대파인 '자유파(휘그즈)'로 나뉘어요. 왕정하의 의회이고 원시적 형태이긴 하지만 인류 역사 최초의 보수·진보의 등장 및 대립이에요. 그로부터 5년 뒤인 1690년 자유주의의 아버지 로크(1632~1704)는 《통치론》을 펴내면서 로마 공화정 때의 정치가·철학자 키케로가 말했던 "인민의 복지가 최고의 법이다(salus populi supremalex)"[33]를 강조하고 나와요. 인류 역사 최초의 보수·진보 등장 및 대립을 바로 코앞에서 지켜보면서 한 말이죠. 입법을 담당하는 의회가 보수, 진보로 나뉘어 대립한다면, 그것은 바로 '인민의 복지' 증진, 즉 '국민의 복리' 증진에 대한 견해 차이 때문이어야 한다는 거죠.

민 지 '보수냐 진보냐?'가 먼저가 아니고, '국민의 복리'를 더 키울 수 있는 수단에 대한 대립이 먼저 있었다는 이야기네요. 한쪽은 제임스 2세가 왕위를 계승하는 것이, 다른 쪽은 제임스 2세가 아닌 다른 이가 계승하는 것이 국민에게 이익이 된다는 견해 대립요. 일단은 보수인 왕당파가 승리하지만 3년 뒤인 1688년 명예혁명으로 자유파가 결국 승리를 거두죠. '국민의 복리'가 획기적으로 증진되는 '입헌군주제'의 실현과 함께요. 앞의 '6장 의회는 어떻게 시작되었나요?' 주제에서 영국 의회 역사에 대해 교수님이 정리해 주셨죠. 왕정 환경에서도 '인민의 복지'가 의회 또는 정치세력의 최고 목표여야 한다면, 프랑스대혁명으로부터 시작된 공화정 하에서는 더 말할 나위가 없겠네요. '보수냐 진보냐?'의 문제가 아닌, '국민의 복리'가 우선이고 중심이라는 것요. 정당, 보수, 진보는 모두 '수단'일 뿐이고, '국민의 복리'가 정치의 궁극적 지향점이라는 사실요.

신박사 그렇죠. 바로 그 이야기예요. 공화정을 실현한 프랑스대혁명 때 프랑스 의회는 '국민의회 → 제헌국민의회 → 입법의회'로 숨 가쁘게 전환되다, 1792년 9월 20일 마침내 국민공회로 안착해요. 왕정 아닌 공화정의 국민공회는 국왕의 처분을 두고 보수의 지롱드파와 진보의 자코뱅파로 갈려요. 지롱드파는 국왕을 살

려두자는 입장이고, 자코뱅파는 국왕을 사형시켜야
한다는 입장이었죠. 국민은 자코뱅파를 지지해요. 자
코뱅파는 국왕 사형과 함께 보통선거, 저항권, 노동
또는 생계 유지 권리 등의 내용을 담은 헌법을 공포해
요. '국민의 이익'을 위해서요.

'정치체제'가 '양자 대립'의
보수·진보를 가르는 첫째 기준이 되는 이유

민 지   프랑스 국민이 자코뱅파를 지지한 것은 자코뱅파가
'진보'여서가 아니라, 자코뱅파의 주장과 정책이 '국민
의 이익'에 더 부합했기 때문이라고 생각하는 것이 맞
겠네요. 그런데요, 교수님. 국민의 이익 증진을 두고
대립한다면 다양한 입장이 있을 수 있잖아요. 그런데
왜 대체로 '양자 대립'이죠? '다자 대립'이 더 일반적이
어야 할 것 같은데요.

신박사   그것도 '국민의 복리'를 중심으로 생각하면 쉽게 이해
가 돼요. 100명으로 이루어진 국가인데 '1명만 자유롭
고 99명이 억압받는 상황'에서 '100명 전체가 자유로
운 국가'로 바뀌어요. '국민의 복리'가 어떻게 될까요?

민 지   말할 필요도 없이 폭발적으로 증가하겠죠.

신박사   '왕정'에서 '공화정'으로의 전환이 바로 그거예요. 왕 주변의 부스러기 자유와 평민에 대한 수탈에 무젖은 한 줌의 귀족과 절대자 왕을 제외하고는 복리가 수직 상승하겠죠. 궁극적으로는 그 귀족들의 복리도요. 귀족들도 이제 완전한 자유인이 될 테니까요. '왕정 vs. 공화정'의 보수·진보 대립인 '정치혁명 Ver. 1.0'이 바로 이 과정이에요. 정치는 사람들의 삶 모든 영역을 아울러요. 정치에서 맨 처음 '정치체제(왕정 vs. 공화정)의 대립'이 일어나는 것은 '정치체제의 변화(왕정 → 공화정)'가 국민의 복리를 가장 크게 증가시키기 때문이에요. '한 사람만 자유로운 상태'에서 '모두가 자유로운 상태'로 바뀌니 그럴 수밖에요. 사회의 에너지와 자원은 당연히 '정치체제 변화'에 집중돼요. '국민의 복리 증진에 대한 효율성(= 산출/투입 = 국민의 복리/에너지와 자원)'이 그 어느 것보다 높으니 자연스럽게 그렇게 될 수밖에 없죠. 이때 '보수와 진보의 대립'은 그 전선戰線이 단순하고 선명할 수밖에 없어요. '정치체제'를 다투는 '왕정주의자 vs. 공화주의자'의 양자 대립으로요.

민 지   그런데요, 교수님. '왕정 vs. 공화정'의 대립은 금방 끝나는 것 아니에요? 누가 봐도 정답은 공화정이잖아요.

신박사   그건 그렇지 않아요. 정치제도 자체로서의 왕정은 역사 속으로 사라지지만, 왕정의 그림자는 생각보다 오래 남아요. '왕정주의적 제도와 사고방식'으로요. 개인에게 있어 민주주의의 구현은 다름 아닌 '참정권 보장'이에요. 프랑스의 경우 재산·신분·성별·교육 정도 등에 제한을 두지 않은 참정권 보장이 실현되기까지 대혁명 이후 150년 이상의 오랜 시간을 필요로 해요. '왕정주의적 사고'는 더 끈질기죠. 특히 우리나라 같은 경우요. 대통령에 대한 각하라는 호칭하며, 대통령의 측근이나 일반인들이 전임 대통령의 자녀를 대하는 태도 하며, 또 역대 대통령이 국민을 대하는 태도 하며, 형식은 공화정이지만 정신은 조선 왕조의 연장이에요. 왕정의 그림자가 길고 짙죠.

민 지   교수님, 좀 전에 저에게 '건전한 민주 시민'이라고 말씀하셨잖아요. '비판적 시각으로 의문을 갖는 것'에 대해서요. 그냥 하신 말씀이라고 생각했는데, 제가 진짜 민주시민이라는 생각이 들어요, 크크. 그건 그렇고요. '왕정과 공화정의 대립'이 핵심 정치 이슈인 상황에서는 보수·진보가 양자 대립일 수밖에 없다는 것 이해했어요. 국민의 복리를 폭발적으로 증가시킬 사안이 분명한 상태에서 그 사회의 한정된 에너지·자원은 그 한 곳으로 집중될 수밖에 없고요. 따라서 정치 대립은 양자 대립으로 단순한 모습을 띠기 쉬워요. 그러면 다음

의 '경제체제'가 핵심 주제인 '자본주의 vs. 사회주의'
대립의 '정치혁명 Ver. 2.0'은 어떤가요?

'경제체제'가 '양자 대립'의 보수·진보를 가르는
둘째 기준이 되는 이유

신박사   '한계효용체감의 법칙'이라는 것이 있어요.

민 지   어, 교수님, 저 그거 알아요. 이를테면 며칠 굶은 사
람이 한꺼번에 자장면을 여러 그릇 먹는다고 할 때,
첫 번째 먹는 자장면과 두 번째, 세 번째 먹는 자장면
의 만족도가 달라요. 첫 번째는 매우 크고, 두 번째,
세 번째, 뒤로 갈수록 추가되는 한 그릇에 대한 만족
도가 줄어들어요. 이렇게 1단위 더 소비함에 따라 추
가되는 만족감을 '한계효용'이라고 하는데, 소비량이
늘수록 '한계효용'이 작아져요. '한계효용체감의 법칙'
이에요.

신박사   정확해요. 경제 전공도 아닌데 정확하게 이해하고 있
네요. 대단해요. 내 설명이 부족해도 민지 씨가 알아
서 잘 이해할 수 있겠어요. 100명이 모여 사는 사회
에서 100개의 빵을 만들어 먹는다고 할 때, 그 사회
의 '총효용(총만족)', 즉 '국민의 이익'을 가장 크게 할

수 있는 방법은 1인당 1개씩 빵을 먹는 거예요. '한계 효용체감의 법칙'에서 본 것처럼, 첫 번째 1개의 빵에 대한 만족도가 가장 크니까요. 1인당 1개씩 빵을 먹으면 100명 각자의 빵 1개에 대한 '최대 만족도'를 더한 것이니 '총만족도', 즉 '국민의 이익'은 당연히 최대치가 되죠. 그런데 여기에 근본적인 문제가 있어요. 이런 상황이 지속될 수 없다는 거예요. 현실에서 어떤 이는 열심히 일하고(또는 선천적이나 후천적으로 능력이 뛰어나고) 어떤 이는 게으름을 피워요(또는 선천적이나 후천적으로 능력이 부족해요). 앞사람은 일한 만큼 대가를 받지 못하니 계속해서 열심히 일할 필요를 느끼지 못해요. 뒷사람은 일한 것보다 많이 주어지니 마찬가지로 열심히 일할 이유가 없어요. 결과는 경제 붕괴, 아니 사회 붕괴예요. 그래서 역사는 시행착오를 거쳐 최선의 해법을 모색해요. 빵 100개, 아니 1,000개, 10,000개도 생산할 수 있도록 하면서, 동시에 '국민의 이익'도 상당히 높일 수 있는 방법을요. 결론은 '혼합경제(Mixed economy)', '복지국가'예요. 물론 이 선택에는 '강한 사회주의'뿐만 아니라 '순수자본주의' 역시 현실적으로 지속될 수 없다는 이유도 작용해요. 이 부분은 뒤의 대화에서 알아볼 거예요. 어쨌든 혼합비율에 대한 문제는 남지만, 혼합경제는 '자본주의 vs. 사회주의' 대립의 절묘한 절충이자 동시에 불가피한 선택이에요. 동시에 '한계효용체감의 법칙'과 '자기중심적 인간의 합리적 심리작용' 둘이 함께 반영된 솔루션이고요.

민 지 교수님, 경제학은 진짜 사회과학이네요. 경제학이 정치와 별개가 아닌 정치경제학이라는 생각도 들고요.

신박사 그렇죠, 정치와 경제는 사실 불가분이죠. '정치혁명 Ver. 2.0'의 중심이 '경제체제'인 것은 '정치혁명 Ver. 1.0'만큼은 아니지만 '정치체제' 다음으로 '국민의 복리' 증진을 크게 가져오기 때문이에요. 인류 역사 내내 소수에 집중되어 '한계효용체감'이 극대화(국민의 이익 극소화)되었던 부富를 다수의 가난한 이들 또는 여러 가지 이유로 능력이 안 되는 이들도 최소한은 누릴 수 있게 한 것이니까요. 생존과 인간으로서의 최소한의 삶 보장 정도는요. 사회의 에너지와 자원은 당연히 이런 국민의 복리를 크게 확대할 수 있는 문제에 집중돼요. '국민의 복리 증진에 대한 효율성(= 산출/투입 = 국민의 복리/에너지와 자원)'이 상당히 높으니까요. '보수와 진보의 대립 전선戰線', 즉 '자본주의 vs. 사회주의'의 양자 대립은 뚜렷할 수밖에 없어요. '정치혁명 Ver. 1.0'만큼은 아니지만요.

민 지 같은 양자 대립이어도 '정치혁명 Ver. 2.0'은 '정치혁명

Ver. 1.0'에 비해 덜 공고하다는 말씀이네요. '보수·진보의 대립 전선戰線'도 덜 선명하고요. '왕정이냐 공화정이냐?'의 문제는 사실 답정너로 정답이 '공화정'으로 정해져 있지만, '자본주의냐 사회주의냐?'에 대한 모범답안은 경제학 이론상으로만 성립될 뿐 현실에서는 불가능해서 결국 '타협점'을 찾게 되는 경우이니까요.

'문화'의 정치 이슈화가 '양자 대립의 붕괴'는 물론 '정당의 종말'을 재촉할 수도

신박사   '공화정(정치체제)'이 실현되고 '혼합경제(경제체제)'에 대한 '사회적 합의'가 이뤄지면 '국민의 복리'를 크게 증진하는 큰 틀의 제도적 개혁은 사실 마무리돼요. 이제부터는 계몽철학의 '자유'나 맑스의 '인간의 완전 해방'과 같은 '거대한 이야기(Grand Narrative)'가 아닌, 다양한 관점의 '작은 이야기(Little Narrative)'가 정치의 쟁점이 돼요. 가족 가치관, 성 소수자 권리, 문화 표현의 자유, 동물권, 이민·다문화, 환경·생태 등과 같은 이슈들요. 이 '문화' 이슈들을 《이 정도는 알아야 할 정치의 상식》에서 나는 '정치혁명 Ver. 3.0'의 '보편성 vs. 개별성'의 대립으로 규정해요.

민 지   그런데요, 교수님. 문화는 사실 정답이 없는 것 아니에요? 시대·상황에 따라 상대적인 것이 문화잖아요.

신박사   오우, 민지 씨. 정곡을 찔렀어요. '정치혁명 Ver. 3.0'의 이슈들 모두 그런 것은 아니지만 대체로 그런 경향을 지녀요. 앞의 '정치체제'·'경제체제'처럼 합리적인 사람이라면 누구나 수긍할 수 있는(물론 두 주제 사이에 정도 차이는 있지만) 그런 정답이 따로 존재하지 않아요. 당연한 이야기지만, 기존의 '보수 vs. 진보'를 가르는 '왕정 vs. 공화정', '자본주의 vs. 사회주의' 관점으로는 판단할 수 없는 사안들이고요. 따라서 '정치혁명 Ver. 3.0'에서는 '보수와 진보' 정당 간 '대립 전선戰線의 선명도'가 크게 낮아져요. 반면, 사안에 따른 개인들의 '현상 유지(보수)'와 '변화 추구(진보)' 간 유동성은 높아지고요. 일관되게 보수당을 지지했던 이가 이슈에 따라 진보당 주장에 수긍하고, 반대로 진보당을 지지했던 이가 특정 이슈에 대해서는 보수당 의견에 공감하는 일이 자주 발생해요. 그뿐만이 아니에요. '정치체제'와 '경제체제'의 대립에서처럼 1차원상의 선택 상황이 아니어서 다양한 입장이 존재해요. 결론은 '양자 대립의 종말'이에요. 그것은 곧 어쩌면 '정당의 종말'일 수도 있다는 이야기예요. 이슈별로 독립성이 강하고, 각각의 이슈에 대한 다양한 입장이 존재한다고 할 때, 기존의 경직된 정당 형태로는 이런 유동적 상황에 대응하기 쉽지 않으니까요.

민 지 교수님, 그런 상황에서 정치의 의미가 더 제대로 실현될 수 있다는 생각도 드네요. 사람들이 '보수냐 진보냐?'가 아닌, '누가 또는 무엇이 국민의 복리를 더 크게 할 것인가?'와 같은 정치 본질에 맞는 질문을 자연스럽게, 끊임없이 하게 될 테니까요. ✿

민 지

교수님, 군사정권의 유물 정도로 먼 기억 한쪽 구석에 묻혀 있던 '비상계엄'이 어느 날 밤 갑자기 무덤에서 튀어나와 전 국민을 공포로 몰아세웠어요. 민주주의라는 제도가 근본적으로 문제 있는 것 아닌가요? 뭔가 허약하고 무기력한…….

신박사

나치 시대를 지켜보았던 20세기의 지성 칼 R. 포퍼는 제2차세계대전이 끝나기 2년 전인 1943년 이렇게 말해요. '관용의 역설'이에요.

"무제한의 관용은 관용 자체를 사라지게 한다. 비관용적인 이들에게까지 무제한의 관용을 베푼다면, 그리고 비관용적인 이들의 사나운 공격으로부터 관용적인 사회를 방어할 준비가 되어 있지 않다면, 관용적인 사회는 파괴되고 관용 역시 함께 사라지고 말 것이다."

2부

민주주의

14장

왜 대통령제에
'국무총리'가 있나요?

우리나라 '헌법 개정의 역사'를 한 번은 정리해 볼 필요가 있을 것 같아요. 지금 정치를 이해하는 데 도움이 될 것 같다는 생각이 들어요.

대통령제인 우리나라에 '총리'가 있게 된 사연

민　지　교수님, 일본 총리가 우리나라 오면 왜 대통령하고 회담을 하나요? 총리는 국무총리가 상대해야 하는 것 아닌가요?

신박사　민지 씨, 일부러 하는 질문인 것 같기도 하고 진짜 궁금해서 물어보는 것 같기도 하고, 헷갈려요. 어쨌든 의미 없는 질문은 아니에요. 답은, 서로 정부 형태가 다르기 때문이죠. 일본은 의원내각제죠. 우리나라는 대통령제이고요. 그래서 우리나라는 국가원수가 대통령이고 일본이나 영국은 다수당의 당수인 총리가 실질적인 국가원수 격이죠. 일본, 영국 두 나라 다 왕은 상징적 존재일 뿐이고 정치적 실권은 총리에게 있어요. 형식은 군주정이지만 실질은 민주주의 체제, 공화제인 거죠.

민 지　그래서 말인데요. 대통령제인 우리나라에 왜 총리(국무총리)가 있는 거죠? 특별히 실권이 있는 것도 아닌 것 같은데 대통령과 국무위원 사이에 쓸데없이 단계만 하나 더 들어간 것 아닌가요?

신박사　오, 이 질문을 하려고 앞 이야기를 꺼낸 거네요. 음, 국무총리 존재는 어떻게 보면 초대 대통령인 '이승만의 유산'이라 할 수 있죠. 1948년 정부수립 때 제헌국회의 헌법기초위원회가 마련한 당초의 정부 형태·국회는 지금의 대통령제·단원제가 아니었어요. 영국·일본과 같은 의원내각제·양원제였어요. 그런데 헌법기초위원회 최종 회의에서 국회의장인 이승만이 국회의원직 사퇴를 배수진으로 대통령제를 고집했어요. 왕이라는 존재에 대한 기억이 아직 선명한 때 국가수반이 될 가능성이 높은 입장에서 총리보다 왕을 연상시키는 대통령에 더 끌렸을 것 같아요. 물론 권한에 있어서도 총리보다 대통령이 더 독자적·안정적이고요. 결국 막판에 의원내각제가 대통령제로, 양원제가 단원제로 바뀌게 되죠.[1]

민 지　아, 우리나라도 1948년 정부수립 때 의원내각제, 양원제를 하려고 했었네요. 처음 듣는 이야기예요. 뭔가 신기하면서도 친근한 느낌(?)이 들어요.

신박사 하하, 대통령? 어감부터 굉장히 권위적이죠. 거기에 '대통령이 대노했다' 이런 뉴스 들으면 마치 내가 지금 머리 조아리면서 누구한테 혼나고 있는 느낌이죠. 왕정 시대도 아닌데. 그런 대통령 이미지를 가지고 있다 '의원내각제'(?) 하면, 지금 민지 씨 같은 느낌이 들 것 같아요.

민 지 맞아요. 그것 때문인 것 같아요. 뭔가 '민주주의적인 것' 같은 느낌요.

신박사 자, 어쨌든 이런 과정에서 국무총리 직제가 그대로 남아요. 결과적으로 대통령중심제에 실권 없는(?) 총리지만 국무총리라는 의원내각제 요소가 섞이게 되죠. 4년 뒤인 1952년 1차 개헌을 해요. 이 1차 개헌의 별칭이 '발췌개헌'이에요. '발췌'는 곧 '절충한다'는 거예요. 국회 의석 구성상 재선이 어렵게 된 이승만이 '국회에 의한 간선제'에서 '국민 직선제'로 대통령 선거를 바꾸는 개헌안과 함께 양원제를 들고 나와요. 국회는 4년 전, 막판에 어그러졌던 의원내각제와 함께 '국무위원에 대한 국회의 불신임 의결권' 신설을 주장해요. 결과는 '대통령 직선제', '국회 양원제(참의원, 민의원)' 그리고 '국무위원에 대한 국회의 불신임 의결권' 신설이었어요. 발췌라고 하지만 사실상 이승만의 재선을 위한 일방적 개헌이었죠. 물론 의사 결정 과정도 매우 위헌적이었고요.[2] 2년 뒤인 1954년, 이승만은 2차 개헌에 나서요. 바로 자신의 3선을 위한 그 유명한 '사사오입四捨五入 개헌'이죠. 이때 '국무총리 제도'를 폐지해요. 대통령제가 완성되죠. 사라진 국무총리는 그로부터 6년이 지난 1960년 화려하게 컴백해요. 바로 이승만의 3·15부정선거와 4·19혁명 이후 들어선 제2공화국의 '의원내각제 도입·양원제 실행'과 함께요. 이번에는 명실상부한 행정 수반 총리로요. 그러나 총리의 화려한 컴백은 9개월 만에 막을 내려요. 5·16군사정변으로 들어선 박정희 정부가 의원내각제를 다시 대통령제로 되돌린 거죠. 국무총리는 제2공화국 이전의 위치인 대통령을 보좌하는 행정부 수반 2인자 자리로 돌아가요. 그리고 지금까지 유지 중이죠.

'헌법 개정의 역사'는 곧 '정치의 역사'
．．．．．．．．．．．．．．．．．．．．．．．．．．．．

민　지　'대통령중심제 나라에 국무총리는 뭐지?' 하고 평소 궁금해했는데 그 궁금증이 해소됐어요. 그런데 교수님, 말씀을 듣다 보니 우리나라 '헌법 개정의 역사'를 한 번은 정리해 볼 필요가 있을 것 같아요. 지금 정치를

9차례 개헌의 주요 내용

개헌 차수	공포일	주요 내용
1차 개헌	1952. 7. 7.	이승만의 재선을 위한 대통령 직선제 및 양원제 도입 등 (발췌 개헌)
2차 개헌	1954. 11. 29.	이승만의 3선을 위한(3선 제한의 철폐) 4사5입 개헌
3차 개헌	1960. 6. 15.	내각책임제, 양원제, 복수정당제도의 보장 등
4차 개헌	1960. 11. 29.	3·15부정선거 관련자들에 대한 소급 처벌 등
5차 개헌	1962. 12. 26.	대통령제, 단원제, 대통령 4년 중임제 및 직선제 등
6차 개헌	1969. 10. 21.	3선 개헌, 대통령에 대한 탄핵소추결의 요건 강화 등
7차 개헌	1972. 12 .27.	유신헌법
8차 개헌	1980. 10. 27.	대통령 7년 단임제 및 간접선거, 국정자문회의 신설 등
9차 개헌	1987. 10. 29.	대통령 직선제(단임 5년), 대통령의 국회해산권·비상조치권 폐지 등

이해하는 데 도움이 될 것 같다는 생각이 들어요.

신박사 그렇죠. '헌법 개정의 역사'가 곧 '정치의 역사'일 수 있으니까요. 말 나온 김에 한 번 정리해 보죠. 간단하게요. 우리나라는 1948년 7월 17일 제헌헌법이 공포된 이후 총 '9차례의 개헌'이 있었어요. 9차례 개헌의 핵심만 살펴보면, 1차(1952년 7월 7일)는 '이승만의 재선을 위한 대통령 직선제 및 양원제 도입'의 발췌 개헌, 2차(1954년 11월 29일)는 '초대 대통령에 한해 중임 한정 적용을 배제(이승만의 3선을 위해)한 4사5입 개헌'이에요. 3차(1960년 6월 15일)는 이승만의 3·15부정선거와 4·19혁명의 마무리라 할 수 있는 '내각책임

제로의 전환·국민의 기본권 보장 강화·복수정당제도
의 보장·민의원 및 참의원 구성'에 관한 것이고, 4차
(1960년 11월 29일)는 '3·15부정선거 관련자들에 대
한 소급 처벌 등'에 관한 것이에요. 그리고 이어 5차
(1962년 12월 26일)는 5·16쿠데타로 권력을 장악한 박
정희의 '내각책임제·양원제에서 대통령제·단원제로의
환원과 대통령 4년 중임제 및 직선제 등'에 대한 것이
고, 6차(1969년 10월 21일)는 '박정희의 장기집권을 위
한 3선 개헌, 대통령에 대한 탄핵소추결의 요건 강화
등'이고, 7차(1972년 12월 27일)는 그 악명 높은 '유신헌
법'의 등장이에요. 바로 '국민의 기본권 약화, 통일주체
국민회의 대의원에 의한 대통령 간선제, 대통령 임기
4년에서 6년으로의 연장, 대통령의 긴급조치권 및 국
회해산권 도입, 국회의 국정감사권 폐지 및 국회회기
단축, 국회의원 3분의 1 대통령 추천, 대통령의 중임이
나 연임에 대한 제한 삭제 등'이에요. 8차(1980년 10월
27일)는 1979년 12·12군사쿠데타로 정권을 잡은 전두
환·노태우 신군부의 '대통령 7년 단임제와 간접선거,
시민의 기본권 부활, 유신헌법 독소조항 일부 삭제,
국정자문회의 신설 등에 의한 대통령의 퇴임 후 영
향력 유지 등'에 관한 것이고, 마지막 9차(1987년 10월
29일)는 범국민적 6월민주항쟁에 대한 신군부의 항복

선언으로, '대통령 직선제 및 단임 임기 5년, 대통령의 국회해산권 및 비상조치권 폐지, 국회의 국정감사권 부활 등'의 내용이에요. [3]

민 지 　교수님, 개헌의 역사를 듣다 보니 어떤 패턴이 읽히는 것 같아요. 그리고 뭐랄까? 어떤 분노 비슷한 것이 치밀어 오르고요.

신박사 　하하하, 그렇죠. 역사를 살펴보는 것은 하나의 흐름, 이를테면 패턴을 알아보고, 나아가 그 패턴의 의미를 파악하기 위해서죠. 그리고 그 패턴과 의미로 현재 현상들의 본질을 간파해 좀 더 나은 미래를 만들어나가야 하는 거죠. 9차례의 개헌을 분석해 보면, 1차부터 2차까지는 이승만의 독재 강화예요. 3차부터 4차는 이승만 독재로부터의 민주주의 회복이고요. 5차부터 7차는 박정희의 장기 독재 내지는 영구 집권 기도 과정이에요. 그리고 마지막 8·9차는 전두환·노태우 신군부의 장기 권력 유지 기도와, 5·18민주화운동으로부터 6월민주항쟁으로 이어지는 시민 저항에 의한 신군부 장기 권력 유지 기도의 좌절 과정이고요.

민 지 　이승만의 독재 및 장기집권 기도를 박정희가 모델 삼았고, 박정희의 그것을 전두환·노태우가 또 따르려 했네요. 참, 그리고 보니 어쩌면 이번 12·3비상계엄도 바로 이 패턴의 시도일지 모른다는 생각이 드네요.

신박사　그런 생각이 들 수밖에 없죠. 박정희가 5·16군사정변과 1972년 10월유신, 그리고 1979년 10월의 부마민주항쟁 때 동원한 수단이 계엄령이었고, 전두환의 신군부 세력이 1980년 정권 장악 때 동원한 수단이 계엄령이었으니까요. 당시를 직접 경험했거나 역사를 공부한 이라면 계엄 하면 당연히 독재, 장기집권부터 떠올리죠.

'9차 개헌'이면
'제9공화국' 아닌가요?

민　지　그런데요, 교수님. 개헌의 역사가 나온 김에 질문드리는 건데요. 지금 제6공화국이잖아요. 공화국 차수를 정할 때 '개헌 기준'으로 하는 것 아닌가요? 지금까지 9차 개헌이 있었으니 제9공화국이어야 하는데 왜 제6공화국이죠?

신박사　그렇죠. 그것도 개헌의 역사가 나온 김에 정리해 보는 게 좋겠어요. 공화국 차수 변경은 개헌 때마다 하는 게 아니에요. '헌법 내용이 전면적·근본적으로 바뀔 때' 해요. 앞의 개헌 역사에서 먼저 정부수립 때 제1공화국이 출발하겠죠. 이어 '정부 형태가 대통령제

공화국별 개헌 주요 내용

공화국	기간	해당 개헌	주요 내용
제1공화국	1948. 7. 17. ~ 1960. 6. 15.	정부수립	대통령제(간선제), 단원제
제2공화국	1960. 6. 15. ~ 1962. 12. 26.	3차 개헌	내각책임제, 양원제
제3공화국	1962. 12. 26. ~ 1972. 12. 27.	5차 개헌	대통령제, 단원제
제4공화국	1972. 12. 27. ~ 1980. 10. 27.	7차 개헌	유신헌법, 대통령 간선제
제5공화국	1980. 10. 27. ~ 1987. 10. 29.	8차 개헌	대통령 7년 임기&중임 금지 등
제6공화국	1987. 10. 29. ~ 현재	9차 개헌	대통령 직선제 등

에서 내각책임제로, 국회 단원제가 양원제로 바뀌는' 3차 개헌 때 제2공화국이 시작되고, '내각책임제와 양원제가 다시 대통령제와 단원제로 환원'되는 5차 개헌 때 제3공화국이 시작돼요. 이어 '대통령 직선제가 간선제로 바뀌고 국민의 기본권과 함께 국회 권한이 현저하게 약화되는 유신헌법'의 7차 개헌 때 제4공화국이 시작되고, '대통령 중임 금지 및 임기 7년, 유신헌법 독소조항 일부 삭제'를 한 8차 개헌으로 제5공화국이 시작돼요. 그리고 마지막으로, '대통령 간선제가 직선제로 돌아온' 9차 개헌으로 지금의 제6공화국이 시작돼요. 기준이 다소 모호하긴 하지만 주로 정부 형태, 국회, 대통령 선거 방법 등이 바뀔 때 공화국 차수를 변경해 왔어요.

민 지 국무총리에 대한 궁금증 하나가 '개헌의 역사', '공화국의 역사'로까지 확장되었어요. 정치를 제대로 읽을 수 있는 안목이 조금씩 갖춰지고 있는 느낌이에요. 그리고 무엇보다 현재를 제대로 읽으려면 과거를 먼저 제대로 알아야 한다는 생각이 많이 들어요. 🦝

15장

개헌론에 대해
어떻게 생각하세요?

우리나라 개헌의 역사는 상당 부분 특정 개인·특정 집단을 위한 개헌의 역사였어요. 원론적인 이야기지만 정치라는 것이, 국가라는 것이 결국 국민의 복리 증진을 위해 존재하는 것 아니겠습니까?

개헌의 제1 관건, '정부 형태' 3가지

민 지   개헌론이 여기저기서 나오고 있어요. 1987년 9차 개헌 이후 40년 가까이 지났으니 헌법을 다시 손볼 때가 됐다는 이야기죠. 여러 개헌 주장을 들으면서 나름대로 판단하고 선택하기 위해서는 기본적으로 알고 있어야 할 것들이 있을 것 같은데요. 어떤 것들이 있을까요?

신박사   개헌의 제일 관건은 역시 '정부 형태'와 '국회 형태'죠. 3권 중 행정과 입법의 핵심이고, 3권의 권력분립이라고 할 때 사실 가장 문제되는 것이 이 둘 사이니까요. 그런데 국회 관련해서는 앞의 '8장 상원이 보수, 하원이 진보 아닌가요?' 주제에서 어느 정도 다뤘어요. 국회의 양원제, 단원제에 대해서요. 따라서 여기서는 '정부 형태'에 대해 주로 알아보죠. '대통령제', '의원내각제' 그리고 이 둘의 절충이라 할 수 있는 '이원집정부제'에 대해서요.

민 지   맞아요. 지금까지의 9차례 개헌을 6차 수의 공화국으로 나누는 기준도 대체로 '정부 형태'와 '국회 형태'였어요.

신박사   오늘날의 '정부 형태' 3가지를 만든 나라는 영국, 미국 그리고 독일이에요. 영국이 의원내각제, 미국이 대통령제, 그리고 독일이 이원집정부제를 발명했어요. 자연과학에 뒤지지 않는 위대한 사회과학의 발명품들이죠. 발견 아닌 발명이죠.

민 지   진짜로 그렇네요. 자연과학이 발견이라면 사회과학이야말로 발명이네요.

영국이 발명한 의원내각제

신박사   그러면 등장 순서대로, 의원내각제부터 알아보죠. 의원내각제의 의미는 이래요.

행정부가 이원적 구조로, 명목상의 국가원수인 대통령(또는 왕)

과 실질적 행정 권한을 갖는 내각(수반은 수상 또는 총리)으로 구성되고, 선거를 통해 구성되는 의회의 다수 의석 정당이 수상 (또는 총리)을 비롯한 내각 구성권을 가지고 행정부를 주도하는 정부 형태.[4]

신박사   영국은 오랜 역사를 통해 의회민주주의를 완성시켰 어요. 1215년 왕으로부터 대헌장 승인을 받아낸 이 후, 1265년에 의회, 1341년에 양원제 제도를 만들어 요. 그리고 1688년 명예혁명으로 왕에 대한 의회의 우위 확보, 1714년 조지 1세 때 실질적인 의회의 정치 주도라는 일련의 과정을 통해 '의원내각제'를 완성시 켜요.

미국에서 시작된 대통령제

민 지   교수님이 앞서 말씀하신 '점진주의' 영국이라는 말이 참으로 실감 나요. 의원내각제로 안착하기까지 500년 이 걸렸네요. 미국의 대통령제는 점진주의와는 상관 이 없겠어요. 준비된 신생국가였으니까요.

신박사   그렇죠. 신생국으로서 미리 구상된 정부 형태를 흰 도 화지 위에 그대로 옮긴 것이 미국이니까요. 먼저 대통령제는 이렇게 정리해 볼 수 있겠어요.

권력분립의 원리에 기초를 두고 입법부·행정부·사법부, 특히 입법부와, 대통령을 중심으로 한 행정부 상호 간에 견제와 균형을 통해 권력의 집중을 방지하고 국민의 자유와 권리를 최대한 보장하는 현대 민주국가의 정부 형태.[5]

신박사　북미의 영국 식민지 13개 주가 납세의무는 부과하면서 투표권은 부여하지 않는 영국의 식민지 정책에 반대해 1776년 독립을 선언해요. 그리고 13년 뒤인 1789년 미합중국(USA) 정부를 수립해요. 신생국 미합중국은 입법·행정·사법의 삼권분립에 기초한 대통령제라는 새로운 정부 형태를 창안해요. 바로 《법의 정신》에서 몽테스키외가 최초로 주장한 입법·행정·사법 세 권한 간 '견제(checks)와 균형(balances)의 원칙', 삼권분립 원리로요. 미합중국 건국의 아버지들 입장에서 불합리·불공정의 실체이자 주체인 영국의 '의원내각제'가 아닌, 새로운 정부 형태 '대통령제'를 직접 만들어낸 거죠.

독일에서 시작된 이원집정부제

민 지　　상상이 가요. 영국의 식민지 정책을 거부해 독립하면
　　　　서 그 정책을 만든 주체인 영국 내각의 정부 형태, 의
　　　　원내각제를 따르기는 좀 그랬겠어요. 그러면 이원집
　　　　정부제는 어떻게 시작되었는가요?

신박사　　먼저 이원집정부제 개념을 정리해 보죠.

> 이원집정부제는 대통령중심제와 내각책임제가 절충된 제도로,
> 전시 또는 국가의 비상시에는 대통령이 행정권을 전적으로 행사
> 하나, 평상시에는 총리가 내정에 관한 행정권을 행사하며 대통
> 령은 외교 국방 등의 권한만을 가지는 제도이다. 대통령은 통상
> 적으로 국민의 직접선거로 선출되며, 총리는 의회의 다수당 당
> 수가 맡는다.[6]

신박사　　이원집정부제는 대통령제와 의원내각제의 절충인 만
　　　　큼 나라 상황에 따라 다양한 모습으로 나타나요. 그래
　　　　서 명칭도 '준(準)대통령제', '제약된 의원내각제' 등 다양
　　　　한 이름으로 불려요. 이원집정부제를 시작한 나라는
　　　　독일이에요. 제1차세계대전 뒤 독일혁명으로 독일제
　　　　국(1871~1919년)이 붕괴하고 바이마르공화국(1919~
　　　　1933년)이 들어서요. 이때 1919년 8월 11일 공포된 바

이마르헌법에 실린 정부 형태가 바로 '이원집정부제'예요. 그리고 현재 이원집정부제를 시행하는 대표적인 나라는 제5공화국(1958년~현재)으로 시작된 프랑스예요. 우리나라의 국무총리 직제나, 국회의원 중 일부가 장관을 겸임하는 것도 따지자면 이원집정부제 속성이죠. 행정권 행사에 대통령 외 총리 직제를 두고, 입법부의 국회의원이 행정부의 각료를 맡는 것이니까요.

3가지 정부 형태의 장단점 비교

민 지 아, 그렇네요. 정부 형태라는 것이 칼로 두부 자르듯 명확하게 구분되는 게 아니네요.

신박사 그렇죠. 정부 형태의 기본을 크게 셋으로 나눌 수 있고, 이 셋을 각자 국가 상황에 맞게 적절하게 응용하는 거죠. 그럼 이번에는 각 정부 형태의 장단점을 원리적인 측면에서 간략하게 정리해 보죠. 대통령제와 의원내각제는 장단점이 서로 상대적이라고 할 수 있어요. 먼저 대통령제는 대통령의 임기가 보장되어 있다는 측면에서 국가 정책을 일관되고 강하게 수행할 수 있는 장점이 있는 반면 독재로 흐를 위험이 있다는 단점이 있어요. 그리고 권력분립의 원리에 따라 입법과 행정이 상호 독립되어 있다는 측면에서는 국회와의 상호 견제와 균형이 잘 기능하지만, 국가 활동이 통일적으로 수행되기 어려운 부분이 있고요.

민 지 참, 세상 이치가 빛과 어둠이 함께할 수밖에 없는 것 같아요. 그러면 의원내각제는 대통령제의 장단점과 반대겠네요?

신박사 대체로 그렇죠. 의원내각제의 장점은 행정과 입법의 상호 협조가 잘 이뤄져 신속하고 능률적인 국정 운영이 가능하다는 점이죠. 반면 국회가 여러 당이 난립한 상태라면 언제든 내각과 함께 수상(또는 총리)이 교체될 수 있어 안정적이고 지속적인 정책 집행이 어렵고, 반대로 과반 우위의 당이 존재하면 입법과 행정의 상호 견제가 실종돼 고인 물이 되거나 대통령제의 단점처럼 독재로 흐를 수 있죠.

민 지 대통령제나 의원내각제나 장점의 배경이 단점의 배경이 될 수 있고, 단점의 배경이 또 장점의 배경으로 작용하네요. 그렇다면 두 제도의 절충이라는 이원집정부제도 양 제도의 장점만 합한 것이라 자신할 수 없겠네요.

신박사 일단 그렇다고 봐야죠. 이원집정부제의 장점은 평상시 입법부와 행정부의 마찰을 피할 수 있다는 거예요.

입법부 다수당의 당수가 행정부의 실질적 행정 권한을 가지고 있으니까요. 단점은 대통령이 비상대권을 행사할 경우 의회 기능의 축소를 가져온다는 거죠.

민 지 단점 부분이 심각한 상황으로 번질 수도 있겠네요. 예전 같으면 '비상시'라는 말을 그냥 의례적 표현으로 생각해 별 느낌 없이 넘겼을 텐데, 최근 12·3계엄을 경험하면서 상당히 신경 쓰여요.

신박사 그렇죠. 단순한 자구 하나가 우리의 일상과 사회를 순식간에 파국으로 몰아갈 수 있으니까요.

궁극적으로 중요한 것은 '제도' 아닌 '사람들의 의식'

민 지 교수님은 지금 진행되는 여러 가지 개헌 논의에 대해 어떤 입장이세요?

신박사 특별한 입장 없습니다. 다만 '오래되었으니 바꾸어야 한다'는 이야기가 자주 나오는데, 그것이 개헌의 주된 이유라면 그건 아니라고 생각해요. 개선 아닌 개악으로 갈 수도 있기 때문에요. 나는 개인적으로 제도에 앞서 사람들의 의식이 매우 중요하다고 생각하는 입장이에요. 그것이 정치 의식일 수도 있고 시민 의식일 수도 있고 민주주의 정신일 수도 있고, 아니면 상식일 수도 있어요. 지금의 우리 의식이 1979년 10월의 부마항쟁, 1980년 5월의 광주보다 더 나아졌다는 확신이 잘 안 서요. 교묘하게 사회 분열·갈라치기를 조장하는 유명인들을 보면 사회가 삼국시대·남존여비의 시대로 되돌아가지 않았나 하는 생각이 들고, 입만 열면 국민을 상대로 밥 먹듯이 거짓말을 해대는 고위층들을 보면 공직자인지 허가받은 사기꾼인지 판단이 안 서요. 공개석상에서 서슴없이 폭력을 조장하는 정치인들을 보면 몇십 년 전 독재정권 때의 정치깡패들이 환생한 것 같은 생각이 들고, 말도 안 되는 궤변을 그리도 당당하게 뱉어내는 지식인(?)들을 보면 배움이란 도대체 어디에 쓰는 것일까, 지식이란 무엇일까 하는 회의가 몰아쳐요. 그리고 특히 이런 비이성·거짓말·불법·불합리를 적지 않은 이들이 용인하고 있다는 사실에 깊은 좌절감을 느끼기도 해요. 이런 상황에서 제도 변화가 과연 사회를 얼마나 더 낫게 할 수 있을까 하는 회의가 들어요.

민 지 교수님, 쿨 다운요, 쿨 다운. 제가 잘못한 것도 아닌데…… 크크. 그래서 교수님 입장은 지금 개헌이 필요 없다 그런 말씀인가요?

신박사 아, 예, '14장 왜 대통령제에 '국무총리'가 있나요?' 주제에서 살펴본 것처럼, 우리나라 개헌의 역사는 상당

부분 특정 개인·특정 집단을 위한 개헌의 역사였어요. 원론적인 이야기지만 정치라는 것이, 국가라는 것이 결국 국민의 복리 증진을 위해 존재하는 것 아니겠습니까? 개인 입장이나 당리당략이 아닌 국민 이익 차원에서 지금보다 더 나은 제도가 있는지를 진지하게 고민해 보고, 있다면 바꾸어나가야겠죠. 페인은 "국민에게 어떤 큰 이익을 주지 않는다면, 변화나 혁명은 일으킬 가치가 없다"[7]라고 말했어요. 진보의 종조, 토머스 페인이요. 생각여행

16장

대통령이 사실 왕이나
다름없는 것 아닌가요?

국가 역할 중 극히 일부를 제외한 대부분은 대통령의 행정 관할이에요. 그리고 견제(Checks)에 있어서도 행정에 대한 입법의 견제는 '사후적'이에요. 그것도 상황이 충분히 악화돼 곪아 터질 정도가 되지 않으면 안 돼요.

'나는 왕이로소이다'

민　지　교수님, 윤석열 대통령의 탄핵 심판을 앞두고 한 지방 단체장이 대통령을 '각하'로 부르자고 했다가 발언을 취소했잖아요. 저는 가끔 대통령이 그냥 왕조시대의 왕의 연장 아닌가 하는 생각이 들어요.

신박사　그렇죠. 건국 이후 김영삼 정부 전까지 각하라는 말을 사용했잖아요. 역대 대통령들이 각하라는 말을 용인하고 즐긴 거죠. 각하나 왕조시대의 전하나 무슨 차이예요. 마찬가지죠. 대통령 자리에 오르면 왕이 된 듯한 기분인 모양이에요. 하긴 대통령에 입후보하면서 손바닥에 '왕' 자 쓰고 나오는 사람도 있을 지경이니. 그리고 보니 그 말이 생각나요. 언론에서 국무총리를

표현할 때 한 번씩 쓰는 '만인지상萬人之上 일인지하一人
之下'라는 말요. 국민이 국무총리 밑에, 대통령 밑에 있
는 존재라는 이야기 아닙니까? 매우 저열한 인식이죠.

민 지   세상에! 언론이 그런 표현을 쓰고 있네요. 놀라운 일이
에요. 교수님, 대통령제에 문제가 있는 것 아닌가요?

신박사   음, 나는 미국이 최초로 대통령제를 만들 때 많은 고
민을 했을 거라는 생각이 들어요. 그리고 그 숙고의
결과가 삼권분립 아닌가 싶어요. 당시 인류 세계는 아
직 미몽의 왕정 시대였잖아요. 그런 상황에서 새로 건
국되는 나라가 들고 나온 정치체제가 'One top'의 대
통령제였어요. 많은 이들이 처음 듣는 낯선 제도에
'새로운 버전의 왕정인가?' 하고 생각했을 것 같아요.
둘 다 똑같이 'One top'이잖아요.

민 지   진짜 그랬을 것 같아요. 똑같이 '가장 높은 곳의 한 사
람'이니 구분이 잘 안 갔을 것 같아요. 21세기 문명 시
대에도 대통령을 왕으로 생각하는 사람들이 있는데
요. 그때는 말할 것도 없었겠죠.

신박사   나는 대통령제를 생각하면 머피의 법칙이 떠올라요.
미합중국 건국의 아버지들이 대통령제를 만들어내면
서 '이것이 혹시 또 다른 왕정이 되는 것은 아닌가?' 하
고 염려했을 거라는 상상과 함께요.

'One top' 제도의 딜레마

민 지   그 말씀은 오늘날 대통령제가 왕정적 속성을 보이고 있거나 대통령제 자체에 그런 소지가 애초부터 내포되어 있다는 이야기 같네요.

신박사   오우, 민지 씨 날카롭네요. 바로 그 이야기예요.

민 지   흥미롭네요. 왜죠?

신박사   기본적으로 사회는 이익사회든 공동사회든 리더를 필요로 해요. 그리고 그 리더는 'One top'이에요. 조직 또는 사회의 목적을 잘 달성하고, 구성원 간 이해관계를 조절해 최적의 의사 결정을 내리고, 구성원 간의 갈등 해결 등을 하기 위해서죠. 국가는 국제사회에서 국가를 대표할 필요성뿐만 아니라 이런 이유로 'One top'의 리더를 둬요.

민 지   교수님, 왜 꼭 최상의 리더가 한 명이어야 해요? 이를테면 세 명을 둘 수도 있잖아요.

신박사   그럴 수 있죠. 그런데 이 세 명 간에 이해관계가 갈리고 갈등이 일어나면 어떻게 하죠? 이 셋의 이해를 조정하고 갈등을 해결할 다른 '한 사람'이 필요해요. 그 '한 사람'을 우리는 'One top'이라고 해요. 한 명의 리더.

민 지   일단, 원리적으로 동의합니다. 그래서 대통령이 제일 높잖아요?

신박사 그렇죠. 그래서 우리나라 헌법 제66조는 대통령의 지위를 이렇게 정하고 있어요.

① 대통령은 국가의 원수이며, 외국에 대하여 국가를 대표한다.
④ 행정권은 대통령을 수반으로 하는 정부에 속한다.

신박사 원수는 '한 나라에서 으뜸가는 권력을 지닌 사람'이에요. 미국 건국의 아버지들은 'One top'의 대통령이 왕이 되지 않게 하기 위한 방법으로 몽테스키외의 삼권분립을 수단으로 삼았어요. 입법·행정·사법 간에 '견제(Checks)와 균형(Balances)' 장치를 주의 깊게 해놓으면 그런 불행한 사태를 막을 수 있을 것으로 생각했겠죠. 그러나 결과는 오늘날 보다시피예요. 지구상의 여러 나라 대통령이 왕과 다름없어요. 우리나라 역대 대통령 중에도 왕이 되기를 꿈꾼 이가 여럿이고요. 독재, 그리고 나아가 영구 집권을 기도했던 이들요. 미국 역시 예외가 아니에요. 민주주의의 전당, 국회의사당을 공격한 범죄자들을 아무 일 없었다는 듯이 대통령이 풀어줘요. '민주주의의 적들'을 '대통령의 사면권'이라는 이름으로요. 이 정도면 '대통령의 사면권'이 아닌 '왕의 사면권'이죠. 민주주의를 부정하는 '왕의 사면권'.

민　지　딜레마네요. 'One top'으로 하지 않을 수는 없고, 'One top'으로 하면 기회만 되면 왕이 되려 하고.

'입법'에 대한 '행정'의 견제는 사전적, '행정'에 대한 '입법'의 견제는 사후적

신박사　나는 대통령제의 부작용(?) 원인이 앞의 조직·사회 체제 구성상의 원리보다 좀 더 깊은 데 있다고 봐요. 삼권분립의 '견제(Checks)와 균형(Balances)'으로도 해결에 한계가 있는, 보다 근본적인 차원요.

민　지　흥미롭네요. 어떤 원인이에요?

신박사　앞에서 대통령제가 왕정으로 타락하는 원인을 조직·사회체제 구성상의 원리에서 살펴보았다면, 여기서는 실제적인 측면이에요. 먼저 입법·행정·사법 삼권 중 대통령의 '행정'이라는 말의 사전적 정의를 살펴보죠.

> 국가 통치 작용 가운데 입법 작용과 사법 작용을 제외한 국가 작용. 법 아래에서 법의 규제를 받으면서 국가 목적 또는 공익을 실현하기 위하여 행하는 능동적이고 적극적인 국가 작용이다.[8]

신박사　이 '행정'의 정의에서 주목할 부분은 첫째, '국가 통치

작용 가운데 입법 작용과 사법 작용을 제외한 국가 작용'이에요. 입법과 사법 역할은 사실 매우 제한적이에요. 먼저 '입법'의 국회는 비상시적 기관으로 입법 외에도 국정감사 등 다른 여러 중요한 역할을 하지만 역할의 종류나 양에 있어 '행정'과 비교가 되지 않아요. '사법'의 법원 마찬가지예요. 행정과 비교가 되지 않을 정도로 제한적이에요. 사실 국가 역할 중 극히 일부를 제외한 대부분은 대통령의 행정 관할이에요. 그리고 견제(Checks)에 있어서도 행정에 대한 입법의 견제는 '사후적'이에요. 그것도 상황이 충분히 악화돼 곪아 터질 정도가 되지 않으면 안 돼요. 대통령·장관·검사에 대한 주요 견제 수단이 탄핵인데, 그 탄핵소추는 문제가 이미, 그리고 충분히 발생하고 난 다음에야 이루어질 수 있어요. 반면, 입법에 대한 행정의 견제인 대통령의 법률안 거부권(재의요구권)은 '사전적'이에요. 국회의 핵심 기능이 입법인데 그 핵심 기능인 입법이 세상 빛을 보기도 전에 원천봉쇄(물론, 재의결을 통해 국회 단독으로 입법할 수 있는 방법이 있으나 '재적의원 과반수 출석에 출석의원 3분의 2 이상 찬성'으로 현실적으로 요건이 매우 까다로움) 되고 말아요. 앞의, 입법의 행정에 대한 견제가 '상황이 충분히 악화돼 곪아 터질 정도가 되어 있지 않으면 안 된다'는 것은 상당히 결정적인 사유가 아닌 한 행정의 대통령·장관·검사 등은 탄핵받을 일이 없다는 이야기예요. 그것은 역으로 보면, 곧 대통령·장관·검사 입장에서 결정적인 탄핵 사유만 제공하지 않으면, 그 한계 내에서 권한을 남용할 여지를 확보할 수 있다는 이야기가 돼요.

민 지 그러고 보니 진짜로 국가 기능 대부분이 대통령의 행정부 관할이네요. 갑자기 삼권분립이라는 말이 공허해져요. 입법·행정·사법이라는 말도 그냥 별 의미 없이 갖다 붙인 기계적 구분이라는 느낌마저 들고요.

'행정'은 '능동적이고 적극적인 국가 작용'

신박사 그럴 수 있어요. 자, 다음에는 두 번째로, '행정'이 '능동적이고 적극적인 국가 작용'이라는 말의 의미에 대해 알아보죠. 행정이 '능동적이고 적극적인 국가 작용'이라는 이야기는 입법·사법은 상대적으로 그렇지 않다는 이야기이기도 해요. 특히 '사법'이 그렇죠. 법원은 사건이 발생해 기소되거나 소송이 제기되면, 그 사건을 판단해요. 기본적으로 수동적이죠. 법원과 관련된 이들도 국민 중 극히 일부예요. 국민 대부분은 평생 법원에 갈 일도, 판사를 만날 일도 없어요. 입법부인 국회의 핵심 기능 입법 역시 새 법을 만들 필요가 있을 때, 국회라는 일정한 한정된 공간에서 이루어져요. 법은 국민 모두와 관련되지만, 그 법을 만드는 이들은 국민과 직접 만나고, 국민에게 직접 영향을 미칠 일이 없어요. 반면, 대통령을 수반으로 하는 행정은 우리 몸에 비유하자면 실핏줄이자 동맥이에요. 하루 24시간 쉬지 않고 온 나라 구석구석 모든 사람에게 크고 작게 '능동적이고 적극적으로' 영향을 미쳐요. 영향은 다른 것이 아니에요. 법으로 정해진 것을 국민 개인 개인에게 현장에서 실행에 옮기고, 그 과정에서 '재량권'이 행사된다는 거예요. 9급 행정 공무원은 9급의 재량권을, 5급은 5급의 재량권을, 장관은 장관의 재량권을 행사하는 거죠. '자유재량으로 처분할 수 있는 권한'인 재량권을요. 재량권의 핵심은 글자 그대로 '자유재량'이에요. 행정부의 이 모든 재량권을 총괄하는 수반이 바로 대통령이에요. 그리고 모든 행정 공무원은 대통령의 대리인들이고요. 내란 또는 외환의 죄만 범하지 않으면 소추당할 일 없이 보장된 임기 동안 이 방대한 권한을 행사할 수 있는 존재, '대통령'이에요.

대통령이 국민을 배신하면
경찰·군대는 '주권자', 즉 국민과 함께해야

민 지   대통령의 권한은 진짜로 대단하네요. 할 수 있는 일의
             종류와 크기로 따진다면 옛날 왕보다 훨씬 더 클 것
             같아요.

신박사   그렇다고 봐야죠. 국가 역할, 국가 재정이 비교할 수
             없을 정도로 커졌으니까요. 대통령을 21세기 왕으로
             만드는 마지막 배경이 경찰·군대예요. 법 집행을 최
             종적으로 담보하는 합법적 무력이죠. 만약 경찰·군대
             가 행정 아닌 입법 또는 사법 소속이라면, 같은 크기
             의 권한이라 할지라도 대통령이라는 존재가 지금 정
             도의 'One top'은 아닐 거예요. 무력은 '존재 자체'로
             강력한 힘이에요. 평상시에는 도사리고 있다, 문제
             발생 시·비상시에는 현실의 강제력, 파괴력으로 작용
             하는 것이 합법적 무력이지요. 몽테스키외는 군대에
             대해 이렇게 말해요.

집행자가 국민을 억압하지 못하게 하기 위해서는 그에게 맡겨진
군대가 마리우스 시대까지 로마에서 그랬던 것처럼 국민으로 구
성되어야 하며, 국민과 같은 정신을 가지고 있어야 한다.[9]

신박사 경찰·군대가 충성할 대상은 대통령이 아닌 국민이에
요. 대통령이 국민에게 충성할 때 경찰·군대는 대통령
에게 충성하고, 대통령이 국민을 배신하면 경찰·군대
는 대통령이 아닌 국민과 함께해야 해요. 대통령이 국
민을 배신하는데도 경찰·군대가 대통령의 편에 선다
면 그것은 그냥 'One top'이 아닌 '절대 One top', '절
대왕정'의 부활이에요. 몽테스키외의 '국민과 같은 정
신을 가지고 있어야'라는 지적은 바로 이 부분에 대한
경계예요. 사람들이 일상에서 사용하는 '국민의 군대'
라는 말 역시 '왕의 군대', 아니 '절대왕정' 독재자의 군
대가 아닌, 글자 그대로 '국민의 군대'가 되어야 한다
는 의미고요.

민 지 교수님, 그러면 방대한 행정조직 중 일부를 입법이나
사법 소속으로 옮기는 방법도 생각할 수 있잖아요?
경찰, 군대도요.

신박사 그렇게 생각할 수도 있죠. 국가는 '국민의 결합'에 불
과하고, 그 '국민의 일반 의지'가 '법'이에요. 그래서 국
가 기능을 나눌 때, 그 중심에는 국민의 일반 의지인
법이 있어요. 즉, 법을 중심으로 '법의 제정'인 '입법',
'법의 집행'인 '행정' 그리고 '법에 의한 판결'인 '법원'
셋으로 국가 기능을 나눠요. 경찰 업무는 일상의 사회
안전 담당이에요. 전형적인 '법의 집행'이에요. '행정'

업무에 해당하죠. 군대는 비상 상황 발생 시 국가 안전을 위해 존재해요. 비상시는 상황에 따른 빠른 의사결정과 일사불란한 대처가 요구돼요. 마찬가지로 '법의 집행'인 '행정'에 해당해요. 국가는 법을 만들 때 사회에서 벌어질 모든 상황을 대비하지 않아요. 모든 것을 대비하는 것이 원천적으로 불가능하고, 가능하더라도 비용 대비 실익이 없거나, 또 인간 사회에는 사람들의 이성과 도덕적 자율에 맡겨야 할 최소한의 영역이 필요해요. 행정의 '재량'은 앞의 '모든 것을 대비하는 것이 원천적으로 불가능하고'와 주로 관계돼요. 행정 최일선 9급 공무원의 대민 업무와 관련해 일거수일투족 모두를 법으로 정할 수 없어요. 이때 '정할 수 있는 것을 규정화'하는 것이 '입법의 재량'이고, 그 한계 너머의 것들로, '현장에서 상황에 맞춰 담당자가 결정'하는 것이 '행정의 재량'이에요. 행정 9급 공무원의 업무 속성은 행정 5급 공무원, 장관, 그리고 대통령의 행정 업무 속성으로 그대로 이어져요. 물론 더 큰 재량권으로 확대되죠. 로크는 행정권에 대해 이렇게 말해요.

법률이 결코 규정할 수 없는 많은 것들이 있으며, 그러한 것들은 행정권을 가진 자가 재량에 의해서 공공선과 공익이 요구하는 바에 따라 명령할 수 있도록 필히 그에게 위임하여야 한다. -중략- 엄격하고 경직된 법률의 준수가 오히려 해를 끼치는 많은 우발적인 사태가 일어날 수 있기 때문이다.[10]

신박사   몽테스키외는 입법권의 행정권에 대한 견제에 대해 이렇게 말해요.

자유국에서 입법권은 집행권을 저지하는 권리를 가져서는 안 되지만, 그것은 만들어진 법이 어떤 방법으로 집행되고 있는가를 검사할 권리를 가진다.[11]

신박사   행정 업무는 속성상 법으로 제한을 두는 데 한계가 있고, 상황에 맞춰 적절하게 대처해야 하는 일이어서 사전적 견제를 하는 것이 적절치 않다는 거예요. 대신 국정감사(검사할 권리)와 같이 사후적 견제를 하는 것이 적절하다는 주장이죠. 앞에서 말한 입법에 대한 행정의 견제가 '사전적'으로 이루어지는 데 반해, 행정에 대한 입법의 견제는 '사후적'으로 이루어지는 근거예요. 행정 업무의 속성상 불가피하게 '사후적으로 할 수밖에 없다'는 거죠. 대통령을 더욱 왕으로 만드는 배경 중 하나죠.

'행정'에서는 선의에 기대야 할 부분이
존재할 수밖에 없어

민 지   교수님, 그렇다면 대안은 없는 거예요? 대통령제가
왕정으로 타락하지 않게 하기 위한 대안요.

신박사   대안 마련은 법, 정치 전문가들의 영역이고요. 여기서
는 현상의 실제를 알아보는 데 한정하죠. 다만 원론적
인 이야기지만, 지금 대화를 나누는 동안 줄곧 머릿속
에 맴도는 것이 플라톤의 '철인 왕', 동양의 '수신제가'
같은 거예요. 행정을 책임지는 이야말로, 국정을 책임
지는 자야말로 '철학'이 있어야 하고 '수신제가'가 되어
있어야 한다는 생각요. 현실적으로 선의에 기대야 할
부분이 존재할 수밖에 없다면요.

민 지   교수님, 이번 대화는 상당히 고민스러운, 아니 어쩌면
고통스러운 대화였던 것 같아요. 대화하는 내내 마음
이 편치 않았어요. 아, 교수님에 대해서가 아니라 주
제에 대해서요. 바깥의 현상만 볼 것이 아니라 현상
너머의 본질을 제대로 읽어야겠다는 생각을 많이 했
어요. 🖋

17장

국회의원은
당론을 따라야 하는 건가요?

자기편은 무조건 옹호하고, 상대방은 무조건 배격할 것이 아니라 항상 '무엇이 옳은가?'를, '무엇이 전체를 위한 것인가?'를 기준 삼아야 한다는 것이다. 그렇지 않으면 모두 당동벌이黨同伐異라는 이야기다.

'의원은 국민의 대표자로서 소속 정당의 의사에 기속되지 아니하고 양심에 따라 투표한다'

민 지   교수님, 당 원내대표가 당론을 따르지 않았다고 자기 당 국회의원에게 탈당을 요구했어요. 어떻게 생각하세요?

신박사   따져볼 만한 문제죠. 국민을 대표해 법률을 제정하고 예산 심의 등을 하는 국회의원은 기본적으로 2가지 지위를 가져요. '국민의 대표', '국회 구성원'요. 그리고 추가적으로 '정당 구성원' 지위를 가질 수 있어요. 무소속의 경우는 '정당 구성원' 지위가 없죠.

민 지   아, 그렇네요. 그러고 보니 무소속은 '정당 구성원' 지위가 없겠네요. 그렇다면 '국민의 대표' 지위와 '정당 구성원'의 지위가 부딪히면 마땅히 '국민의 대표' 지위가 우선이겠네요. 법률이나 명령이 헌법 아래 있는 것처럼요. 제 논리가 맞나요? 좀 이상한 것 같기도 하고……

신박사 이상한 것 같아요, 하하. 일단 정당은 헌법·법률에 의해 설치된 '국가기관'이 아니에요. 누구나 자유롭게 설립할 수 있는 '자발적 민간 조직'이죠. 헌법 제8조①항에 '정당의 설립은 자유이며, 복수정당제는 보장된다'라고 정하고 있으니까요. 이 차원에서만 보면 원내대표의 행위는 사적 조직 내부의 문제로 제3자가 왈가왈부할 일이 아니에요. 그런데 정당을 규정하는 '정당법'이라는 것이 있어요. 정당법 제1조(목적)에 '정당 운영의 민주성을 보장하고'라는 내용이 나와요. 정당의 '민주성'은 헌법에서도 강조하고 있어요. 헌법 제8조②항의 '정당은 그 목적·조직과 활동이 민주적이어야 하며'라는 내용이 그것이에요. '민주성'의 대전제는 다름 아닌 '다양한 의견'이에요. 당론을 어겼다고 탈당을 압박하는 행위는 정당 운영에 있어 민주성을 보장하지 않은 것이라 할 수 있죠.

민 지 그런데요, 교수님. '민주성'은 기준으로 좀 포괄적이지 않나요?

신박사 그렇게 볼 수도 있죠. 그럼 국회법과 헌법의 다른 조항을 더 살펴볼까요? 국회법 제114조의2(자유투표)에서 '의원은 국민의 대표자로서 소속 정당의 의사에 기속되지 아니하고 양심에 따라 투표한다', 헌법 제46조 ②항에서는 '국회의원은 국가 이익을 우선하여 양심에 따라 직무를 행한다'라고 정하고 있어요. '양심에 따라'는 곧 정당의 입장이나 외부의 압력에 휘둘리지 않고, 국가 이익을 최우선으로 고려하여 직무를 수행해야 한다는 거죠. 따라서 민지 씨가 말한 원내대표의 행위는 국회법, 헌법 위반일 가능성이 높죠.

멀쩡하던 사람이 정치인이 되면 이상해지는 이유

민 지   교수님. 제 관점이 맞잖아요. '국민의 대표' 지위가 '정당 구성원'의 지위보다 더 우위라는 것요. 그런데요, 교수님. 저는 궁금한 게요, 왜 사람들이 정치권만 들어가면 이상해져요? 진짜 한쪽만 보이는 건지, 한쪽만 보려고 하는 건지 그 전에는 멀쩡했던(?) 사람이요. 아, 물론 모두가 그렇다는 건 아니고요. 일부 정치인들요.

신박사   오, 민지 씨는 통하는 데가 있어요. 나도 평소 의문을 많이 가졌던 사항이에요. 아니네요. 사실 대부분 사람들이 궁금해하는 내용이에요. 그래서 몇 년 전 내가 《네 글자의 힘》이라는 책을 펴내면서 '당동벌이黨同伐異'라는 제목으로 이런 내용 관련 주제를 다룬 적이 있어요. 지금 민지 씨의 질문에 이것보다 더 적절하게 답할 자신이 없어요. 좀 분량이 되지만 내용 전체를 그대로 옮겨볼게요. 먼저 '당동벌이'는 '옳고 그름을 가리지 않고 자기편은 무조건 옹호하고 상대편은 공격한다'는 의미예요.

미국의 신학자 라인홀드 니버는 "사람은 개인적으로는 도덕적이나 집단적으로는 도덕적이기 어렵다"고 하였다. 그 이유를 "공동의 지성과 목적은 항상 불완전하고 일시적이고, 또한 집단은 그것을 맹목적이게 만드는 공동의 충동에 의지하며"[12], "갈등이 집단의 유대를 위한 불가피한 전제 조건"[13]이며, "개인은 대가를 바라건 바라지 않건 간에 자신의 이익을 희생할 수 있지만, 집단의 이해관계를 책임지고 있는 사람이 자기 집단의 이익을 버리고 다른 집단에게 이익을 주는 행위를 어떻게 정당화할 수 있겠는가?"[14]라고 말하고 있다. 집단의 목적 달성을 위한 추동력이 이성이 아닌 '공동의 충동'이며, 자기 집단의 유대를 위해서는 다른 집단과의 '갈등'이 필수이고, 개인적으로는 자기희생을 할 수 있더라도 한 집단의 리더 된 자는 '자기 집단의 이익'을 추구할 수밖에 없다는 이야기다. 최고의 도덕적 이상은 다름 아닌 이타성이라 할 수 있는데, 한마디로 개인이 아닌 집단은 그 속성상, 그리고 현실적으로 이타성을 갖기가 힘들다는 것이다. 그리고 여기에 리더의 '자신을 위한 것을 집단 전체를 위한 것'인 양 하는 자기기만과 위선까지 더해진다면 '집단의 비도덕성'은 한층 더 심해질 수 있다.

당동벌이黨同伐異는 중국 한 왕조 때 왕망의 제위 찬탈로 초야로 몸을 숨긴 선비 무리들인 당인黨人, 황제의 외척 그리고 환관들이 각자 세력을 형성하고, 정권을 차지하기 위해 옳고 그름을 가리지 않고 '자기편은 무조건 옹호하고 상대는 공격하는' 행태에서 나온 사자성어다.

공자는 "당당하되 다투지 않으며, 함께하되 무조건 편들지 않는다(矜而不爭궁이부쟁 群而不黨군이부당)"[15]라고 말하고, 주희는 "서로 도와 비리를 감춰주는 것을 당黨이라 한다(相助匿非曰黨상조익비왈당)"[16]고 말한다. 그리고 《서경》에서는 "치우치지 않으면 임금의 길은 넓으며, 치우치지 않으면 임금의 길은 평평하다(無偏無黨무편무당 王道蕩蕩왕도탕탕 無黨無偏무당무편 王道平平왕도평평)"[17]라고 말하고 있다. 치우침이 있어서는 안 되며, 치우침은 '자기편의 비리를 감춰주는 것'으로 리더가 그런 행동을 하게 되면 그 조직의 미래가 위험에 빠지게 된다는 것이다.

오늘날 민주주의 정당은 1680년대 영국에서 시작되었다. 찰스 2세의 후계자로 동생인 제임스 2세가 정해졌는데 국회의원들이 찬성과 반대파로 갈라졌다. 찬성파는 주로 귀족, 목사, 지주들로

'토리즈'라 불렸고, 반대파는 돈 많은 상인들과 청교도들로 '휘그
즈'라 불렸다. 결국 토리즈의 승리로 제임스 2세는 왕위에 오르
고 이때부터 '정당'이라는 것이 등장한다. 당연한 이야기지만 '당'
이 있고 '의견'이 있었던 것이 아니라, '의견'이 먼저 있고 그 '의
견'을 중심으로 '당'이 만들어졌다. 즉 정당은 우리나라 정당법
제2조(정의)에 나와 있는 것처럼 '국민의 이익을 위하여 책임 있
는 정치적 주장이나 정책을 추진'하는 존재고, 그 구성원인 의원
은 국회법 제24조(선서)에서처럼 '국민의 자유와 복리의 증진'을
위해 있는 존재다. 한마디로 의원과 정당은 국민을 위해 존재하
지, 자기 당을 무조건 옹호하거나 지지자들만을 위해 존재하지
않는다.

《대학》에서는 "좋아하면서도 그의 악을 알아야 하며, 미워하면
서도 그의 선을 알아야 한다(好而知其惡호이지기악 惡而知其美오
이지기미)"[18]라고 말한다. 자기편은 무조건 옹호하고, 상대방은 무
조건 배격할 것이 아니라 항상 '무엇이 옳은가?'를, '무엇이 전체
를 위한 것인가?'를 기준 삼아야 한다는 것이다. 그렇지 않으면
모두 당동벌이黨同伐異라는 이야기다'[19]

민 지   교수님, 와, 맞춤이에요. 이 질문 안 드렸으면 큰일
          날 뻔했어요. 진짜 '의견'이 있고 '정당'이 있지, '정당'
          이 있고 '의견'이 있는 게 아니죠. 그리고 집단 하면 우
          리는 얼핏 '집단 지성'이라는 말부터 떠올리는데, '집

단 지성'은 고사하고 그 반대인 '집단 감정', '집단 충동'일 수 있겠어요. 그러고 보니 우리는 현재 정치인들의 당동벌이적 행동(?)을 보면서 후자인 '집단 충동'을 확인하고 있는 중이네요. 아, 교수님, 생각난 게 있어요. 앞에서 정당 운영에 있어 헌법에서도 그렇고 정당법에서도 '민주성'을 강조하고 있다고 했잖아요. '집단 지성이냐 집단 충동이냐?'를 가르는 것이 바로 이 '민주성' 아닌가 싶어요. 집단 내에서 치열하게 토론하고 이견도 허용하는 '민주적 토론'이 이루어지면 '집단 충동'이 아닌 '집단 지성'으로 가지 않겠어요?

신박사 　맞는 이야기예요. 그렇게 생각돼요. 민지 씨는 스마트한 MZ세대 젊은이예요.

국회의원의 특권 문제에 대하여

민　지　갑자기 웬 과찬의 말씀을요? 그럼, 교수님, 다음 질문으로 넘어가 볼게요. 국회의원 특권 문제가 한 번씩 사회적으로 이슈가 되잖아요. 그 문제에 대해 어떻게 생각하세요?

신박사　국회의원의 특권은 둘로 나누어 살펴볼 필요가 있어요. '입법부와 행정부의 권력 분립에 따른 견제와 균형을 위한 것'과 '국회의원의 의정 활동 편의를 위한 것' 둘요. 우리가 잘 알고 있는 '국회의원은 현행범인인 경우를 제외하고는 회기 중 국회의 동의 없이 체포 또는 구금되지 아니한다'(헌법 제44조①항)는 '회기 중 불체포특권', '국회의원은 국회에서 직무상 행한 발언과 표결에 관하여 국회 외에서 책임을 지지 아니한다'(헌법 제45조)는 '면책특권'은 전자에 해당해요. 행정부(또는 대통령)의 부당한 탄압으로부터 '의회의 독립성'과 '의원의 자유로운 의정 활동'을 보장하기 위한 장치죠. 영국 의회가 500년 가까운 투쟁을 통해 왕으로부터 쟁취한 권리들이죠. 나는 이 특권들은 의원들의 남용 여지가 다소 있다 할지라도 유지되어야 한다고 생각해요. 이유는 앞 '16장 대통령이 사실 왕이나 다름없는 것 아닌가요?' 주제에서 살펴본 것처럼, 사실상 행정권 또는 대통령 권한이 입법권보다 우위에 있기 때문이에요.

민 지 국회의원에 대한 불체포특권과 면책특권은 국회와 대통령 간의 권력 분립에 따른 장치인 만큼, 국회와 대통령 간의 우위가 관건이겠네요. 진짜 이번 12·3계엄 같은 대통령의 불법 행위(헌법 제77조④항 및 ⑤항에 의해 대통령은 계엄 선포 시 지체 없이 국회에 통고해야 하는데, 통고하지 않은 것은 물론 오히려 계엄 포고령으로 국회의 정치활동을 금지한 행위)를 국민이 피 흘리기 전에 막아낸 게 국회네요.

신박사 그렇죠. 국회가 적극적으로 나서지 않았으면 많은 국민이 피를 흘렸겠죠. 두 번째로 살펴볼 특권은 국회의원의 원활한 의정 활동을 위한 특권(?)이에요. 나는 국회의원들이 국정 질의 등을 하는 것을 보면서 놀랄 때가 많아요. 어떤 경우는 너무 엉터리여서, 또 어떤 경우는 지나치다 싶을 정도로 준비가 잘되어 있어서요. 후자를 볼 때마다 드는 생각이 '야, 도대체 어느 정도 조사하고 공부한 거야. 나는 국회의원 시켜줘도 못 하겠구나'예요. 대의민주주의에서 국회의원은 국민을 대표해요. 국회의원이 열심히 일하면 그 혜택은 국민 모두에게 돌아와요. 엉터리 의원에게는 특권(?)을 빼앗고 열심히 일하는 의원에게는 줄 수만 있다면 특권(?)을 더 주고 싶은 생각이에요. 일단 결론은, 국회의원에 대한 '국민소환제' 도입이라고 생각해요. 엉터리 의원을 솎아내야죠.

민 지 교수님 말씀에 공감해요. 원활한 의정 활동을 위해 주어진 권리를 국민 아닌 자신을 위해서만 사용하면 임기 중이라도 퇴출시켜야죠. 국민이 국민의 대표로 국회에 보냈으니 국민이 다시 소환할 수 있는 거 아니에요?

18장

검찰은
'화살' 아닌가요?

갑옷을 만드는 이는 사람이 상처를 입으면 어쩔까를 염려하면서 갑옷을 만들고, 화살을 만드는 이는 이 화살이 사람을 죽이지 못하면 어쩔까를 걱정하면서 화살을 만든다.

'법원의 윤석열 대통령 구속 취소 인용'과 '검찰의 즉시항고 포기 건' 간단 정리

민 지 교수님, 이번 '법원의 윤석열 대통령 구속 취소 인용'에 대한 '검찰의 즉시항고 포기 건'에 대해 어떻게 생각하세요?

신박사 뉴스 보면서 3가지가 머리에 떠올랐어요. 첫째, 4사5입 개헌, 둘째, 당 태종의 갑옷과 화살 이야기, 그리고 셋째로, 토머스 페인의 "권리를 갖지 않겠다고 주장하기 위해 무기를 들고 일어서고 자신의 생명과 재산까지 버린다니!"라는 말요.

민 지 오우, 4사5입 개헌, 무슨 말인지 와닿아요. 둘째, 셋째는 잘 모르겠네요. 먼저 '법원의 윤석열 대통령 구속

취소 인용'에 대한 '검찰의 즉시항고 포기 건'에 대해
간단히 정리해 주시죠.

신박사   윤 대통령 측에서 법원에 대통령의 구속 취소를 청구
         했어요. 구속기한이 만료된 상태에서 기소되었다는
         등의 이유로요. 법원이 청구를 받아들이고(인용하고),
         검찰은 법원의 인용에 대한 즉시항고를 포기했어요.
         핵심인 '구속기한', 그리고 '구속기한'을 정하기 위한
         '구속 가능 기간'을 식으로 나타내면 이래요.

· 구속기한(구속 만료일) = 피의자 체포일(당일 0시 기준) + 구
                         속 가능 기간
· 구속 가능 기간 = ① 검사의 구속 기간(10일) + ② 체포적부심
                  사 기간 + ③ 구속 실질심사 기간

민 지   식으로 보니 명료하네요. '구속 가능 기간'을 먼저 계
         산하면, 그다음 '구속기한'이 나오네요.

신박사   그렇죠. 쟁점은 둘이에요. 첫째, '체포적부심사 기간'을
         '구속 가능 기간'에 포함하느냐 포함하지 않느냐? 둘째,
         '구속 실질심사 기간'을 '시간 기준'으로 할 것이냐 '날
         기준'으로 할 것이냐? 지금까지 '체포적부심사 기간'은
         '구속 가능 기간'에 포함되었고(형사소송법 제214조의
         2⑬항에 의거), '구속 실질심사 기간'은 '날 기준'(형사소

송법 제201조의2⑦항 및 제66조①항에 의거)으로 '구속 가
능 기간'에 포함되었어요. 먼저, 지금까지 검찰이 사용
해 온 이 기준으로 '구속 가능 기간'을 계산해 볼게요.
검사가 피의자를 구속할 수 있는 '검사의 구속 기간'은
'10일(형사소송법 제203조에 의거)'이에요. 이 사건의 '체
포적부심사 기간'은 '10시간 32분' 소요되었고요. 그리
고 '구속 실질심사 기간'(1월 17일 17시 46분~1월 19일
2시 53분'으로 '시간 기준' '33시간 7분', 날수로는 '17일부터
19일'까지 '3일' 걸렸음. 따라서 형사소송법 제201조의2⑦
항에 의거 '날 기준'으로 하고, 형사소송법 제66조①항에 의
거 초일을 제외)은 '2일'이에요. 그리고 피의자 체포일
은 1월 15일 0시(피의자 체포 시각이 '1월 15일 10시 33분'
으로, 구속 기간은 형사소송법 제66조①항에 의거 당일을
1일로 기산)예요. 따라서 지금까지의 검찰 계산 기준의
'구속 가능 기간' 및 '구속기한'은 이래요.

· 구속 가능 기간 = 10일 + 10시간 32분 + 2일 = 12일 10시간 32분
· 구속기한 = 1월 15일 0시 + 12일 10시 32분 = 1월 27일 10시 32분

형사소송법상 근거
제66조(기간의 계산)①항: 기간의 계산에 관하여는 시時로 계산
하는 것은 즉시卽時부터 기산하고 일日, 월月 또는 연年으로 계산

하는 것은 초일을 산입하지 아니한다. 다만, 시효^{時效}와 구속 기간의 초일은 시간을 계산하지 아니하고 1일로 산정한다.

제200조의2(영장에 의한 체포)⑤항: 체포한 피의자를 구속하고자 할 때에는 체포한 때부터 48시간 이내에 제201조의 규정에 의하여 구속영장을 청구하여야 하고, 그 기간 내에 구속영장을 청구하지 아니하는 때에는 피의자를 즉시 석방하여야 한다.

제201조의2(구속영장 청구와 피의자 심문)⑦항: 피의자 심문을 하는 경우 법원이 구속영장 청구서·수사 관계 서류 및 증거물을 접수한 날부터 구속영장을 발부하여 검찰청에 반환한 날까지의 기간은 제202조 및 제203조의 적용에 있어서 그 구속 기간에 산입하지 아니한다.

제203조(검사의 구속기간): 검사가 피의자를 구속한 때 또는 사법경찰관으로부터 피의자의 인치를 받은 때에는 10일 이내에 공소를 제기하지 아니하면 석방하여야 한다.

제214조의2(체포와 구속의 적부심사)⑬항: 법원이 수사 관계 서류와 증거물을 접수한 때부터 결정 후 검찰청에 반환된 때까지의 기간은 제200조의2⑤항(제213조의2에 따라 준용되는 경우를 포함한다) 및 제200조의4①항을 적용할 때에는 그 제한 기간에

산입하지 아니하고, 제202조·제203조 및 제205조를 적용할 때에
는 그 구속 기간에 산입하지 아니한다.

민 지 지금까지의 기준으로 하면, '구속기한'이 '1월 27일 10시
32분'이네요. 그러면, '윤석열 계산법'에 의한 '구속 가능
기간'과 '구속기한'은 어떻게 되는가요?

신박사 먼저, '윤석열 계산법'은 기존의 '구속 가능 기간'에 포
함했던 '체포적부심사 기간'을 '구속 가능 기간'에서 제
외했고요. 그리고 '구속 실질심사 기간'을 '날 기준'이
아닌 '시간 기준'으로 바꿨어요. 그 결과예요.

· 구속 가능 기간(윤석열 계산법): 10일 + 0 + 33시간 7분

= 11일 9시간 7분

· 구속기한(윤석열 계산법): 1월 15일 0시 + 11일 9시 7분

= 1월 26일 9시 7분

'지금까지의 기준'과 '윤석열 계산법'의 '구속기한' 비교

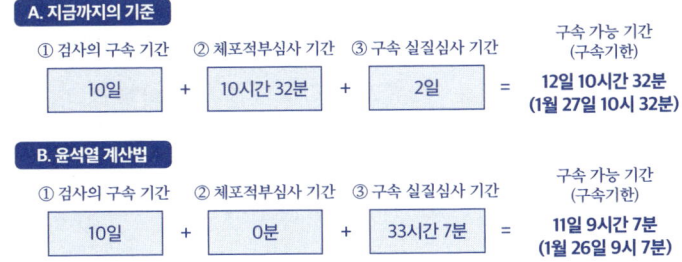

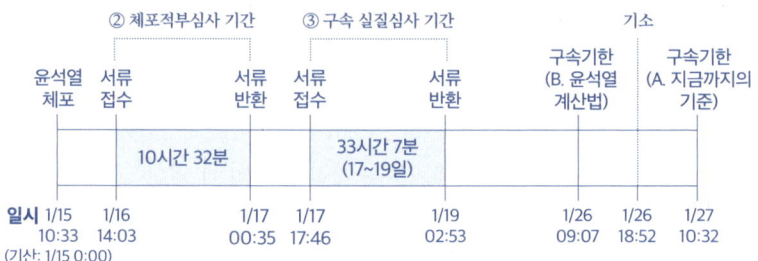

'윤석열 구속 취소 인용' 관련 상황 시간표

'윤석열 계산법'의 문제점

민 지   종전 방식의 '구속기한'과 비교해 '1일 1시간 25분'이
줄었네요. 검찰의 기소 시간이 '1월 26일 18시 52분'
이니, 종전 기준인 '1월 27일 10시 32분'으로는 구속기
한 내이지만, '윤석열 계산법'의 결과인 '1월 26일 9시
7분' 기준으로는 구속기한을 넘기네요. 그래서 구속
을 취소해야 한다는 이야기네요. 교수님, 그러면 이번
에는 '윤석열 계산법'의 문제점을 짚어주시죠.

신박사   먼저 '체포적부심사 기간'을 '0'으로 처리한 것은 중대
한 오류예요. '체포적부심사 기간'은 피의자 측의 청구
로 법원이 피의자의 '체포의 적법성과 체포의 계속 필
요성 여부'를 심사하는 데 들어가는 시간으로, 형사소
송법 제214조의2(체포와 구속의 적부심사)⑬항에 의거,

'구속 기간'에 산입하지 않아요. 그 이야기는, '구속 가능 기간'을 계산할 때 이 '체포적부심사 기간'을 별도로 더해 줘야 한다는 거예요. '검사의 구속 기간' 10일은 피의자를 구속한 때부터 시작되는데, 그 이후 피의자 측의 청구로 발생한 '체포적부심사 기간'을 이 10일에 별도로 더해 주지 않으면, 결과적으로 '체포적부심사 기간'은 '검사의 구속 기간' 10일에 포함되게 되죠. '체포적부심사 기간'만큼 '구속 가능 기간'이 늘어나야 하는데 그렇지 않게 되는 거죠. 형사소송법 제214조의2⑬항 위반이에요.

민 지   명확하네요, 다른 해석의 여지가 없어요. 그럼 두 번째로 '구속 실질심사 기간'의 '시간 기준' 계산 문제점에 대해 정리해 주세요.

신박사   '구속 실질심사 기간'은 검사의 구속영장 청구를 받은 판사가 피의자의 '구속 여부 결정'을 위해 피의자를 심문(구속 전 피의자 심문)하는데 들어가는 기간을 말해요. 형사소송법 제201조의2(구속영장 청구와 피의자 심문)⑦항은 '구속 실질심사 기간' 역시 앞의 '체포적부심사 기간'과 마찬가지로 구속 기간에 산입해서는 안된다고 정하고 있어요. 즉, '구속 가능 기간'을 계산할 때 '구속 실질심사 기간'을 별도로 더해 줘야 한다는 거죠. 그리고 이때의 기간 계산은 '시간 기준'이 아닌

'날 기준'으로 해야 해요. 근거는 해당 법 조항인 형사소송법 제201조의2(구속영장 청구와 피의자 심문)⑦항의 '증거물을 접수한 날부터 구속영장을 발부하여 검찰청에 반환한 날까지의 기간'에서처럼, '구속 실질심사 기간'을 '날' 기준으로 하고 있기 때문(형사소송법 제66조(기간의 계산)①항 참조)이에요. 물론 검찰도 지금까지 이 조항에 근거해 '구속 실질심사 기간'을 '시간 기준'이 아닌 '날 기준'으로 계속해 왔고요.

민 지 이 사안과 관련한 '법원의 윤석열 대통령 구속 취소 인용'은 백번 양보해도 착오라 봐주기 힘드네요. 일반인이 봐도 명백한 오류예요. 그런데 법원은 그렇다 치고, 검찰은 왜 즉시항고를 하지 않았을까요?

신박사 결국 '윤석열 구하기' 아니겠습니까? 전 국민이 두 눈 부릅뜨고 지켜보고 있는데 대놓고요. 그런데 더 심각한 것은 즉시항고 포기 이후죠. 즉시항고 포기를 하고 나서는 대검에서 일선 청에 구속 기간 산정을 다시 종전의 '날 기준'으로 하라고 지시를 내렸다는 것 아니겠습니까. 법원행정처장도 국회에서 상급 법원의 판단을 받아볼 필요가 있다고 한, '매우 중대한 사안'에 대해 즉시항고 포기, 즉 법원의 결정을 그대로 받아들이고서는 일선 청에는 그 반대로 지시를 내렸어요. 이것은 분노를 넘어 참담한 일이죠. 참으로 참담한.

'윤석열 계산법'은 '제2의 4사5입 개헌'

민 지 하, '하'라는 소리밖에 안 나오네요. 교수님, 이게 말이
되요?

신박사 자, 이제 머리를 좀 식힙시다. 대화 서두에서 이 '즉시
항고 포기'를 지켜보면서 3가지가 머리에 떠올랐다고
했어요. 첫 번째가 '4사5입 개헌'이에요. 4사5입 개헌
은 알다시피 이승만 대통령이 3선을 하기 위해 개헌
안을 국회에 제출했는데, 이때 법상 의결정족수가 재
적의원의 '2/3 이상'(헌법 제98조)이었어요. 그런데 투
표 결과가 재적 203명에 135명 찬성이었어요. 203명
의 2/3는 135.333…이니 개헌안 통과는 부결이에요.
135는 '2/3 미만'인 거죠. 이때 이승만 측에서 들고 나
온 주장이 그 유명한 '4사5입四捨五入'이에요. 135.333…
을 반올림(4사5입) 하면 '135'이니 개헌안이 가결되었
다는 거죠. 궤변 중의 궤변이죠. 역사는 힘을 가진 자
의 뜻대로 흘러갔죠. 일단은요. '체포적부심사 기간'
을 '0'으로 하고, '구속 실질심사 기간'을 '날 기준'에서
'시간 기준'으로 급변침하면서까지 기소 시기가 구속
기한을 넘도록 한 '주장', '인용' 그리고 '즉시항고 포기'
는 역사에 길이 남을 거라고 생각해요. '제2의 4사5입'
사건으로요.

'알아서 스스로 부러진 화살', 검찰

민 지 교수님, 머리가 식는 게 아니라 오히려 더 뜨거워져
요. 하긴 지금 머리가 식기를 바라는 것 자체가 무리
네요. 두 번째 '당 태종의 갑옷과 화살 이야기' 말씀해
주세요.

신박사 중국 당나라 2대 황제 태종이 죄인을 다스리는 관리
에게 업무를 물을 때마다 관리가 '예전보다 법망이 너
그러워졌다'고 말하자, 이때 태종이 관리에게 든 예가
'갑옷과 화살 이야기'예요. 갑옷을 만드는 이는 사람
이 상처를 입으면 어쩔까를 염려하면서 갑옷을 만들
고, 화살을 만드는 이는 이 화살이 사람을 죽이지 못
하면 어쩔까를 걱정하면서 화살을 만든다는 거죠.[20]
각자 주어진 역할이 있다는 이야기예요. 이 예에 가장
잘 맞아떨어지는 것이 바로 변호사와 검사의 역할·관
계예요. 변호사는 피의자의 형량을 줄이는 데 최선을
다하고, 검사는 피의자의 죄를 엄중히 묻는 데 최선을
다해야 한다는 거죠. 그렇지 않은 변호사, 검사라면
도대체 그들의 존재 의미가 뭐냐는 이야기죠. 없는 것
보다 못하니까요. 당연히 즉시항고를 했어야죠. 검사,
'화살'이잖아요.

'권리를 갖지 않기 위해
자신의 생명과 재산까지 버린다니!'

민 지　　교수님, 이건 완전히 맞춤이에요. 당 태종이 2025년 대한민국의 이 말도 안 되는 상황을 미리 내다보고 준비한 이야기 같아요. 오우, 흥미진진해요. 그럼, 세 번째의 토머스 페인 이야기는 무슨 의미예요?

신박사　　보수의 종조이자 왕정주의자인 버크가 "영국민은 통치자를 선택할 권리와 같은 권리들이 자신들에게 주어지면 생명과 재산을 바쳐 이에 저항할 것이다"[21]라고 말했어요. 그러자 진보의 종조 토머스 페인이 놀라서 한 말이 "인간이 그들의 권리를 주장하기 위해서가 아니라, 권리를 갖지 않겠다고 주장하기 위해 무기를 들고 일어서고 자신의 생명과 재산까지 버린다니!"[22]예요. 법원행정처장까지 나서서 '상급심의 판단을 받아볼 필요가 있다'고 했어요. 그런데 검찰총장이 즉시 항고권 포기를 선언했어요. 이런 상황을 보면서, 어떻게 '인간이 그들의 권리를 주장하기 위해서가 아니라, 권리를 갖지 않겠다고 주장하기 위해 무기를 들고 일어서고 자신의 생명과 재산까지 버린다니!'라는 토머스 페인의 그 경악을 떠올리지 않을 수 있겠어요.

민 지　　교수님, 분명 머리를 식히는 시간이라 하셨는데……

크크. 이번 이 '윤석열 계산법'은 정말 검찰 역사에 치욕으로 오랫동안 남을 것 같아요. 어느 언론의 표현처럼 정말 검찰이 자신의 관 뚜껑에 대못질을 해댄, 참으로 기념비적인(?) 사건이에요. 🐙🐙

19장

'검사동일체'라는 말이
법률 용어예요?

몽테스키외가 말한 삼권분립상의 '견제와 균형' 원칙은 권한·권력이 있는 곳이면 어디든 해당돼요. '형벌권 집행'의 '수사', '기소' 그리고 '재판' 3단계도 마찬가지예요.

'검사동일체'가 그냥 뭔가 간지 나게(?) 만든 말인 줄 알았어요

민　지　　교수님, '검사동일체'라는 말이 법률 용어예요?

신박사　　법률 용어였는데 지금은 아니에요.

민　지　　에? 진짜 법률 용어였어요? 저는 뭔가 간지 나게(?) 그냥 멋지게 만든 말인 줄 알았어요. 두사부일체나 하나회처럼요. 뭔가 싸해요. 전체주의 느낌 비슷하게.

신박사　　용어가 그런 느낌을 줄 수도 있고 검찰 이미지가 그런 느낌을 주었을 수도 있죠. 검사동일체라는 말은 검찰의 역할과 한계를 이해하는 데 의미 있는 용어예요. 2004년 1월 20일 검찰청법 개정이 있었는데, 이때 검사동일체라는 용어가 사라졌어요. 법적으로는요. 개정 전후 법 조항을 한번 비교해 볼까요?

개정 전

제7조(검사동일체의 원칙)

① 검사는 검찰사무에 관하여 상사의 명령에 복종한다.

② 검찰총장, 각급 검찰청의 검사장과 지청장은 소속 검사로 하여금 그 권한에 속하는 직무의 일부를 처리하게 할 수 있다.

③ 검찰총장과 각급 검찰청의 검사장 및 지청장은 소속검사의 직무를 자신이 처리하거나 다른 검사로 하여금 처리하게 할 수 있다.

개정 후

제7조(검찰사무에 관한 지휘·감독)

① 검사는 검찰사무에 관하여 소속 상급자의 지휘·감독에 따른다.

② 검사는 구체적 사건과 관련된 제1항의 지휘·감독의 적법성 또는 정당성 여부에 대하여 이견이 있는 때에는 이의를 제기할 수 있다.

제7조의2(검사 직무의 위임·이전 및 승계)

① 검찰총장, 각급 검찰청의 검사장 및 지청장은 소속 검사로 하여금 그 권한에 속하는 직무의 일부를 처리하게 할 수 있다.

② 검찰총장, 각급 검찰청의 검사장 및 지청장은 소속 검사의

직무를 자신이 처리하거나 다른 검사로 하여금 처리하게 할
수 있다.

민 지   와, 진짜 법률 용어로 '검사동일체의 원칙'이라는 말이
있었네요. 그리고 ①항에 '상사의 명령에 복종'이라고
되어 있네요. 이건 간단히 말해 '상명하복' 아니에요?
뭔가 으스스해요.

신박사   맞아요. 상명하복요. 2004년 법 개정 내용을 살펴보
면 개정 전 제7조의 ②항과 ③항의 '직무 이전권', '직
무 승계권'은, 개정 후 제7조의2①항과 ②항으로 내용
변경 없이 그대로 자리만 옮겨요. 바뀐 것은 제7조의
제목과 ①항의 내용, 그리고 새로운 내용의 ②항 추
가예요. 제7조의 제목은 '검사동일체의 원칙'에서 '검
찰사무에 관한 지휘·감독'으로, ①항의 '상사의 명령에
복종한다'는 '상급자의 지휘·감독에 따른다'로, 그리고
신설된 ②항은 '검사는 구체적 사건과 관련된 제1항의
지휘·감독의 적법성 또는 정당성 여부에 대하여 이견
이 있는 때에는 이의를 제기할 수 있다'예요.

검찰의 '자율성·독립성'과 '통일성' 사이의
균형이 깨지면, 그것이 곧 '카르텔'적 '검사동일체'

민 지   전체주의적 색깔이 빠지고 '지휘·감독', '이의 제기' 등 뭔가 민주주의적 분위기로 바뀌었네요. 의미가 뭐예요?

신박사   검사의 주요 직무는 범죄 수사, 공소의 제기(기소) 및 유지예요. 공익의 대표자로서 범죄 수사 착수부터 사건의 종결까지 전 과정을 총괄하는 거죠. 이런 검사 직무는 특성상 검찰 내부적으로 '자율성·독립성'과 함께 '통일성'이 요구돼요. '자율성·독립성'은 검사 개인 각자가 곧 국가의 형벌권을 행사하는 하나의 국가기관이기 때문이에요. 일반 행정 공무원과 달리 검사는 각자가 국가를 대신해 자신의 이름으로 검찰권을 행사해요. '통일성'은 '직무 이전권 및 승계권'의 필요성과 함께 검사 개인의 자의적 기소권 행사 방지, 검사 간의 직무 수행에 있어 균형 유지의 필요성 때문이에요. 검찰 직무는 수사 대상이 전국적으로 광범위해요. 직무의 이전과 승계가 허용되지 않으면 직무 수행이 제대로 이뤄질 수 없어요. 판사 직무의 경우, 재판에서 담당 판사가 바뀌면 원칙적으로 변론, 공판 절차가 처음부터 다시 개시되는 것과 대비되는 부분이죠.

민　지　'자율성·독립성'과 '통일성'이 부딪히네요, 구조적으로요.

신박사　그렇죠. 그래서 검찰 업무는 '자율성·독립성'과 '통일성' 사이의 주의 깊은 구분이 요구돼요. 앞의 개정 전 '검찰청법 제7조'의 ②항과 ③항은 '통일성'의 근거인 '직무 이전권·승계권'에 관한 내용이에요. 그리고 ①항의 '상명하복'과 제7조의 제목인 '검사동일체의 원칙'은 이 '통일성'에 대한 해결책이에요. 그런데 이 해결책이 '통일성'은 매우 훌륭히(?) 유지해 왔을지 모르지만 '자율성·독립성'은 해쳤다는 평가예요. 기득권·정권·검찰 수호 편향적인 기소권 행사라는 검찰에 대한 일반의 인식이 그거예요. 직무상 필요한 '검사동일체 원칙'이 기득권·정권·검찰의 이익 수호를 위한 카르텔의 '검사동일체'로 작용했다는 거죠. 그래서 2004년, '검사동일체', '상명하복'과 같은 용어들을 '지휘·감독', '이의 제기' 등으로 바꾸었어요. 그러나 카르텔적으로 작용했던 '검사동일체' 신조가 법조문 하나 바뀌었다고 사라질 수는 없죠. 법적으로 퇴출된 '검사동일체'라는 말이 여전히 '검찰총장의 입'에서 나오고요.

'행정'과 '사법' 두 기능을 함께 가진
특수기관, '검찰'

민　지　아, 그래서 조금 전에 이 용어가 사라졌다 하시고, '법
　　　　적으로는요' 하고 말씀하셨네요. 그런데요, 교수님.
　　　　검찰을 '준사법적 기관'이라고 하잖아요. 검찰이라는
　　　　조직의 어떤 딜레마적 상황을 나타내는 말 아닌가요?

신박사　딜레마는 딜레마인데 검찰이 아닌 행정부 또는 국민
　　　　입장에서 딜레마죠. 검찰 입장에서는 한 손에 칼, 다
　　　　른 한 손에 저울이고요. 행정부 소속이면서 사법 기
　　　　능도 하는 매우 예외적 위치의 특수 정부 조직인 거
　　　　죠. 행정, 사법 두 기능이 함께 있으면 독단으로 가기
　　　　쉬워요. 삼권분립에서 입법부는 '법을 정립'하고, 행
　　　　정부는 '법을 집행'하고, 사법부는 '법으로 재판'을 해
　　　　요. 그리고 '국가의 형벌권 집행'은 크게 세 단계로 진
　　　　행돼요. '수사', '기소' 그리고 '재판', 셋요. '재판'은 속
　　　　성상 외부 간섭이나 압력이 있어서는 안 돼요. 절대
　　　　독립이 필요해요. 사법부가 3권 중 하나로 독립된 핵
　　　　심 이유예요. 헌법 제103조는 '법관은 헌법과 법률에
　　　　의하여 그 양심에 따라 독립하여 심판한다'로 정하고
　　　　있어요. '수사'는 강제력과 집행력이 필요한 일로 '법
　　　　을 집행'하는 행정에 속해요. 그런데 '기소'는 '행정'의

'법 집행'과 '사법'의 '재판' 2가지 속성이 섞여 있어요. '재판을 청구'하는 '기소' 자체는 '행정'이에요. 반면 '기소 재량권'은 '재판' 속성에 해당돼요. 피의자의 범죄 행위가 중한데도 검찰이 '기소독점주의', '기소편의주의'를 남용해 '불기소 결정'을 내리면 사법부는 '죄를 지은 자에게 벌줄 기회 자체'를 원천적으로 차단당하게 돼요. 이렇게 되면 '기소 재량권'은 재판 이상의 재판, 사법 이상의 사법이 되겠죠. 누군가에게는 '완벽한 갑옷'이 되고요. 그리고 또 하나 간과하지 않아야 할 검찰의 사법 기능이 '공소 유지'예요. '공소 유지'는 '검사가 재판에 참여해 증거·증인·법률적 주장을 통해 피고의 유죄를 증명'하는 거예요. 몇 년 전 프로 축구 선수들이 불법 스포츠 도박 브로커와 짜고 승부 조작을 한 사건이 있었어요. 공격수 입장에서 이기는 게임 승부 조작은 어려워요. 그렇지만 지는 게임 승부 조작은 어렵지 않아요. 열심히 뛰지 않으면 돼요. 기회를 봐서 슬쩍 실수도 하고요. 형사재판에서 검사는 공격수예요. '합법적으로' 피고가 지은 죄보다 형량을 높게 나오게 하기는 쉽지 않겠지만 낮게 나오게 하기는 쉬워요. 기소와 '공소 유지'를 허술하게 하면 돼요. 실수도 하고 노골적으로 항소 포기도 하고요. 한쪽 방향이기는 하지만 검사 의도에 따라 판결이 달라질 수 있는 거죠. '공소 유지' 역시 재판에 영향을 미쳐요. '사법' 역할이에요.

민 지 　교수님, '준사법적 기관'이라는 말을 정확히 이해했어요. 그리고 행정부 또는 국민 입장에서 딜레마라는 것에 대해서도요. 검찰은 행정부 소속이면서도 '기소 재량권', '공소 유지' 같은 '사실상의 사법 기능'을 맡고 있어 '준사법적 기관'이에요. 그리고 이런 사법 기능은 속성상 독립성을 확보해 주어야 하지만, 동시에 그 '남용과 자의적 행사 가능성'에 대해 통제 장치를 두지 않을 수가 없어요. 그런데 현실적으로 마땅한 방법 찾기가 힘들어요. 바로 앞의 독립성 확보의 필요성과 부딪히기 때문이에요. 딜레마예요.

신박사 　민지 씨는 정리의 천재예요. 간결하게 정리가 되네요. 1980년대 후반 이후 지금까지의 검찰 관련 법 개정 역사가 곧 이 딜레마 해결 과정의 역사라고 할 수 있겠어요. 그리고 그 결과는, 아시다시피 국민의 검찰에 대한 극도의 불신과 분노고요.

검찰 딜레마 해결은 결국 '견제와 균형' 장치 마련

민 지 　검찰 해체론까지 나오고 있어요.

신박사 해체할 수 있죠. 그런데 해체하고 난 다음 서둘러 국가기관 하나를 만들어야 할 거예요. 형벌 집행과 관련해 행정과 사법을 연결하는 국가기관요. 이 기관에 검찰 아닌 다른 이름을 붙일 수 있겠죠. 그러나 결국 검찰이죠. 앞에서 우리가 딜레마라는 표현을 썼어요. 그것은 '권력분립과 행정의 효율'상 행정과 사법의 연결을 위해 양쪽에 발 하나씩을 걸친 기능을 둘 수밖에 없다는 이야기이기도 해요. 행정부 소속이면서도 상당한 수준의 독립성을 보장하지 않으면 안 되는 '기소', '공소의 유지'라는 기능요.

민 지 그렇네요. 검찰을 없애면 그다음 이름만 바뀐 또 하나의 검찰을 만들어야겠네요.

신박사 구조적·현실적 한계 속에서 개선을 모색하는 수밖에 없어요. 기본적으로, 우선 '수사·기소의 완전 분리'를 생각해 볼 수 있어요. 이 사안은 딜레마적 상황과 관련된 문제라기보다 '과도한 권한 집중'의 분산에 해당하는 문제예요. 따라서 결단만 내리면 돼요. 물론 국민적 동의가 먼저 있어야겠죠. 몽테스키외가 말한 삼권분립상의 '견제와 균형' 원칙은 권한·권력이 있는 곳이면 어디든 해당돼요. '형벌권 집행'의 '수사', '기소' 그리고 '재판'의 3단계 과정 마찬가지예요. 어느 한 기관이 둘 혹은 세 권한 모두를 갖게 되면 중립성 훼손,

권력 남용의 가능성이 커져요. 기본적으로 수사는 경찰, 기소는 검찰이 전담하게 해서 이 가능성을 줄일 필요가 있어요. 기소를 위한 마구잡이 수사를 방지할 수 있겠죠.

민 지 '기소 재량권', '공소 유지'에 대해서는요?

신박사 먼저 '기소독점주의'를 폐지해야겠죠. '지은 죄에 대한 형벌 가능성을 원천 차단할 수 있는 권한'은 그야말로 '신적 권한'이에요. 그것을 배타적으로 어느 한 곳만 가지고 있다는 것은 그야말로 절대 독재 상황이죠. '기소편의주의'와 '공소 유지'는 기능 속성상 독립성 확보가 필수인 만큼 직접적 제재가 아닌 시민 감시 같은 간접적 제재 장치를 두는 것이 적절하다고 생각해요.

'사회 정의를 지키는 최후의 보루'로 다시 태어난다면 국민은 검찰을 응원할 것

민 지 교수님, 그런데 갑자기 이 말이 생각나요. '빈대 잡으려다 초가삼간 태울 수 있다'는 말요. 어떻게 생각하세요?

신박사 맞는 말이에요. 검찰 해체든 개선이든 개악 가능성에 대해서는 항상 경계해야겠죠. 그런데 문제는 '작은 해

악(빈대)을 없애려다 자칫 더 큰 손해(초가삼간 태우기)를 볼 수 있다'는 건데, 국민이 지금의 '검찰 공화국' 상황을 '작은 해악'이 아닌 '거악'으로 보고 있다는 거죠. 검찰이 '빈대' 정도가 아니라는 이야기죠.

민 지 그렇네요. 오랫동안 많은 문제, 많은 지적, 많은 개선 기회가 있었는데 검찰 스스로 다 걷어차 버리고 결국 심장까지 메스를 대지 않으면 안 될 지금의 상황을 불러왔네요.

신박사 민주주의 국가에서 경찰, 검찰은 '정의의 사도'예요. 아니, 정의의 사도여야 해요. 나쁜 사람은 혼내주고 선량한 시민을 보호하는 것이 그들에게 맡겨진 역할이니까요. 과거 독재정권 때 경찰·검찰 모두 굉장히 부정적 이미지였어요. 그런데 언제부턴가 경찰은 시민 곁에 와 있어요. 지금은 사람들이 경찰 하면 내가 어려움에 빠졌을 때 언제든 도움을 청할 수 있는 존재로 인식해요. 그런데 검찰 이미지는 여전히 어둡고 위협적이에요. 아니, 더 심해졌죠. 부정적 이미지에 특권계급이라는 인식까지 굳어졌어요. 선량한 시민의 편이 아닌, 기득권·권력·검찰 카르텔의 이익 수호와 허물 덮기에만 열심인 조직, 그들만의 딴 세상인 특권계급이라는 인식요. 나는 이런 검찰 관련 문제들의 바탕에 폐쇄적 집단주의인 '검사동일체' 신조가 크게 역할을 했다고 생각해요. 국가가 준 권력, 국민이 준 권력으로 국민의 이익이 아닌 그들만의 이익에만 충실한 '검사동일체'요.

민 지   곰곰이 따져보면 진짜 검찰 문제의 중심에 '검사동일체'가 굳건히 똬리를 틀고 있는 것 같아요. 그것이 전관예우로 그대로 이어지겠고요. 제가 '검사동일체'라는 말을 들을 때마다 두사부일체나 하나회를 떠올린 게 틀린 게 아니었어요. 제가 촉이 있다니까요.

신박사   하하, 인정합니다. 제도는 어느 한 방향으로만 가지 않아요. 검찰 조직이 공정성을 확보하고 스스로 쇄신해 나갈 의지와 역량을 갖춰 사회 정의를 지키는 최후의 보루로 다시 태어난다면 국민은 검찰을 응원할 거예요. 그들에게 더 큰 권한을 주어야 한다고요. 그러기 위해서는 검찰이 스스로 많이 바뀌어야 해요.

20장

'사법부 개혁'에 대해
어떻게 생각하세요?

————

논리적으로 볼 때 그렇잖아요. 국가 공권력 중에서 입법부와 행정부만 헌법을 위반할 소지가 있고, 사법부는 헌법을 위반할 소지가 전혀 없다고 장담할 수 없잖아요.

사법부가 자두나무 아래를, 오이밭을 굳이 찾은 까닭은?

민 지   교수님, '사법부 개혁'을 둘러싼 논쟁이 뜨거워요.

신박사   그동안 쌓인 사법부에 대한 국민적 불신에, 윤석열 계
          엄 직후 및 이후 사법부의 태도가 스스로 개혁의 불을
          붙인 것 아닌가 싶어요. 국가 삼권분립의 한 축으로서
          명백한 불법 계엄에 대한 대법원장의 모호한 태도(?)
          견지,[23] 내란 피의자 윤석열에 대한 구속 취소 청구 인
          용, 최고의 중죄에 해당하는 내란 관련 주요 혐의자들
          에 대한 잇따른 구속영장 청구 기각, 그리고 이재명
          진보 측 대통령 후보의 공직선거법 위반 사건 재판에
          대한 대법원의 이례적 사건 처리[24] 등, 개혁 논란을 자
          초한 측면이 크죠.

민 지 　해야 할 것과 하지 않아야 할 것을 바꾸어 거꾸로 한 것 같아요. 특히 대선을 앞둔 결정적 시기에 당선이 유력한 진보 대통령 후보에 대한 재판을, 그것도 원심을 뒤집는 재판을 '이례적으로 서두른 것'은 의심을 살 만하죠. '사법부의 정치 개입'이라는 의심요.

신박사 　그렇죠. 나는 그 뉴스를 접하면서 "자두나무 아래서 갓을 고쳐 쓰지 않고, 오이밭에서 신발을 고쳐 신지 않는다(李下不整冠이하부정관 瓜田不納履과전불납리)"라는 말이 떠올랐어요. 의심받을 만한 행동을 사서 해서는 안 된다는 거죠.

민 지 　오우, 교수님. 딱 맞는 말이에요. 제가 정확히 그런 느낌이었어요. 대법원의 입장 표명처럼 억울할 수도 있어요. 그런데 문제는 어떻게 그런 여러 예외적 상황이 유독 이 한 재판에서 여러 가지로 겹칠 수 있느냐는 거죠. 그것들이 어디 스쳐 지나가는 바람이 가져다준 '우연'에 의한 것이 아니잖아요. 모두 사람의 '의지'에 의한 거잖아요. 사람의 의지요. 그 의지들이 결국 '하나의 초점'을 향하고 있는데, 그런 의지들을 의심하지 않는다면 도대체 우리가 무엇을 의심할 수 있는 거죠?

신박사 　하하. 민지 씨, 쿨다운 하시고. 좋습니다. 스쳐 지나가는 바람이 가져다준 우연에 의한 것이 아니다, 그렇죠. 우연이 아니죠. 사람의 의지죠. 그것도 일관성(?) 있는 의지요.

민 지   아, 괜히 쓸데없이 열 냈네요. 교수님, 주제로 돌아가 시죠. 사법부 개혁을 둘러싼 주요 쟁점을 먼저 정리해 주세죠.

신박사   현재 주요 쟁점은 4가지 정도로 정리해 볼 수 있을 것 같아요. 첫째, '재판소원' 도입, 둘째, 대법관 증원, 셋째, 법원행정처 폐지 및 사법행정위원회 신설, 그리고 넷째, '법 왜곡죄' 도입요. 이 네 개 중에서 가장 논쟁 적인 것이 재판소원인 것 같아요. 국회와 대법원이 치 열하게 논쟁 중이고, 헌법재판과 관련된 사항이니만 큼 헌법재판소도 국회와 소통하면서 자기 입장을 내 고 있어요. 대법원 개혁에 대한 국민의 관심도 대체로 이 재판소원 도입 여부에 많이 쏠려 있는 것 같고요.

'입법부', '행정부'만 헌법 위반 소지가 있고, '사법부'는 헌법 위반 소지가 전혀 없다?

민 지   교수님, '재판소원'이 정확히 뭐예요?

신박사   '재판소원'을 알아보기 전에 먼저 '헌법소원'을 알아보 는 게 좋겠어요. 왜냐하면 '재판소원'이 '헌법소원'의

일종이니까요. 먼저, '소원訴願'이라는 말은 '호소하다'
는 의미의 '소訴'와 '청원하다'는 의미의 '원願'이 합해진
말로, '억울함을 풀어줄 것을 호소한다' 정도의 뜻이에
요. 따라서 '헌법소원'은 '국가의 공권력 행사 또는 불
행사로 인해 자신의 헌법적 기본권이 침해되었을 때,
개인이 헌법재판소에 이의 구제를 직접 청구하는 제
도[25]예요.

민 지 　국가에서 가장 높은 법이 헌법이니까 입법권·행정권·
사법권과 같은 국가권력이 헌법을 위반했을 때 헌법
재판소에 그 국가권력 작용의 위헌성을 묻는다는 거
네요. 그러면 '재판소원'은 법원에서 받은 재판의 판결
이 헌법을 어겼을 때 당사자 개인이 헌법재판소에 그
위헌성을 묻는 거겠고요.

신박사 　그렇죠. '법원의 재판 판결'에 대해 제기하는 헌법소
원이 바로 '재판소원'이에요. 관련 법 내용을 한번 살
펴보고 이야기를 시작할까요? 헌법재판소법은 헌
법의 '법률이 정하는 헌법소원에 관한 심판'(헌법 제
111조①항5호)에 따라, '공권력의 행사 또는 불행사로
인하여 헌법상 보장된 기본권을 침해받은 자는 법원
의 재판을 제외하고는 헌법재판소에 헌법소원심판
을 청구할 수 있다'(헌법재판소법 제68조①항)라고 정
하고 있어요.

민 지 한 국가의 공권력 하면 삼권분립의 입법권·행정권·사법권 아니에요? 그런데 헌법소원 대상에서 법원의 재판', 그러니까 사법부의 공권력은 제외한다는 거네요.

신박사 그렇죠. '법원의 재판을 제외하고는' 바로 이 구절이 재판소원 도입을 둘러싼 논쟁의 대상이자 핵심이에요. 사법개혁을 주장하는 측에서는 이 '예외 조항'을 삭제해 사법부의 공권력 작용도 헌법소원의 대상으로 해야 한다는 거죠. 사법개혁을 반대하는 대법원 측에서는 이 조항을 지금 상태 그대로 두어야 한다는 거고요.

민 지 일반 시민인 제 입장에서는 이 구절을 빼는 것이 더 자연스러울 것 같은데요. 논리적으로 볼 때 그렇잖아요. 국가 공권력 중에서 입법부와 행정부만 헌법을 위반할 소지가 있고, 사법부는 헌법을 위반할 소지가 전혀 없다고 장담할 수 없잖아요.

사법 살인을 포함한 사법부의 흑역사

신박사 당연하죠. 논리적으로뿐만 아니라 사실적으로도 그래요. 윤석열의 계엄 시도 이후 국가 삼권분립의 한 축이자 정의와 공정을 지상 가치로 삼는 사법부의 자

기 역할 소홀 내지는 자기 역할 부정을 앞에서 언급
했는데, 이런 문제는 최근에 한정되지 않아요. 짧게
는 박근혜 정부, 길게는 이승만 정권까지 거슬러 올라
가요. 1950년대 제2대·제3대 대통령 선거에서 이승만
과 맞붙었던 조봉암을 제거한 게 사법부였어요. '진보
당 사건'이죠. 조봉암은 대법원의 사형 판결에 재심을
청구하고 대법원은 기각해요. 기각 다음 날 사형이 집
행돼요. 52년이 지난 2011년 대법원은 재심에서 조봉
암에게 무죄를 선고해요. 박정희 정권 때 유신 독재에
반대했던 도예종 등 8명은 일명 '2차 인혁당 사건'으로
1975년 4월 8일 대법원에서 사형 판결을 받아요. 판
결 이튿날 사형이 집행돼요. 32년이 지난 2007년 1월
23일 서울중앙지법은 재심에서 도예종 등 8명 모두
에게 무죄를 선고해요. 전두환 정권 때인 1981년 1월
대법원에서 사형 판결을 받은 고故 김대중 대통령은
23년이 지난 2004년 재심에서 무죄를 선고받아요.[26]
사법부 흑역사의 대표적인 사건들이죠. 정의와 공정
을 외면하고 독재정권에 부역한 사법부 치욕의 역사
요. 그런데 이런 사법부의 흑역사는 독재정권에서 끝
나지 않아요. 그 이후에도 이어져요. 이명박 정부 후
반부터 박근혜 정부를 거쳐 문재인 정부 초기까지 대
법원장이었던 양승태의 '재판 거래 등 47건의 사법 농

단 의혹'요. 그리고 아울러 이 47건의 혐의가 2024년 1월 26일 사법부의 1심에서 모두 무죄 선고를 받았다는 놀라운 사실요. 3,160쪽에 달하는 판결문에 의해서요.

민 지 하, 진짜 논리적으로뿐만 아니라 사실적으로도 대법원이 헌법재판소법상의 '법원의 재판을 제외하고는' 내용 삭제를 거부할 명분이 없네요. 독재정권 때는 그때대로 독재에 부역하고, 독재 이후는 그때대로 또 사법의 지상 가치인 정의와 공정을 스스로 내팽개쳤으니, 저 같으면 입이 열 개라도 할 말이 없겠네요. 그런데 대법원은 재판소원의 도입을 반대하고 있어요.

'재판소원' 도입이 헌법 위반일 수 없는 이유

신박사 대법원이 재판소원 도입을 반대하는 주요 이유는 2가지예요. 첫째, 재판이 4심제가 된다. 둘째, 현행 헌법상 위헌이다.

민 지 위헌 여부는 잘 모르겠고요. 일단, 4심제는 음, 그럴 수 있을 것 같기도…….

신박사 하하하, 그렇게 생각돼요? 한번 알아봅시다. 먼저 뒤의 재판소원 도입이 현행 헌법상 위헌인지부터 따져볼게요. 두 번째 이유가 첫 번째 이유인 4심제 주장에 종속되니까요. 헌법은 일반 법원에 대해 '법원은 최고법원인 대법원과 각급 법원으로 조직된다'(헌법 제101조②항)라고 정하고 있어요. 우리나라 일반 법원의 재판은 알다시피 3심제로 이뤄져요. 1심 지방법원, 2심 고등법원 그리고 3심 대법원으로요. 그런데 1·2심과 최종심인 대법원의 3심은 역할에 차이가 있어요. '사실'과 '법률' 모두를 판단하는 1·2심과 달리, 대법원의 3심에서는 '기본적으로' '사실 판단'을 제외한 '법률 판단'만을 해요. 즉, 해당 사건에 대해 '무슨 일이 있었는가?'는 따지지 않고, 2심 판결이 판결 내용상의 '그 사실에 대해 법을 제대로 적용하고 있는가?'만 따진다는 거죠. 대법원은 재판소원을 도입하면 지금의 이런 3심제가 4심제로 바뀐다고 주장해요. 즉, 대법원 위에 헌법재판소가 있게 된다는 거죠. 그렇게 되면 대법원을 최고법원으로 정하고 있는 위 헌법 조항을 위반하게 된다는 거예요. 그래서 재판소원을 도입하려면, '법률'이 아닌 '헌법'을 개정해야 한다는 거죠. 물론 헌법 개정은 일반 법률 개정에 비해 훨씬 까다롭죠.

민 지 그러면 교수님, 현재는 헌법재판소가 대법원 아래인가요?

신박사 하하, 그렇지 않아요. 대법원과 헌법재판소는 동급이에요. 우열이 없어요. 독립된 헌법기관으로, 각각 일반 사법권, 헌법재판권을 맡고 있어요. 이원적 사법제도죠. 대법원을 포함한 법원은 헌법 제5장 '법원', 헌법재판소는 헌법 제6장 '헌법재판소'에서 각각 그 역할을 정하고 있어요. 앞의, '법원은 최고법원인 대법원과 각급 법원으로 조직된다'(헌법 제101조②항) 조항은 '법원'에 대한 사항을 정하고 있는 헌법 제5장에 나와 있죠. 대법원은 일반 '법원' 중에서 최고법원이라는 것이지, 헌법 제6장에서 정하고 있는 별도 헌법기관인 헌법재판소와의 관계에서도 그렇다는 것이 아니죠.

민 지 그러면 재판소원 도입을 반대하는 대법원 측의 두 번째 이유는 근거가 없네요. 재판소원 도입은 위헌도 아니고 헌법 개정을 필요로 하지도 않아요. 앞에서 교수님이 말씀하신, 헌법의 '법률이 정하는 헌법소원에 관한 심판'(헌법 제111조①항5호) 조항에 따라 그냥 법률 내용만 바꾸면 되는 거네요. 대법원과 헌법재판소의 관계가 분명하게 정리되었어요. 결국 대법원의 재판소원 도입 반대 이유는 하나네요. 재판소원을 도입하면 4심제가 된다는 것요. 그리고 그 4심제는 곧 헌법재판소가 대법원 위에 선다는 것이겠고요.

'재판소원' 도입이 곧 '4심제'가 되지 않는 형식적·실질적 이유

신박사   그런 거죠. 지금까지는 평등했는데 상하 관계로 바뀐다는 거죠. 그러면 이번에는 재판소원의 도입이 곧 4심제로 가는 길인지를 살펴보죠. '형식'과 '실질'에서요. 재판소원의 도입을 주장하는 측은 '헌법소원에 관한 심판'을 정하고 있는 헌법재판소법의 '공권력의 행사 또는 불행사로 인하여 헌법상 보장된 기본권을 침해받은 자는 법원의 재판을 제외하고는 헌법재판소에 헌법소원 심판을 청구할 수 있다'(헌법재판소법의 제68조①항) 내용에서, '법원의 재판을 제외하고는' 구절을 삭제하면 된다는 입장이에요. '법원은 최고법원인 대법원과 각급 법원으로 조직된다'(헌법 제101조 제2항) 조항에서 최고법원을 헌법재판소로 바꾸거나, 별도 조항을 신설해 대법원 판결에 불복 시 헌법재판소에 상소할 수 있도록 하자는 것이 아니에요. 그것은 재판소원이 도입되더라도 대법원은 법원 내 최고법원 지위 그대로, 헌법재판소는 별도의 헌법적 사법 독립기관 그대로 남는다는 이야기죠.

민 지   그렇네요. 법원은 상하 위계 관계의 3심제 그대로, 헌법재판소는 지금의 독립된 사법기관 그대로 남네요.

'형식'에 있어서 그대로 3심제네요. 그럼 이제 '실질적'으로는 어떤지를 따져봐야겠네요.

신박사 그렇죠. '형식'과 별도로 '실질'적으로는 4심제나 다름없는 상황이 될 수도 있으니까요. '실질'적으로 4심제가 된다는 것은 상호 관계에 있어 헌법재판소와 대법원이 상하로 된다는 이야기예요. '실질'적으로요. 물론 대법원이 아래, 헌법재판소가 위에 서게 된다는 거죠. 양자 간 상하 관계는 '특정 사건의 판단'에 대한 둘 사이의 '기속 관계'로 따져볼 수 있어요. '기속'은 '얽어매어 묶음'이라는 의미로, 여기서는 기속받는 쪽이 기속하는 쪽의 판단에 구속되는 것을 말해요. 쉽게 말해 '특정 사건'과 관련해 기속받는 쪽이 기속하는 쪽의 판단을 따라야 하는 거죠. 재판소원이 도입되면 헌법재판소의 '헌법 판단'은 대법원을 기속해요. 대법원은 헌법재판소의 '헌법 판단'을 따라야 해요. 반면 헌법재판소는 대법원(법원)의 '사실 판단', '법률 판단'을 심사·파기할 수 없어요. 즉, 바꿀 수가 없어요. 그대로 따라야 해요. '사실 판단'과 '법률 판단'에 대해서는 여전히 대법원이 최종심이에요. 결과적으로 대법원의 '사실 판단'과 '법률 판단'은 헌법재판소를 기속해요. 결론은 '대법원과 헌법재판소는 상호 기속 관계'예요. 대법원과 헌법재판소는 법원조직법의 '상급 법원 재판에서의 판단은 해당 사건에 관하여 하급심을 기속한다'(법원조직법 제8조) 조항에서처럼, 대법원이 고등법원을, 고등법원이 지방법원을 '일방적으로 기속'하는 그런 심급 관계가 아니에요.

민 지 그렇네요. 대법원과 헌법재판소가 상하 관계로 되는 게 아니네요. 상호 구속하네요. 그렇다면 결론은 재판소원이 도입되더라도 '형식'적으로나 '실질'적으로 4심제가 될 일은 없다는 것이네요. 지금처럼 대법원은 3심제 일반 법원의 최고법원 지위 그대로, 헌법재판소는 별도 사법기관 그대로네요. 그렇다면 교수님, 형식적으로든 실질적으로든 분명히 4심제가 될 수 없는데, 왜 대법원은 4심제가 된다고 주장하는 거죠?

사법부는 '사법부 독립' 강조에 앞서, '독립'의 '전제'와 '목적' 먼저 살펴봐야

신박사 누구나 생각할 수 있는 것처럼, 기존에 없던 견제가 새로 생기기 때문 아니겠어요? 앞의 조봉암이나 도예종 등 8명에 대한 사형 선고와 같이 대법원이 판결을 내리면 그것으로 모든 게 끝이었잖아요. 견제가 없었죠. 그런데 재판소원이 도입되면 이런 판결에 제동이 걸릴 수 있겠죠. 대법원 마음대로 할 수 없게 되겠죠.

민 지   아니, 교수님. 권력이 있는 곳이라면 어디에나 있어야 하는 것이 '견제와 균형' 원칙 아닌가요? 대법원 결정에는 그 어떤 견제도 있어서는 안 된다고 생각한다면, 그것은 그야말로 특권의식이고 오만이고 국민 위에 서겠다는 것 아닌가요? 주권자인 국민의 위에요. 또 대법원의 흑역사가 스스로 증명하고 있잖아요. 반드시 견제가 필요하다는 것을요.

신박사   그렇죠. 그리고 그 견제라는 것이 형량에 대한 견제가 아니죠. '헌법 판단'이라는 말 그대로, '판결이 헌법을 위반하고 있지는 않은가?'만을 보는 거죠. 나는 헌법적 관점에서의 판단은 견제 중에서도 '적극적 견제'가 아닌 '소극적 견제'에 해당한다고 봐요. 헌법에 반하는 판결을 '헌법'대로 하게 하는 것은 사법 작용에 있어 최소한의 기본이니까요. 헌법을 벗어난 사법 작용? 그것은 상상도 할 수 없는 일 아닙니까? 그리고 재판소원 도입과 관련해 대법원이 '사법부 독립'을 강조하는데, 나는 그 주장에 '사법부 독립'의 '전제'와 '목적'이 많이 간과되고 있다는 느낌을 받아요. 삼권분립에 의한 '사법부 독립'은 권력의 분립인 만큼 민지 씨가 말한 대로 '견제와 균형'을 전제로 해요. 견제 없는 공권력은 언제든 폭력이 될 수 있으니까요. 그리고 '사법부 독립'은 사실 '목적'이 아닌 '수단'이에요. '국민의 자유와 기본권 보장'이라는 헌법으로 정한 '목적'을 실행하기 위한 '수단'요. 수단은 당연히 목적을 위해 존재해요. 따라서 사법부가 '사법부 독립'을 강조할 때는 그 독립의 '전제'와 '목적'을 먼저 생각해 봐야 해요. 사법부의 권위, 위상, 자존심이 아니고요.

'대법관 증원' 문제에 대하여

민 지   크크, 저한테 쿨다운 하라고 하시더니…… 교수님, 사법부 개혁의 핵심 쟁점인 '재판소원' 도입에 대해서는 어느 정도 정리가 된 것 같아요. 다른 쟁점인 '대법관 증원', '법원행정처 폐지', '법 왜곡죄'에 대해 간단하게 정리해 보죠.

신박사   음, 그러죠. 먼저 대법관 증원 문제를 정리해 볼까요? 대법관 증원은 대법원의 업무 적체 해결에 도움이 될 것 같은데 대법원이 반대해요. 반대하는 주요 이유는, ① 일시적 대폭 증원에 따른 현직 임명권자의 대법원에 대한 영향력 확대 및 이로 인한 사법부의 독립성 약화, ② 정권 교체 시 대법관의 일시적 대거 교체에 따른 법적 안정성 훼손 위험, 그리고 ③ 대법관 증원에 따른 보좌 인력으로의 이동에 의한 하급심의 재판 역량 약화 등이에요.

민 지 　교수님, 국가의 존재 목적은 '국민의 복리' 증진이잖아요. 제가 볼 때 이 3가지 이유는 모두 근본적이 아닌 기술적 차원의 문제인 것 같아요. 예를 들어 대법관 증원을 한꺼번에 하지 않고 단계적으로 하면 이 3가지 반대 이유 모두 해소될 것 같은데요. 대법관 증원으로 국민의 복리가 증진될 수 있다면 나머지 문제는 해결해야 할 과제이지, 그것 때문에 목적인 국민의 복리 증진 자체를 포기해야 할 일은 아니잖아요.

'법원행정처 폐지' 건에 대하여

신박사 　하하하, 전적으로 동감합니다. 그럼 다음의 법원행정처 폐지 건에 대해 알아볼까요. 법원행정처 폐지 주장에는 양승태의 사법 농단 사태가 무엇보다 큰 역할을 했다고 봐요. 양승태의 행정부와의 재판 거래 등 사법 농단이 바로 이 법원행정처를 중심으로 이루어졌으니까요. 그런데 딜레마가 있어요. 법원행정처를 없애면 그것을 대신할 또 다른 법원 행정조직을 만들어야 해요. 사법, 즉 재판을 담당하는 조직이지만 조직인 이상 필수의 행정 담당 기능은 있어야 하니까요. 조국 조국혁신당 대표는 그 대안으로 '사법행정위원회'를 제시해요. 2020년 7월 이탄희 전 의원이 사법행정위원회 설치법을 이미 발의한 적이 있죠. 나는 이 쟁점은 찬반 양쪽의 협의로 적정선을 찾을 것으로 봐요. 행정조직으로서의 안정성도 확보하면서 동시에 대법원장의 전횡 등도 차단할 수 있는 조직으로요.

민 지   그렇겠네요. 폐지가 아닌 개선이고, 개선에는 여러 대안이 있을 수 있으니까요.

'법 왜곡죄' 도입과 관련해

신박사   마지막으로, '법 왜곡죄' 도입에 대해 알아보죠. '법 왜곡죄'는 '판검사가 증거를 조작하거나 사실관계를 왜곡해 판결할 경우 이를 처벌하는 내용'이에요. '법 왜곡죄' 관련해서는 왜곡에 대한 판단 기준을 어떻게 정할 것인가가 좀 난제일 것 같아요. 그러나 어찌 되었든, 검찰·법원의 과거 그리고 현재 진행 중인 흑역사를 볼 때 이 법의 도입 자체는 불가피하다고 생각해요.

민 지   그렇죠. 이 '법 왜곡죄'가 일찍부터 있었으면 앞에서 말씀하신 그런 참혹한 비극은 없었을 것 아니에요. 사법부 흑역사의 '돌아오지 못할 그 희생자분들'요. 교수님, 사실 저는 얼마 전까지만 해도 사법부 또는 재판하면 '최후의 정의실현 기관', '국민의 기본권을 보장하는 최후의 보루' 같은 믿음이 있었던 것 같아요. 그런데 언제부턴가 그렇지 않을 수도 있다는 생각이 들기 시작하더라고요.

신박사   사법부 2인자인 법원행정처장이 '국민의 신뢰는 사법이 정치적 중립성과 독립성을 그대로 발휘하고 있다는 국민의 믿음에서 출발된다'[27]라고 말했어요. 전적으로 맞는 말이에요. 법원행정처장의 말처럼, 국민 다수가 사법부의 정치적 중립성과 독립성을 신뢰하고 있다면, 정치권에서 '사법부 개혁'을 들고 나올 일이 없었을 거예요. 사법부에 대한 국민적 믿음이 무너지니, 아니 지금도 계속 무너지고 있는 중이니 사법부 행태에 크게 실망한 국민을 대신해 국회가 '사법부 개혁'을 추진하는 거죠. 자업자득적인 측면이 크죠.

'재판소원' 도입이 '재판소원' 제도의 무용화(?) 불러올 수도?

민 지   앗, 그런데요, 교수님. 지금 생각났어요. 아까부터 뭔가 머릿속에 뱅뱅 돌고 있던 것이요.

신박사 　대화가 내내 무거웠는데, 무슨 재미있는 이야깃거리라도 있는 모양이죠.

민 지 　재판소원 있잖아요. 재판소원이 도입되면 그냥 도입 그 자체로 좋은 일이 많을 것 같아요.

신박사 　당연하죠. 국민의 자유와 기본권이 더 잘 보호받게 될 테니까요.

민 지 　아이고, 그것은 너무나도 지당한 말씀이고요. 교수님, 지금 대법원이 이 제도 도입을 반대하는 것이 결국 어떤 특권의식(?) 때문 아니겠어요? '우리 위에 그 누구도 있을 수 없다'는 특권의식요. 그런데 그 특권의식이라는 것이 어찌 보면 자존심이잖아요. 이 재판소원이 도입되면요, 실제로는 재판소원까지 갈 필요도 없어요. 자기가 내린 판결이 재판소원에서 헌법을 위반한 것으로 판결 났다? 그러면 엄청 자존심이 상할 거 아니에요. 그렇게 되면 판사들이 미리미리 알아서 판결에 엄청 주의를 기울이게 되죠. 절대로 헌법을 어기지 않도록요. 결론은 국민은 재판소원까지 갈 필요도 없이 헌법이 정한 자유와 기본권을 제대로 누리고, 법원은 진정으로 '국민의 기본권을 보장하는 최후의 보루'가 된다는 거죠.

신박사 　오우, 말 돼요. 대단한 통찰(?)이에요, 하하하. 내가 판사라도 그럴 것 같네요. 내가 대한민국 판사이자 법 최고 전문가인데 헌법에 무지한 자로 국민 모두에게 알려진다? 오, 그것은 상상도 할 수 없는 일이죠. 나중에 변호사 개업 때도 그 불명예가 낙인으로 남을 거고요. 진짜 재판소원이 꼭 도입되어야겠네요. 권력은 '견제와 균형' 원칙에 충실해지고, '국민의 복리'는 커질 테니까요. 그것도 재판소원 제도를 무용지물화(?) 하면서요. 🐾

21장

'민주공화국'이 곧 '민주주의 국가' 아닌가요?

'민주주의'가 '권력의 원천'으로 '국민이 권력의 주인'이라는 것을 밝히고 있다면, '공화정'은 그 '권력의 목적'을 '공공의 이익', '공공의 선'에 두고 있죠.

'민주주의'와 '공화국'이 의미적으로 중첩되는 것 아닌가요?

민 지   교수님, 좀 바보 같은 이야기인데요. 우리나라 헌법
제1조①항이 '대한민국은 민주공화국이다'잖아요. 최
근 사회가 저같이 생업에만 코 박고 사는 소시민을 광
장으로 내몰고 있어 '대한민국은 민주공화국이다'를
한 번씩 외칠 일이 있어요. 그런데 이 조항을 외칠 때
마다 저는 좀 엉뚱한 생각(?)을 해요. '민주주의'와 '공
화국'이 의미적으로 중첩되는 것 아닌가 하는 느낌요.
그리고 '민주주의' 하면 딱 와닿는 것이 있는데 '공화
국'이 더해진 '민주공화국'은 뭔가 모호한 느낌도 들고
요. 그래서 저는 민주공화국을 그냥 민주주의 국가 정
도로 이해해요. 아, 그런데요 교수님. 먼저 이게 의미

있는 의문이긴 한가요?

신박사 하하, 민지 씨답지 않게 갑자기 무슨 그런 자신 없는 말씀을. 충분히 의미 있죠. 전문을 제외하면 우리나라 헌법의 첫 문장이잖아요. 한 나라의 국가 설계도이자 국민의 권리 선언서인 헌법의 첫 문장요.

민 지 그렇죠? 의미 있죠? 제 의문이 잘못된 것 아니죠? 그래서 말인데요. 저는요, 이 헌법 첫 문장을 외치거나 접할 때는 뭔가 '찌릿' 하는 느낌이 있어야 한다고 생각해요. 그때마다 뭔가 새롭게 다짐하는 것도 있어야 하고요. 교수님이 말씀하신 것처럼 '한 나라의 국가 설계도이자 국민의 권리 선언서' 첫 문장이잖아요.

신박사 그렇죠. 사람들이 함께 모여 무엇인가 외칠 때는 그 내용의 의미와 정신을 다시 한 번 다 같이 새기자는 것인데, 구호를 외칠 때 가슴 벅차게 하는 뭔가가 없다면 내용이 그럴 만하지 못하거나 내용을 제대로 인식하지 못하고 있다는 것 아니겠습니까? 그렇게 되면 기계적인 외침, 헛헛한 구호에 그치고 말죠. 헌법의 첫 문장인 만큼 내용에 문제가 있을 가능성은 없고, 우리가 충분히 이해하지 못하고 있는 무언가가 있다고 생각하는 것이 맞겠죠.

민 지 바로 그거예요, 교수님. 그 부분을 말씀드리는 거예요.

고대 그리스에서 시작된 '민주주의'

신박사 의미 있는 문제 제기라고 생각해요. 누구나 한 번은 진지하게 알아봐야 할 내용이에요. '민주공화국'은 사실 인류사적 용어예요. 오랜 인류 역사를 통해 만들어진 용어라는 이야기죠. '민주공화국'을 먼저 '민주주의(민주정)'와 '공화국(공화정)' 둘로 나누어 살펴보죠. '민주주의(Democracy)'는 그리스어 'dēmokratía'에서 온 말이에요. '국민'을 나타내는 'demos'와 '지배'를 나타내는 'kratos'의 합성어로, 곧 '국민의 지배'를 의미하죠. '공화국(Republic)'은 라틴어 'res publica'에서 온 말이에요. '재산'을 나타내는 'res'와 '공공의'를 나타내는 'publica'의 합성어로, '공공의 재산'이라는 의미죠.

민 지 '민주주의'는 고대 그리스, '공화국'은 고대 로마에서 시작되었다는 이야기네요.

신박사 그렇죠. 그러면 먼저 민주주의에 대해 알아볼까요? 고대 그리스 도시국가 아테네의 직접민주주의는 고대 동서양 대전이었던 페르시아전쟁(BC492~BC479년)과, 그리스 폴리스들이 둘로 갈라져 싸웠던 펠로폰네소스전쟁(BC431~BC404년) 사이의 페리클레스 집권 시기(BC460~BC430년)에 크게 융성했어요. 아테네 시민들은 민회에서 국가 중대사를 직접투표로 결정했어요. 노예와 여자는 제외되어 사실 아테네 전체 인구 중 10~20%에게만 해당하는 제한적인 민주주의였지만, '국민(demos)'이 나라를 '지배(kratos)'하는 '국민의 지배(dēmokratía)', 즉 '민주주의(Democracy)'였죠.

민 지   고대 그리스의 직접민주주의 융성기가 그리 오래 지속된 것은 아니었네요. 길어봤자 50년 미만이었네요.

신박사   그렇죠. 중요한 것은 인류 역사에 '민주주의의 전범典範'을 마련했다는 사실이죠. 이 전범이 없었다면 근대 민주주의의 실현은 우리가 알고 있는 것보다 늦어지고 지금과는 다른 모습이었을 수 있죠.

고대 로마 제국에서 시작된 '공화정'

민 지   그렇겠네요. 그러면 고대 로마의 '공화국'은요?

신박사   고대 로마는 BC753년 건국해 동로마 기준으로 1453년까지 2,200년간 지속해요. 왕정(BC753~BC509년), 공화정(BC509~BC27년), 그리고 제정(BC27~1453년) 3단계로요. 이 3단계 중 가운데 BC509년부터 BC27년까지, 482년이 바로 공화정 시기예요. 로마 공화정(res publica)은 최고 통치자인 집정관 2명을 비롯해 원로원, 민회, 호민관 같은 다양한 권력 기구를 두어 권력을 분산하고 상호 견제 시스템을 운영했어요. 임기도 두었고요. 한마디로 '왕을 없애고', 대신 '법과 제도로 국가를 운영'해 '공공의 재산(res publica)'을 도모했죠. '공공의 재산(res publica)'의 구체적 의미·지향점은 '공공의 이익'[28] 또는 '공공의 선善'[29]이에요. 이런 '공공의 이익' 또는 '공공의 선'은 고대 로마 공화정의 대표적인 사상가 키케로(BC106~BC43년)의 '인민의 복지가 최고의 법이다'[30]라는 말에 잘 담겨 있어요. 우리나라 헌법에서는 제10조의 '모든 국민은 인간으로서의 존엄과 가치를 가지며, 행복을 추구할 권리를 가진다. 국가는 개인이 가지는 불가침의 기본적 인권을 확인하고 이를 보장할 의무를 진다' 내용에 '공화정', 즉 '공공의 이익' 또는 '공공의 선' 정신이 잘 담겨 있다고 할 수 있죠. '국민의 행복 추구 권리를 국가가 보장해야 한다'는 거죠.

'공화共和'라는 말에 '공공의 재산(res publica)' 의미가 제대로 담겨 있지 않은 이유

민 지 그런데요, 교수님. 지금 우리가 사용하는 '공화'라는 말에는 그런 뉘앙스가 잘 배어나지 않는 것 같아요.

신박사 그렇죠. 나는 번역상의 문제가 좀 있다고 생각해요. 19세기 서양 문물이 동북아 한자권에 들어올 때 주로 일본에서 번역이 이뤄져요. 게이오 대학 설립자인 후쿠자와 유키치와 같은 인물들에 의해서요. '공화共和'는 사마천의 《사기》에 나오는 말이에요. 주周 왕조 BC841년, 여왕이라는 인물이 백성들에게 쫓겨나 소공과 주공 두 재상이 14년간 나라를 관리해요. '왕이 존재하지 않고, 두 사람이 공동으로 나라를 관리'한 이 일을 중국 역사는 '공화共和 행정'[31]이라고 불러요. 이 내용을 참고해 'res publica(공공의 재산)'를 '공화정'으로 번역한 것 아닌가 싶어요. 참고로 '공화共和'는 '함께'라는 의미의 '공共'과 '화목하다'는 의미의 '화和'로 이루어졌어요.

민 지 《사기》의 '공화'라는 말에는 '한 명의 군주가 아닌 복수의 사람이 나라를 다스린다'는 뜻과 사실만 있지, '공공의 재산', 나아가 그 구체적 의미 또는 지향점이라 할 수 있는 '공공의 이익' 또는 '공공의 선'은 찾아볼 수 없네요.

신박사 그렇다고 봐야죠. 민지 씨가 서양 문화권에서 살고 있다면 '공화국' 또는 '민주공화국'을 외칠 때 다른 느낌이었을 거예요. 'Res publica(공공의 재산)'나, 'Res publica'의 영어 번역인 'Commonwealth(공동의 부富)'

로 외쳤을 테니까요.

민 지　오우, 그렇네요. 그랬을 것 같아요. 결국 '민주공화국'
　　　　은 '민주주의'와 '공화정'의 결합이고, 그 정신 또는 지
　　　　향점은 각각 '국민주권', '공공의 이익'으로 정리해 볼
　　　　수 있겠어요.

'민주주의'는 '국가권력의 원천', '공화정'은 '국가권력의 목적'으로, 서로를 충실하게 보완

신박사　그렇죠. 민주주의가 '권력의 원천'으로 '국민이 권력의
　　　　주인'이라는 것을 밝히고 있다면, 공화정은 그 '권력의
　　　　목적'을 '공공의 이익', '공공의 선'에 두고, 그 실현에
　　　　'왕이 아닌 법과 제도'를 수단으로 취하고 있는 거죠.

민 지　교수님, 의문이 조금씩 풀리는 것 같아요. 제가 '민주
　　　　주의'와 '공화국'이 중첩되는 느낌이 있고, '민주공화
　　　　국'이 뭔가 모호한 느낌이라고 말씀드렸잖아요. 그 이
　　　　유가 '공화정'을 수단 측면으로만 인식했기 때문인 것
　　　　같아요. '공화정'의 수단 측면이 고대 로마의 공화정
　　　　시스템처럼, '왕이 없고, 대신 법과 제도에 의한 나라
　　　　운영'이잖아요. 그리고 '민주주의'의 구현이 '법질서 존
　　　　중, 선거, 삼권분립과 같은 법과 제도'고요. 이렇게 되

면 이 둘이 겹치죠. 그렇게 되면 헌법 제1조①항은 '대한민국은 민주공화국이다'가 아닌, '대한민국은 민주주의 국가다'로 충분하죠. '민주주의'가 '공화정'을 포함하니까요. 그런데 수단은 궁극적으로 목적을 위해 존재해요. '공화정'의 목적, 지향점 또는 정신이 '공화정(Res publica)'이라는 말 그대로 '공공의 이익', '공공의 선'이라고 할 때, 이 부분은 '민주주의'가 충분히 담기 어려운 부분일 수 있어요. 그래서 이 부분을 함께 나타내기 위해 헌법 제1조①항이 '대한민국은 민주공화국이다'로 되어 있는 것 같아요.

신박사   그렇죠. '민주주의'와 '공화정의 목적'이 결합하면, '권력의 원천+권력의 목적', '민주주의의 참여성+공화정의 공공성', '시민의 참여+국가의 공공선 실현'처럼, '민주주의'와 '공화정'이 서로를 충실하게 보완하니 마땅히 '민주공화국'이 되어야겠죠.

'게티즈버그 연설'이 높게 평가받는 이유는 '민주공화국' 정신을 가장 간단명료하게 설명하고 있기 때문

민 지   머릿속이 개운해지는 느낌이에요. 그런데요, 교수님. 링컨의 유명한 '게티즈버그 연설' 있잖아요. 지금 말

쓰신 프레임이 그 연설 내용과도 좀 통하는 것 같아요. '국민에 의한 정부(government by the people)'는 '민주주의'의 '권력의 원천'을, '국민을 위한 정부(government for the people)'는 '공화정'의 '권력(정부)의 목적'을 말하고 있는 것 같아요.

신박사　베리 굿입니다. 이제 더 이상 가르칠 것이 없네요. 하산하세요, 하하. 아주 날카로워요. 링컨의 '게티즈버그 연설'은 사실 2분 정도의 매우 짧은 연설이에요. 그런데 민주주의 정신을 가장 압축적으로 잘 나타내고 있다는 평가를 받죠. 바로 'government of the people, by the people, for the people(국민의, 국민에 의한, 국민을 위한 정부)' 내용에서요. 민지 씨가 말한 대로 이 내용은 '민주공화국'의 개념을 잘 나타내고 있어요. 'government of the people(국민의 정부)'은 '국민주권', 'government by the people(국민에 의한 정부)'은 '국민 참여', 그리고 마지막 'government for the people(국민을 위한 정부)'은 '국민 복리'를 나타내고 있으니까요. '국민의 정부'는 곧 '국민이 주권자'라는 이야기예요. 민주주의 그 자체죠. '국민에 의한 정부'는 '국민 참여'이니, 곧 '행동하는 시민'을 말하죠. 주권자, 즉 '나라의 주인'은 주체적으로 국가 일에 관심을 가지고 참여해야 한다는 거죠. 그리고 마지막 '국민을 위한 정부'는

'국민 복리'로, '국가의 존재 이유'죠. 따라서 '국민의 정부'와 '국민에 의한 정부'는 민주주의 정신의 핵심을, '국민을 위한 정부'는 공화국의 의미 또는 지향점을 잘 나타내고 있는 거죠.

민 지 교수님, 제가 큰 것 한 건 했어요. 민주공화국과 게티즈버그 연설의 연결점을 제가 찾아냈어요. 이제 하산해야겠어요. 크크크.

신박사 하하하, 하산해도 충분하죠. 그런데 일단 하던 대화는 마무리하고요. 자, 이제 민주공화국의 인류사 마무리로 들어가죠. 고대 그리스 아테네의 민주주의는 인류사에서 사라진 지 2,100여 년 만에, 그리고 고대 로마의 공화정은 1,800여 년 만에 부활해요. 각각이 아닌 하나의 결합된 모습으로요. 바로 1789년 프랑스대혁명에서 민주공화국이라는 인류 최고의 사회과학 발명품으로요.

민 지 그런데요, 교수님. 의문이 있는데요. '공화정'이 '법과 제도'를 통해 그 목적인 '공공의 이익', '공공의 선'을 추구하는 데 '민주주의'적 개인의 자유가 저해 요소로 작용할 여지는 없을까요?

신박사 당연히 있죠. 국가 일에 국민의 올바른 관심과 참여가 없으면 공화정(Res publica: 공공의 재산)의 정신인 '공공의 이익', '공공의 선'은 언제든 화려한 수사에 그치고 말죠. '공공의 이익', '공공의 선' 실현은 국가의 의무지만 동시에 국민 개인의 의무이기도 해요. 국민이 '공공의 이익'을 배제한 '개인의 이익'만을, '공공의 선'을 외면한 '개인의 욕망 충족'만을 위해 자신의 자유를 사용한다면 공공의 이익, 공공의 선은 약화될 수밖에 없죠. 국가는 결국 그 국민으로 이루어지니까요. 제도의 마무리는 언제나 제도 아닌 사람의 몫이죠.

민 지 답은 '국민 참여'네요. 링컨이 말한 '국민에 의한 정부'의 '행동하는 시민'요. 나라의 주인인 주권자가 국가 일에 관심을 갖지 않으면 결국 그 나라는 호시탐탐 그것을 노리는 독재자나 사회 파괴 세력의 차지가 되고 말 테니까요. 그래서 이 민지가 칼바람 시린 광장에 우뚝 서서 '대한민국은 민주공화국이다'를 열심히 외치고 있는 것 아니겠어요.

신박사 하하, 훌륭한 젊은이예요. 민지 씨는 링컨의 민주주의 정신을 완벽하게 실천하고 있어요. 'government of the people, by the people, for the people(국민의, 국민에 의한, 국민을 위한 정부)'을요. 생각여행

22장

민주주의, 제도에 앞서
사상이 있었다

자연과의 대화와 깊은 명상 속에서 빛나는 이성의 결정체를 만들어낸, 혹은 빈곤과 결핍 속에서 삶을 태워가며 신으로부터 불멸의 지혜를 훔쳐낸 '이성 영웅'들의 '사상·생각·개념'요.

헤겔의 말이 맞을까, 맑스의 말이 맞을까?

민 지 교수님, 교수님은 헤겔이 말한 "미네르바의 부엉이는 황혼이 깃들 무렵에야 비로소 날기 시작한다"[32]예요? 아니면 맑스가 말한 "철학자들은 세계를 단지 다양하게 해석해 왔을 뿐이다. 그러나 중요한 것은 세계를 변화시키는 것이다"[33]예요?

신박사 아니, 민지 씨? 어떻게 이런 초고급진 표현을?

민 지 아이고, 교수님. 교수님이 강의 시간에 말씀하신 내용이잖아요. 표현이 너무 멋져 외워두었죠. 물론 의미도 깊고요. '책이 사람을 만드느냐, 사람이 책을 만드느냐?' 같은 밋밋한 표현과는 좀 격이 다르잖아요.

신박사 오우, 매우 만족스럽습니다. 의미 있는 질문이에요.

'철학자의 역할이 사건이 발생하고 난 다음 개념 정리를 하는 것이냐, 아니면 적극적으로 현실의 변화를 주도하는 것이냐?'를 묻는 내용이지만, '사건·현실·제도가 먼저냐, 사상·생각·개념이 먼저냐?'를 묻는 내용이기도 하죠. 어느 쪽이에요? 민지 씨의 질문 의도는?

민 지 후자예요. '사건과 사상 중 어느 쪽이 먼저일까?'요. 프랑스대혁명이라는 사건이 오늘날 인류의 사상, 사람들의 생각에 크게 영향을 미쳤잖아요. 이쯤에서 반대로 프랑스대혁명이라는 사건에 영향을 미친 '사상·생각·개념' 방향에서 한번 정리해 보는 것도 의미 있을 것 같아서요. 자연과의 대화와 깊은 명상 속에서 빛나는 이성의 결정체를 만들어낸, 혹은 빈곤과 결핍 속에서 삶을 태워가며 신으로부터 불멸의 지혜를 훔쳐낸 '이성 영웅'들의 '사상·생각·개념'요.

신박사 오우, 좋습니다. 드라이한 정치 이야기에 갑자기 향기와 비장함이 더해져요. 사실 현실에서 '사건·현실·제도'와 '사상·생각·개념'은 상호 영향을 미치죠. '책은 사람을 만들고, 사람은 책을 만든다'처럼요. 그러나 둘 중 군이 선후를 따진다면 나는 맑스가 옳다고 생각해요. 철학자의 사상·생각·개념이 앞서고, 사건·현실·제도가 그 뒤를 따르죠. 어떤 사건이 사상에 영향을 미쳤다고 해보죠. 그렇지만 그 사건도 시간을 거슬러 올라가면 결국 어느 시점에선가 어느 한 사람의 생각에서 시작된 것 아니겠어요? 자연현상이나 의도치 않은 우연을 제외하면, 결국 세상 모든 일은 한 사람의 '사상·생각·개념'에서 시작되는 거죠. 프랑스대혁명, 곧 민주주의 제도 등장에 영향을 미친 사상가들로 크게 세 사람을 들 수 있어요. 로크, 몽테스키외 그리고 루소요. 여기서는 이 세 사람의 민주주의와 관련된 핵심 주장에 한정해 간단히 살펴보죠.

민 지   17·18세기 계몽사상가들이죠.

계몽사상가 로크의 사상 간단 정리

신박사   그렇죠. 인류 역사상 최초로 등장한 그리스 아테네의 직접민주주의는 아테네가 스파르타에게 패한 펠로폰네소스전쟁(BC431~BC404년) 이후 시들해지다, 지중해 패권이 그리스에서 로마로 넘어가면서 인류사에서 사라져요. 그리고 2천 년이 지나 다시 고개를 내밀어요. 로크에 의해서요. 로크(1632~1704년)는 1690년 펴낸 《통치론》을 통해 '시민의 생명·자유·자산(부富) 보장에 대한 정부 의무', '행정부·입법부 2권 분리', 그리고 '국민저항권'을 주장해요. 먼저 '시민의 생명·자

유·자산(부富) 보장에 대한 정부 의무'에 대해 알아보
죠. 로크는 이렇게 말해요.

다른 사람들과 더불어 그들의 생명, 자유, 자산(estate)—내가 재
산(property)이라는 일반적 명칭으로 부르는 것—의 상호 보존을
위해서 사회를 결정할 것을 추구하거나 기꺼이 사회에 가입하려
고 하는 것은 오히려 당연한 일이다.[34]

신박사   재산(property: 소유물)은 생명, 자유 그리고 자산(부富)
으로 이루어지는데, 사람들이 사회(국가)를 형성하는
이유가 바로 이 개인의 재산을 지키기 위해서라는 거
죠. 그 이야기는 곧, 구성원의 생명, 자유 또는 개인
의 자산(부富)을 제대로 지켜주지 못하는 국가는 더
이상 국가가 아니라는 말이기도 하죠. 국가로서의 존
재 의미가 없다는 거예요. 나아가 국가가 합의(법)에
반해 구성원의 생명을 위협하거나, 자유를 억압하거
나, 개인의 자산(부富)을 빼앗는다면 그것은 국가는
고사하고 반反국가, 국민의 적일 뿐이라는 이야기죠.
로크의 '시민의 생명·자유·자산(부富) 보장에 대한 정
부 의무' 정신은 우리나라 헌법에 그대로 담겨 있어
요. 헌법 제10조~제39조의 기본권에 관한 사항들이
바로 그것이에요.

민　지　로크가 지금 21세기 대한민국에 살고 있는 이 민지에
　　　　게도 영향을 미치고 있는 거네요.

신박사　하하하, 나도 지금 같은 생각을 했어요. 나의 삶과 로
　　　　크가 무관치 않다는 생각을요. 자, 이어 로크의 '행정
　　　　부·입법부 2권 분리' 내용을 보죠.

　　　　인간에게는 권력을 장악하고 싶어 하는 약점이 있기 때문에, 법
　　　　률을 제정할 권력을 가진 동일한 사람들이 그 법률을 집행할 권
　　　　력까지 그들의 수중에 가지고자 하는 유혹은 너무나 커서 뿌리
　　　　치기 어려울 것이다.[35] 공동체의 모든 권력을 장악한 다수는 그
　　　　모든 권력을 공동체를 위해서 수시로 법률을 제정하고 그들이
　　　　임명한 관리에 의해서 그 법률을 집행하는 데에 사용할 수 있다.
　　　　그렇게 되면 정부 형태는 완전한 민주정이 된다.[36]

신박사　'법률을 제정할 권력'은 입법권이에요. 그리고 '법률을
　　　　집행할 권력'은 행정권이에요. 이 둘을 '한 사람' 또는
　　　　'한 집단'에 두면 안 된다는 거죠. 권력분립을 해야 한
　　　　다는 이야기예요. 그러면서 입법권은 '공동체 전체'가
　　　　갖고, 행정권은 공동체가 뽑은 관리(대통령)가 집행하
　　　　도록 한다는 거죠. 지금 민주주의 국가들이 그렇게 하
　　　　고 있어요. 우리나라 경우 입법권에 있어 '헌법'은 직
　　　　접민주주의 방식의 국민투표로 결정하고, '법률'은 대

의민주주의 방식으로 국민이 뽑은 국회의원이 정하죠. 이렇게 정해진 '헌법·법률'의 집행은 국민이 임명한 관리인 대통령(행정부)이 하도록 하고 있죠.

민 지 교수님, 잠깐만요. 그런데 왜 삼권분립이 아니고 '2권분립'이에요? 사법권은 어떻게 된 거예요?

신박사 그 질문 나올 줄 알았어요. 로크는 사법권을 오늘날처럼 별도의 독립된 기능으로 인식하지 않았어요. 입법과 구분되는 '집행' 기능으로 생각해 행정권의 일부로 인식했어요. 그리고《통치론》이 출간된 1690년이라면, 1688년의 명예혁명으로 영국이 의회 중심의 입헌군주제를 향해 이제 막 걸음마를 시작한 때예요. 이 상황을 지켜보면서 로크가 '의회 vs. 군주 = 입법권 vs. 집행권(행정권)'의 패러다임을 떠올리지 않았을까 싶어요. 당시로는 매우 앞선 관점이었겠죠. 어쨌든 '2권분립'이 삼권분립으로 바뀌는 데 인류사는 58년을 더 기다려요. 1748년 몽테스키외의《법의 정신》이 나올 때까지요.

민 지 교수님, 재밌어요. 제 눈앞에서 '민주주의 사상'의 역사가 현재진행형으로 전개되고 있는 것 같아요. 로크가 '2권분립' 패러다임을 생각해 낸 뒤 매우 만족스러워하는 모습이 보이고, 그 뒤에서 몽테스키외가 시계를 보면서 자신의 등판 순서를 기다리고 있어요.

신박사   하하하. 인류 역사를 압축하면 그런 모습 아니겠습
        니까? 몽테스키외 뒤에는 루소가 또 자기 차례를 기
        다리고 있고요. 좀 삐딱한 자세로요. 자, 이어 로크의
        '저항권'에 대해 알아보죠. 로크는 국민의 국가에 대한
        저항권에 대해 이렇게 말해요.

정당한 권리 없이 무력을 사용하는 자는 누구든지, 법에 근거함
이 없이 무력을 행사하는 사회의 모든 성원과 마찬가지로, 그가
무력을 사용하는 상대방에게 전쟁 상태를 도발하는 셈이다.[37] 정
당방위는 자연법의 일부이며, 그것이 왕 자신에 대항하는 것이
라고 해서 공동체에게 부정될 수는 없다.[38] 무력이란 한 개인이
법에 호소하는 수단이 막혔을 때만 사용할 수 있는 것이다. 왜냐
하면 오직 그러한 호소를 통한 치유책을 남겨놓지 않을 때에만
적의를 품은 무력이라고 생각할 수 있기 때문이다.[39]

신박사   로크는 법적 근거 없이 무력을 행사하는 것을 '상대방
        에게 전쟁 상태를 도발'하는 것이라 말하고 있어요.
        따라서 이런 무력에 대한 정당방위는 '자연법의 일부'
        이고, 그 대상이 왕이라 할지라도 예외일 수 없다고
        단정해요. 그리고 무력을 사용하는 정당방위는 법적
        해결 수단이 막혀 있을 때만 예외적으로 사용할 수 있
        다고 제한해요.

민　지　　그것은 곧 저항권에 무력이 포함된다는 이야기네요. 우리나라 헌법에서는 저항권을 어떻게 정하고 있나요?

신박사　　명시적 형태는 아니고 헌법 '정신'으로 정하고 있어요. 헌법 전문에 나와 있는 '불의에 항거한 4·19 민주 이념을 계승하고'가 바로 그거예요. 이승만 정부의 부정선거와 독재, 탄압(경찰 발포 등)에 맞선 국민의 저항을 헌법적 민주주의를 회복하기 위한 정당한 저항으로 인정한 거죠. 보수·진보 모두 '5·18민주화운동'을 헌법 개정 시 헌법 전문에 싣겠다는 것도 같은 배경이에요. '5·18민주화운동'이 헌법상의 국민 기본권 유린, 무력 진압(계엄군의 시민에 대한 무차별 폭력과 발포 등) 등 정부의 심각한 헌법 질서 파괴에 대한 시민들의 정당한 저항이었다는 거죠. '생명'과 '자유'를 지키기 위한 최후의 수단이자 헌법 질서를 회복하기 위한 불가피한 저항권요.

민　지　　저항권은 특별한 위치네요. 법으로 명시하고 있지는 않지만, 국민의 기본권 보장을 위한 헌법 이상의 헌법이라 할 수 있네요. 그리고 요건은 로크의 말처럼 '국가의 불법적 무력'이 있고, 이 무력 사용에 대해 '달리 법에 호소할 수단이 존재하지 않을 때'네요.

계몽사상가 몽테스키외의 사상 간단 정리

신박사   그렇죠. 자, 이제 몽테스키외로 넘어가죠. 몽테스키외 (1689~1755)는 1748년 펴낸 《법의 정신》에서 입법·행정·사법의 삼권분립을 주장해요. 몽테스키외는 이렇게 말해요.

> 만일 한 사람, 또는 귀족이나 시민 중 주요한 사람의 한 단체가 이 3가지 권력, 즉 법률을 제정하는 권력(입법권), 공공의 결정을 실행하는 권력(행정권), 죄나 개인의 소송을 심판하는 권력(사법권)을 행사한다면 모든 것을 잃고 말 것이다.[40]

신박사   같은 사람 또는 같은 집단이 입법·행정·사법 3권 모두를 갖게 되면 시민은 모든 것을 잃게 되고 말 거라는 이야기죠. 그 '잃게 되고 말 것'은 로크가 말한 '재산(property: 소유물)', 즉 시민의 생명·자유·자산(富)이죠. 따라서 3권은 분리되어야 하고, 동시에 상호 견제·균형을 갖추도록 해야 한다는 주장이에요. 몽테스키외가 활동했던 18세기 전반, 프랑스는 태양왕 루이 14세로부터 시작된 절대왕정기였어요. 이웃 영국은 1688년 명예혁명으로 시작된 '의회로의 정치 무게 중심 이동'이 내각책임제(1714년)로 완성되어 가는 시기였고요. 몽테스키외에게 한쪽은 반면교사, 그리고 다른 한쪽은 준거로 작용했겠죠. 그리고 그 숙고의 결과가 삼권분립 주장이지 않았을까 싶어요. 오늘날 삼권분립은 민주주의의 대원칙으로 통하죠. 우리나라 헌법은 전체 130조 중 국가에 대한 기본 사항인 '제1장 총강(제1조~제9조)', 국민의 기본권에 대한 '제2장 국민의 권리와 의무(제10조~제39조)'를 제외한 나머지 대부분(제40조~제110조)이 국회(입법), 정부(행정), 법원(사법) 3권에 관한 내용이에요. 헌법이 사실 삼권분립 그 자체인 거죠.

민 지   교수님, 왜 몽테스키외, 몽테스키외 하는지 알겠어요. 한 사람의 사상이 인류사에 이렇게 큰 영향을 미치네요.

계몽사상가 루소의 사상 간단 정리

신박사   그렇죠. 맑스의 말처럼 철학자가 결국 세계를 변화시킨 거죠. 이제 마지막으로 루소에 대해 알아보죠. 루소(1712~1778)는 1762년 펴낸 《사회계약론》에서 국민주권론과 함께 국민참여론을 주장해요.

어떤 국민이 단지 복종을 약속한다면 이 행위로 인해 그 국민은 해체되고 또 국민으로서의 자격도 상실한다. 지배자가 존재하게 되는 순간 주권자의 존재는 사라지고 또 그 순간부터 정치체는 파괴된다.[41]

신박사 '주권, 즉 국가통치권은 국민에게 있는데, 국민이 그 것을 적극적으로 행사하지 않으면 그것은 곧 독재자를 용인하는 것이고, 독재자가 들어서면 주권자로서의 국민은 사라지고 민주공화국도 붕괴된다'는 이야기예요. 루소의 '국민주권론'은 우리나라 헌법 첫 장을 장식해요. 헌법 제1조①항의 '대한민국은 민주공화국이다', ②항의 '대한민국의 주권은 국민에게 있고, 모든 권력은 국민으로부터 나온다'로요.

민 지 아하, 헌법 제1조가 루소로부터 나온 거네요. 교수님, 저는 루소주의자예요. '대한민국은 민주공화국이다'를 열심히 외치고 있잖아요, 하하.

신박사 그렇죠. 민지 씨는 루소의 국민주권론을 제대로 실천하는 훌륭한 시민인 거죠. 이어 루소의 국민참여론 주장을 보죠.

시민들이 인색하고 비굴하고 소심하고 자유보다 휴식에 연연할 때 그들은 정부의 거듭되는 공작에 오래 견디지 못한다. 이렇게 됨으로써 저해 세력은 계속 증가되어 마침내 주권은 소멸되고 대부분의 국가는 앞당겨 무너지고 패망해 버린다. -중략- 공적 활동이 시민들의 주요한 관심사가 되는 것을 멈추고 그들이 몸으로 참여하기보다 돈으로 때우기를 더 좋아하게 되면 국가는 이내 멸망에 가까워진다. -중략- 누군가가 국사에 관하여, "그게 무슨 상관인가?"라고 말하는 순간, 국가는 끝장이 난 것으로 간주되어야 한다.[42]

신박사   이 내용은 별도 해설이 필요 없을 것 같아요. 내용 그대로니까요. 나는 이 내용을 접할 때마다 루소로부터 직접 강의를 듣고 있는 느낌이에요. 사자후를 토하며 '시민이란 무엇인가?'를 역설하고 있는 루소의 강의를요.

우리 헌법 안에 고스란히 들어와 있는 로몽루

민 지   진짜 그렇네요. 생생하게 와닿아요. 마치 21세기 우리나라 상황을 미리 내다본 것 같아요. 그런데요, 교수님. 말씀 들으면서 생각한 게, 우리나라 헌법이 결국 로크, 몽테스키외, 루소의 사상 자체네요. 전문의 '4·19 민주 이념'은 로크의 국민저항권, 헌법 제1조는 루소의 국민주권론, 제10조~제39조의 '제2장 국민의 권리와 의무'는 로크의 '시민의 생명·자유·자산(부富) 보장에 대한 정부 의무', 제40조~제110조의 '제3장 국회, 제4장 정부, 제5장 법원'은 몽테스키외의 삼권분립 내용이잖아요.

신박사 그렇죠. 그러나 순서를 보자면 로크·몽테스키외·루소가 바로 우리나라로 온 건 아니죠. 1776년 미국의 독립선언, 1789년 프랑스대혁명이 로크·몽테스키외·루소의 사상을 제도로 현실화하고, 그 제도가 인류 전체로 확산되면서 우리나라도 지금처럼 헌법에 담기게 된 거죠.

민 지 교수님, 앞으로는 헌법을 읽을 때마다 로몽루를 떠올릴 것 같아요.

신박사 예? 로몽루가 뭐예요?

민 지 아이고, 로크, 몽테스키외, 루소요. 교수님, 센스…… 아, 그리고 '헌법을 읽을 때마다'는 취소입니다. 마치 제가 헌법을 수시로 읽는 사람인 것 같은데, 지금까지 헌법을 한 번도 읽은 적이 없으니까요, 하하. 지금, 헌법을 읽어보고 싶은 욕구가 막 솟아올라요. 헌법이 갑자기 친근하게 느껴지고요. 헌법 내용이 남 일이 아니라 내 일이라는 생각도 들고요. 또 그렇게 몇백 년에 걸쳐 힘들게 제도로 자리 잡은 민주주의를 진짜 잘 지켜야겠다는 생각도 들고요.

23장

민주주의는
다수결 아닌가요?

몇백 년 전 절대권력자가 사람들의 이성을 반역으로 몰았다면, 지금은 사람들 스스로가 자신의 이성을 반역으로 밀어내고 있어요. 히틀러는 언제 어디에나 있어요. 이성이 질식하는 곳이라면요.

'다수결의 원칙'은 더 이상
합의의 여지가 없을 때 취하는 마지막 수단

민　지　교수님, 국회에서 법안 표결 때 여야 합의가 법적 요건인가요?

신박사　아니죠. 법적 요건은 아니고 관행이죠. 입법 절차는 6단계로 이뤄져요. ① 법률안 발의(국회의원 10인 이상 또는 정부) → ② 법률안 접수(국회의장) → ③ 소관 상임위원회 회부(법안 내용 등 심사) → ④ 법제사법위원회 심사(체계·자구 등 검토) → ⑤ 본회의 의결(재석 과반수 출석, 출석의원 과반수 찬성) → ⑥ 정부 이송, 대통령의 재가 및 공포. 이 과정에서 교섭단체 원내대표 간 협상을 통한 합의가 관행적으로 이뤄지죠.

민 지　어느 한 당이 과반 의석수를 확보하고 있으면 반드시 합의할 필요는 없잖아요. 민주주의는 '다수결'이니까요.

신박사　그렇죠. 민주주의는 '다수결의 원칙'이죠. 그러나 다수결의 원칙은 더 이상 합의의 여지가 없을 때 취하는 마지막 수단이어야 하죠. 다수결의 원칙을 전가의 보도처럼 휘두르면 국민의 '존엄성과 행복 보장(헌법 제10조 참조)'에 충실하지 못한 결과를 낳을 수 있죠.

민 지　민주주의 하면 곧 다수결의 원칙인데, 무조건 다수결의 원칙을 내세우는 것은 문제가 있다는 이야기네요.

신박사　그렇죠. 말이 나온 김에 다수결의 원칙에 대해 한번 살펴보죠. 먼저 다수결의 원칙은 사실 차선책이에요. 할 수만 있다면 제일 좋은 의사 결정 방식은 만장일치제죠. 구성원 모두가 만족할 수 있으니까요. 그렇지만 만장일치제는 현실성이 낮아요. 유엔 안전보장이사회의 상임이사국처럼 '5개 국가' 정도의 적은 구성원에서나 가능한 일이죠.

민 지　그렇죠. 그래서 불가피하게 차선책인 다수결의 원칙을 선택하는 거죠.

신박사　사람들이 민주주의 하면 다수결의 원칙부터 머리에 떠올리는 것은 사실 자연스러워요. 다수결의 원칙 자체가 민주주의이기 때문에요. '모든 구성원이 참여'하고, 동시에 '각 구성원의 의견 가치가 동일'하니 모두 '평등'하죠.

민 지 그렇네요. 배제가 없고, 의견의 가치에 있어 구성원의 신분·재산·학력·성별 등에 따라 차이를 두지 않으니까요. 민주주의 그 자체네요. 이런 차원에서만 보면 다수결의 원칙은 절대적인데요.

경쟁 정당은 최고의 '레드 팀(Red team)'

신박사 그렇죠. 그런데 세상에 완벽한 원칙은 없어요. 아니, 정확히 말하면 완벽한 원칙이 없는 것이 아니라 '원칙의 완벽한 적용'이 없어요. 원칙이 완벽하려면 원칙의 존재 이유상 그 적용에 이르기까지 완벽해야 하는데 그렇지 못하기 때문에요. 바로 적용 대상이 '자기 생각(이성)'을 가지고 있고, 그렇지만 '그 생각이 완전치는 않은 존재'인 '사람'이기 때문이죠.

민 지 원칙은 결국 사람에게 적용하기 위해 존재하는데, 원칙이 완벽하게 작용하려면 그 대상인 사람도 완벽해야 한다는 말씀이네요. 그렇죠. 인간은 이성적 존재이긴 하지만 그 이성은 신과 달리 불완전하니까요.

신박사 인간은 불완전한 이성을 지닌 존재예요. 그래서 '원칙의 완벽한 적용'과 '불완전한 이성' 사이의 간극을 메우는 작업이 필요해요. 바로 '정보 공유 및 사실 확인', '충분한 토론과 의견 수렴' 같은 작업요.

민 지 특별한 것은 아니네요. 익숙한 내용이에요.

신박사 그렇죠. 특별한 일은 아니죠. 다만 현실에서 자주 간과되고 있을 뿐이죠. '정보 공유 및 사실 확인'은 너무 당연해 특별히 거론할 필요가 없어요. 정보가 없으면 의사 결정 자체를 할 수 없고, 그 정보에 대한 사실 확인 과정이 생략되면 의사 결정을 올바르게 할 수 없으니까요. 우리가 특별히 생각해 봐야 할 것은 '충분한 토론과 의견 수렴'이에요. 민지 씨, 혹시 '레드 팀(Red team)'이라는 말 알아요?

민 지 아…… 교수님, 왜 이러세요? 저 이래 봬도 교육업 종사자예요. 당연히 알죠. 기업에서 토론이나 의사 결정 때 반대 입장에서 논리를 펴는 역할을 맡은 팀을 말하죠.

신박사 하하, 미안해요, 맞아요. 아직 학생이라고 그만 착각을……. 사전적 의미로 '레드 팀'은 '조직 내 전략의 취약점을 발견해 공격하는 역할을 부여받은 팀, 또는 이러한 팀을 설치하는 의사 결정 기법'[43]을 말해요. 레드 팀은 기존의 관점, 익숙한 상황을 부정해요. 그렇게 함으로써 전혀 다른 관점에서 사안을 바라봐요. 결과는 새로운 해결책, 새로운 관점, 기존에 보지 못했던 다양한 문제점의 발견 등이죠. 제대로 운영되면 기업 경영의 효율성·효과성을 높이는 데 크게 도움이 되죠. 국회라고 예외는 아니에요.

민 지 아하, 교수님, 레드 팀 개념이 이렇게 연결되네요. 국회에서 어느 한 당이 절대다수라 할지라도 다수결의 원칙을 전가의 보도로 휘둘러서는 안 될 첫 번째, 그리고 매우 중요한 이유네요.

신박사 그렇죠. 비용 대비 효율성·효과성을 가장 따지는 곳이 기업 아니겠어요. 기업은 별도 비용을 들여가면서까지 레드 팀을 운영해요. 그런데 국회는 따로 비용 들일 필요도 없어요. 상대 당이 항상 존재하니까요. 의석수의 절대다수 여부와 상관없이 다른 당과의 치열한 토론을 통한 의견 수렴은 당연히 최선의 결과를 가져올 거예요. 국회에서뿐만이 아니죠. 지방의회를 비롯해 공적 영역 어디서든 필요한 일이죠. 기업과 같은 사적 영역은 말할 것도 없고요.

민 지 동의합니다. 그런데요, 교수님. 민주주의의 현장 하면 국회도 국회지만 결국 국민의 여론 참여, 국민투표잖아요. 국민의 여론 참여, 투표 참여와 관련된 다수결의 원칙에 대해서는 어떤 생각이세요?

'대중독재'는 민중 다수가 '냉정한 숙고'보다 '감정적인 느낌'으로 사고방식이나 행동을 결정할 때 가능

신박사   민지 씨, 혹시, 혹시입니다, 하하. '대중독재'라는 말 알아요?

민 지   들어본 기억은 있는 것 같아요. 그런데 의미는……? 확실하게 잘 모르겠네요.

신박사   아이쿠, 다행이네요. 아, 참, 교수가 제자에게 이렇게 말하면 안 되는 건데, 하하. 대중독재의 전형은 다름 아닌 히틀러예요. 히틀러는 악인의 대명사지만 사실 국민투표 등 합법적인 방법으로 총리에 오르고, 나중 에는 대통령 지위를 겸한 총통이 되어 제2차세계대전 을 일으켰어요. 독재자 히틀러라는 괴물을 선택하고 그를 좇아 인류사적 비극을 일으킨 장본인이 결국 독 일 국민이라는 이야기죠.

민 지   교수님, 그런데 '대중독재'라는 말은 언어모순이잖아 요. '대중', 즉 '민주주의'와 '독재'는 서로 반대되는 말 인데요.

신박사   빙고, 바로 지금 설명하려는 내용의 핵심이에요. '대 중'에 의해 결정된, 즉 '다수결의 원칙', '국민투표'와 같 은 '민주주의' 방식으로 정한 결과가 민주주의가 아니 라 '민주주의의 적'인 '독재'가 될 수 있다는 거예요.

민　지　'절차'는 '민주주의'인데, 그 '결과'가 '독재'라는 이야기
네요. 달리 말하면, 국민이 선택한 결정인데, 그 결정
이 궁극적으로는 국민의 존엄과 행복 보장에 도움이
되기는커녕 오히려 국민의 존엄을 해치고 국민을 불
행에 빠트리는 결과를 가져올 수 있다는 이야기네요.

신박사　맞아요, 그렇게 정리돼요. 그러면, 내친김에 물어볼게
요. '절차'가 민주주의였는데 그 '결과'가 '비非민주'인
'독재'이고, 의사 결정자인 국민 스스로를 해치는 결과
가 나왔다면 어디에 문제가 있는 것일까요?

민　지　음, 결국 국민의 무지 내지는 '생각 없음' 아닐까요?

신박사　맞아요. 자신이 구술로 쓴 책이자 나치즘의 경전으로
통하는《나의 투쟁》에서 히틀러는 이렇게 말해요.

민중의 압도적인 다수는 냉정한 숙고보다는 차라리 감정적인 느
낌으로 사고방식이나 행동을 결정한다.[44]

선전에 학술적인 점이 적으면 적을수록 그리고 그것이 오로지
대중의 감정을 한층 더 고려하면 할수록 더욱더 효과적인 것이
된다.[45]

민　지　아, 교수님, 무슨 말인지 알겠어요. 충분히 이해가 가
요. 사람들은 대부분 이성적이지 못하니 그들의 감성

을 자극하면 그들을 조종할 수 있다는 거네요. 요즘 말로 동물 이름인 '○·○○'라는 건데, 교육업 종사자로서 차마 '○·○○'를 입에 담을 수는 없네요. 그런데요, 교수님. 결국 궁극적인 책임은 히틀러가 아닌 독일 국민에게 있는 것 아닌가요? 독일 국민이 '○·○○'가 되길 거부하고 두 눈 똑바로 뜨고서 이성을 칼날처럼 시퍼렇게 갈고 있었으면 그럴 일이 없었을 것 아니에요.

이성의 질식이 히틀러를 부른다

신박사   당연하죠. 내가 민지 씨와 이 정치 대화를 하는 중에 '결국, 권력자 한 명이 아닌 그 사회구성원이 문제다'라는 말을 자주 하는데, 이 경우도 마찬가지죠. 히틀러가 세계사의 전면에 등장하기 150년 전, 일찍이《상식》의 저자 토머스 페인이 이렇게 말했어요.

자유는 지구 어디에서나 박해를 받아왔고, 이성은 반역으로 간주되었으며, 공포의 노예가 된 인간들은 생각하기를 두려워했다.[46]

이제 인류에게 생각하지 말라거나 읽지 말라고 말할 수 없게 됐다. -중략- 이성과 반성의 결과만이 의견이기 때문이다. -중략- 무관심과 태만을 버릴 때다. 사람을 노예화하려 한, 사고를 저지시키는 작용을 한 노래와 축배를 버릴 때다. 이 모든 문제에 대해 사람들은 오직 생각만 하면 된다. 그러면 그들이 옳지 못한 행동을 하지도 않고 잘못된 길로 빠지지도 않으리라.[47]

민 지 앞에서 말씀하신 히틀러의 말과 정확히 대조를 이루네요. 150년 전에 일찍이 페인이 경고했네요. 스스로 생각하고, 책을 읽으라고요. 결국 이성을 갈고닦으라는 이야기네요. 그런데 20세기 전반의 독일 국민은 그렇지 못했네요. 히틀러의 말처럼 '이성(냉정한 숙고, 학술적인 점)'에 눈감고, '감정'으로 투표하고 지지하고 했네요. 결론은 인류 역사 최대의 비극 초래였고요. 그런데 교수님. 지금 우리나라 상황은 어떤가요? 히틀러인가요, 아니면 페인인가요?

신박사 하하, 좋은 자세입니다. 지나간 역사를 알고 나면, '그렇다면, 지금 우리는?' 하는 질문이 자연스럽게 나와야죠. 지난 역사는 현재를 비춰보는 거울이니까요. 불행히도 90년 전 독일과 닮은 부분이 적다 할 수 없어요. 이성이 아닌 감정이 범람해요. 스스로 책을 읽고 생각을 하기보다, 사실적 관찰과 논리적 숙고가 심각하게 결핍된 요란한 소음을 자기 정신의 유일한 자양분으로 삼는 이가 많아요. 몇백 년 전 절대권력자가 사람들의 이성을 반역으로 몰았다면, 지금은 사람들 스스로가 자신의 이성을 반역으로 밀어내고 있어요. 히틀러는 언제 어디에나 있어요. 이성이 질식하는 곳이라면요.

민 지　교수님, 갑자기 오싹해요. 하긴 페인 이후 150년 지난 때에 히틀러가 등장했으니 언제 어디에나 히틀러가 있다는 것이 틀린 말이 아닌 것 같아요. 🐛

24장

민주주의의 반면교사,
히틀러

선전을 현명하게 되풀이해서 사용하면 국민으로 하여금 천국을 지옥으로 여기게 할 수도 있고, 반대로 아주 비참한 생활을 천국으로 생각하게 할 수도 있다.

민주주의 맞은편 가장 높은 곳에 자리한 히틀러의 나치즘

민 지 　교수님, 앞의 대중독재 설명에서 히틀러의 선전술을 잠깐 언급하셨는데, 여기서 히틀러의 나치즘에 대해 한번 정리하고 가는 게 어떨까요? 민주주의 맞은편 가장 높은 곳에 자리한 것이 히틀러의 나치즘 아닐까 하는 생각이 들어서요.

신박사 　동의합니다. 오늘날 민주주의의 대척점은 더 이상 왕정 아닌 독재·권위주의죠. 그리고 히틀러는 그런 독재·권위주의의 화신이고요. 민주주의의 반면교사라 할 수 있죠.

민 지 　히틀러라는 잣대로 우리 민주주의의 건강 정도를 판단해 볼 수 있다는 이야기네요.

지독한 인종주의자, 히틀러

신박사 하하. 그렇게 볼 수도 있겠네요. 나치즘은 몇 가지 특
징으로 요약해 볼 수 있어요. 인종주의, 전체주의, 반
공주의, 권위주의, 군국주의/제국주의 5가지 정도로
요. 먼저 반유대주의와 아리안족 선민사상으로 대표
되는 인종주의를 살펴볼까요? 홀로코스트(Holocaust:
대학살) 하면 사람들은 흔히 유대인 600만 대학살만
떠올리는데, 사실 그 대상에 유대인만 있었던 게 아
니에요. 유대인 외에 슬라브인·집시·동성애자·장애인
등[48] 여러 사회적 약자들이 있었어요. 서양 기독교 사
회의 '이방인'인 유대인과 함께 사회적 약자들이 아리
안의 '선민의식'에 희생양으로 바쳐진 거죠. 히틀러는
이렇게 말해요.

이 세계에서는 뛰어난 인종이 아닌 자는 모두 폐물이다.[49]

아리안 종족은 다른 민족을 정복하고, 새로운 영역의 특수한 생
활환경에 의해 자극되면서, 또한 인종적으로 뒤떨어진 인간을

대량 보조 수단으로 자유로이 이용할 수 있는 혜택을 누리면서,
그들 속에 잠들어 있던 지적·창조적인 능력을 발전시킨다.[50]

유대인은 계속 전형적인 기생충으로 남아 있다. 다시 말해 악성
간균과 같이 좋은 숙주를 끌어들일 수만 있다면 더욱더 퍼져나
가는 기생동물인 것이다.[51]

민족주의의 빛과 어둠

민 지 진짜 지독한 인종주의자였네요. 그런데요, 교수님. 제
가 지금 머리에 떠오른 게요. 민족주의와 인종주의 사
이의 경계가 모호할 수 있겠구나 하는 거예요. '과도
한 민족주의'가 결국 인종주의이고, '소박한 인종주의
(?)'가 민족주의 아닌가 하는 생각요.

신박사 좋습니다. 상황과 주장을 비판적·무선입견적으로 보
려는 태도요. 민족주의(Nationalism)는 '자기 민족에 대
해서 충절 혹은 애착을 두는 이데올로기 혹은 감정,
신념체계의 총화'[52]예요. 이런 민족주의가 '국수주의
(Ultranationalism)' 혹은 '배타적 애국주의(Chauvinism)'
로 발전할 수 있는 거죠. 국수주의는 '편협하고 극단
적인 민족주의',[53] 배타적 애국주의(쇼비니즘)는 '맹목

적·광신적·호전적 애국주의'[54]를 말해요. '편협하고 극단적인 민족주의' 또는 '맹목적·광신적·호전적 애국주의'에 '현실의 강제력'이 더해져 인류사회를 재앙으로 몰고 간 것이 제2차세계대전이에요. 독일의 나치즘·이탈리아의 파시즘·일본의 군국주의가 일으킨 인류최대의 비극, 제2차세계대전요. 히틀러의 주장을 들어보죠.

과격한 국수주의에 대해서 가지고 있는 불안은 민족의 무기력을 의미한다. -중략- 지상의 가장 위대한 변혁은 만일 그 추진력이 열광적인, 오히려 히스테릭하다고 할 수 있는 정열 대신, 오로지 '안녕 질서'라고 하는 부르주아적 덕성이라고 한다면 불가능했을 것이기 때문이다.[55]

민 지 　민족주의에 빛과 어둠이 함께 있어요. 그리고 그 경계가 모호해요.

'개인'은 없고 '전체'만 존재하는 전체주의

신박사 　히틀러의 경계는 '현실의 강제력' 소유 여부였죠. 나치즘의 두 번째 특징으로, 전체주의(Totalitarianism)를 살

퍼볼까요? '개인의 모든 활동은 민족·국가와 같은 전체의 존립과 발전을 위하여서만 존재한다는 이념 아래 개인의 자유를 억압하는 사상'[56]이 전체주의예요. 기원 자체가 이탈리아의 파시즘, 일본의 군국주의 그리고 독일의 나치즘이죠. 개인의 이익보다 집단의 이익을 우선한다는 명분을 내세우지만, 실상은 국가권력이 개인 생활의 모든 영역을 전면적으로 통제하는 거죠. 히틀러는 이렇게 말해요.

모든 조직의 가장 내면적인 본질은 한 사람 한 사람이 자기 개인적 의견이나 관심을 주장하는 것을 단념하고, 2가지 모두 많은 인간을 위해 희생한다는 데 기초를 두고 있다.[57]

민 지   무섭네요. 진짜 '개인'은 없고 '전체'만 존재하네요. 개인의 행복이 없다면 결국 전체의 행복도 없는 건데요.
신박사   그렇죠. 전체주의야말로 진짜 민주주의의 적이죠. 그래서 나치즘은 민주주의를 정면으로 부정해요. 히틀러의 이야기를 들어볼까요?

민주주의적 대중 사상을 거부하고, 가장 훌륭한 민족, 곧 최고 인간에게 이 지상을 주려고 애쓰는 세계관은, 그 민족 가운데서도 또한 논리적으로 동일한 귀족주의 원리에 따라 가장 훌륭한 인물로 하여금 그 민족의 지도와 최고 영향력을 확보하도록 해야 한다. 그러므로 이 세계관은 다수자의 사상이 아닌 인격의 사상 위에 구축된다.[58]

이 민주주의에 관여하게 되면 가치가 부족한 인간이 거의 합법적인 방법으로 지도자가 되고 말 우려가 있다. -중략- 이것은 민주주의라는 개념이 책임 소재가 없다는 것에 기인한다. 다수자란 어떤 형태로든 책임을 지울 수 없고, 파악하기도 어려운 존재인 것이다. 이 다수자에 의해 옹립된 지도자는 어차피 다수자의 의지를 수행하는 앞잡이에 지나지 않는다.[59]

민 지 민주주의(다수결의 원칙)에서는 책임 소재가 불분명해진다는 주장에 대해 생각해 볼 부분도 있는 것 같아요. 시민 된 입장에서요.

히틀러가 반反공산주의를 취한 몇 가지 이유

신박사 동의합니다. 히틀러의 전체주의의 출발은 인간, 민족에 대한 히틀러의 인식이에요. 히틀러는 인종주의자답게 민족을 우수 민족과 열등 민족으로 나눠요. 민족뿐만 아니라 개인의 가치도 그렇게 우열로 나눠요.[60]

그런 그에게 인간에 대한 동일한 가치를 전제하는 다수결의 원칙과 민주주의는 처음부터 비집고 들어갈 여지가 없어요. 나치즘의 세 번째 특징으로 반공주의를 들 수 있어요. 맑스는 1848년 발표한 〈공산당 선언〉에서 '노동자들은 조국이 없다'[61], '만국의 프롤레타리아(노동자)여, 단결하라!'[62]라고 외쳐요. 맑스는 '국가'를 지배계급인 부르주아의 이익을 대변하는 존재[63]로 규정해요. 그래서 노동자들에게 조국은 무의미하다고 봐요. 그렇게 되면 '세계의 노동자'는 모두 같은 입장에 서게 돼요. '세계주의'예요. 국가도 없고, 민족도 없고, 오로지 '자본가 vs. 노동자' 사이의 견고한 대립 전선戰線만이 우뚝해요. 히틀러의 아리안 선민사상의 민족주의 아니, 배타적 민족주의는 맑스의 세계주의와 대척점을 이뤄요.

민 지   아아, 그렇게 되네요. 맑스에게는 '민족'이 없고, 히틀러에게는 '세계주의', '인류'가 없는 거네요.

신박사   그런데 히틀러가 공산주의·사회주의를 적대시한 데는 앞의 내용 말고 몇 가지 이유가 더 있어요. 먼저 맑스가 다름 아닌 유대인이에요. 그래서 히틀러는 맑스 사상을 유대인의 인류 및 독일 민족 파괴 음모로 규정해요[64]. 거대한 음모론이죠. 또 맑스가 독일 사람이었던 만큼 사회주의 계열 정당(독일사회민주노동당)이 최초로 등장한(1869년) 곳이 바로 독일이에요. 오늘날의 독일사회민주당요. 나치당의 최대 경쟁자였죠. 경쟁에는 고도의 전략이 동원돼요. 보수 우익의 지지 확보 전략을 위한 반공주의요. 또 히틀러가 정권을 잡은 1933년이면 공산주의의 소비에트연방(소련)이 수립(1922년)된 지 11년이 지난 때예요. 이데올로기로 무장한 거대한 신생 국가 소련이 독일에 위협이 될 수밖에 없죠. 마지막으로 히틀러의 동방 정책, 즉 '게르만 민족의 생존 공간(Lebensraum) 확보' 대상이 다름 아닌 동쪽이었어요. 소련이 있는 동쪽요. 나치즘의 반공산주의·반사회주의의 배경은 복합적이에요.

민 지 나치즘이나 공산주의나 거기서 거기라고 생각했는데 대립 구도였네요. 특히 히틀러의 나치즘 전략 입장에서요.

스스로 '신의 은총(카리스마)'을 받았음을, 나아가, '신'이기를 자처한 히틀러

신박사 그렇죠. 그리고 민지 씨의 '두 사상이 거기서 거기'라는 느낌도 전혀 잘못된 것은 아니죠. 미워하면서 닮는다고 둘 다 '전체주의'라는 측면에서는 동일하니까요.

아니, 그 반대일 수도 있겠네요. 서로 닮은꼴이어서 미워했을 수도 있죠. 그럼 다음 순서로, 나치즘의 네 번째 특징인 '권위주의'를 살펴보죠. 오늘날 히틀러는 나폴레옹과 함께 '카리스마적 리더십'의 전형[65]으로 꼽혀요. 그런데 이것은 사실 후세 학자들의 평가 전에 히틀러 스스로 자신의 이미지를 그렇게 조작했어요. 히틀러 본인의 말을 들어보죠.

어떤 민족의 생활력과 그것으로써 한층 더 보증된 생존을 위한 사명이라는 것은 커다란 압제로부터 벗어나기 위해, 또는 괴로운 어려움을 없애버리기 위해, 또는 자신을 잃었기 때문에 안정을 상실한 영혼을 고쳐주기 위해, 뒷날 운명이 오랫동안 그리워하고 있던 것을 마침내 실현하는 '신의 은총'을 받은 인간이 보내어졌을 때, 가장 알맞게 실증된다.[66]

민 지 독일 민족의 생존권 확보라는 신적(?) 사명을 띠고 '신의 은총(카리스마)'을 받아 히틀러 본인이 이 땅에 강림했다는 이야기네요.

신박사 본인 스스로 '카리스마(신의 은총)'를 지녔다고 주장하고 있어요. 정치인이라기보다 종교지도자예요. 한마디 더 들어볼까요?

여러 세기 동안이나 종교 생활의 형태에 불만을 갖고, 어떤 혁신을 그리워하고, 그리고 이 마음의 충동에 따라 열두셋이나 그 이상 사람이 일어서서 그들 통찰이나 지식을 바탕으로 삼아 이 종교상 긴급사태의 해결을 위해 새로운 교리 예언자로서 또는 적어도 현존하는 것에 대한 투사로서 등장하기 위해, 자기가 초대되었다고 믿을 수 있다.[67]

민 지 잠깐만요, 교수님. 어……, 이것은 본인이 예수라는 이야기 아닌가요? '오래된 약속(구약)이 제대로 지켜지지 않아 혁신이 필요해, 내가 열두 제자와 함께 새로운 약속(신약)을 하러 왔도다' 하는 내용요. 종교지도자가 아니라 아예 신을 자처하고 있네요.

권위주의의 끝판왕, 히틀러

신박사 그렇죠. 나치즘의 바이블인 《나의 투쟁》은 히틀러가 1933년 정권을 잡기 6년 전인 1927년 출간되었어요. 그리고 1,200만 부 이상 독일 가정에 배포되었어요. 히틀러의 절대 권위주의를 받쳐주는 튼튼한 반석이죠. 나치즘에 '지도자 원리(Führerprinzip)'라는 것이 있어요. '지도자에게 절대적인 권위와 책임이 집중되며,

아래 사람들은 무조건 복종해야 한다'는 원리죠. 다음
과 같은 히틀러의 주장도 이런 반석과 원리가 있어 가
능할 수 있었겠죠.

최고의 전술적 교육을 받은 쪽이 이기는 것이 아니라, 가장 뛰어
난 지도부와 더불어 가장 규율 바르고 더할 나위 없이 맹목적으
로 복종하는 가장 잘 훈련된 부대가 이길 것이다.[68]

선전을 현명하게 되풀이해서 사용하면 국민으로 하여금 천국을
지옥으로 여기게 할 수도 있고, 반대로 아주 비참한 생활을 천국
으로 생각하게 할 수도 있다.[69]

민　지　신적 권위로 독일 국민을 맹종하게 하고 그 생각까지
　　　　마음대로 조종할 수 있다는 이야기네요. 권위의 궁극
　　　　이 결국 신이니, 그야말로 권위주의의 끝판왕이네요.

세계 평화를 위해 독일인이 세계 정복에 나서야 한다?

신박사　정치에 종교적 요소가 가미되면 그 지향점은 절대 권
　　　　위 확보, 나아가 사람의 신격화죠. 나치즘의 마지막
　　　　다섯 번째 특징으로는 '군국주의/제국주의'를 들 수

있어요. '군국주의(Militarism)'는 군사력 확대를 국가 최우선 순위에 두고, '제국주의(Imperialism)'는 팽창주의적 대국가 건설을 지향하는 것으로, 둘 다 귀착점은 전쟁이에요. 히틀러는 이렇게 말해요.

이 세계에서 평화주의 사상이 현실적으로 승리하기를 진심으로 바라고 있는 사람이 있다면, 그는 독일인에 의한 세계 정복을 바라고 모든 수단을 써서 온 힘을 다해야 할 것이다.[70]

평화라는 것은 여성적인 평화론자와 같은 울음이 헤픈 여자의 종려나무 잎에 의해 유지되는 것이 아니라, 세계가 더 높은 문화를 이루는 데 유익하게 하려는 지배 민족의 승리의 칼에 의해 수립되는 것이다.[71]

민　지　　진짜 전쟁광이네요. 침략당한 입장에서 평화를 위해 전쟁(응전)을 한다는 것은 말이 되지만, 어떻게 평화를 위해 전쟁(침략)에 나선다는 주장을 해요. 그리고 왜 그 평화는 또, 꼭 독일인에 의한 세계 정복이어야 되는데요. 진짜 뻔뻔한 인간이네요.

신박사　　문제는 당시 독일 국민에게 이런 주장이 먹혀들었다는 거죠. 히틀러는 자신의 침략 행위를 독일 민족의 '생존 공간(Lebensraum)' 확보를 위한 불가피한 선택으

로 정당화해요. 그리고 그 결과는 알다시피 인류 역사
최대의 반反평화였고요.

히틀러가 사회주의를 적대시하면서 당 이름 (National Socialism)에는 'Socialism'을 넣은 이유

민 지   그런데요, 교수님. 아까부터 질문드리려고 했는데요.
'나치즘(Nazism)'이 'National Socialism(국가사회주의)'
의 약칭이잖아요. 그런데 히틀러는 사회주의·공산주
의를 적대시했어요. 사회주의·공산주의를 적대시하
면서 왜 '사회주의(Socialism)'라는 명칭을 쓴 거죠?

신박사   오, 잘 지적했어요. 설명한다는 것을 그만 깜빡했네
요. 맞아요, '나치즘(Nazism)'은 '국가사회주의(National
socialism)'의 약칭이에요. 그리고 '국가사회주의'는
나치당의 정식 명칭인 '국가사회주의독일노동자당
(NationalSozialistische Deutsche Arbeiterpartei: NSDAP)'에
서의 앞말이고요. '국가사회주의'는 나치즘의 중심 개
념이에요. 그런데 이 '국가사회주의'에서 '국가'는 결
국 '국가'가 아니에요. '사회주의'도 '사회주의'가 아니
고요. 먼저 'Nation'의 사전적 뜻은 '국가·국민'이에요.
그런데 '국가사회주의(National socialism)'에서 히틀러가

의도하는 'Nation'의 의미는 궁극적으로, '국가·국민'이라기보다 '민족(race)'이에요. 물론 그 '민족'은 '독일민족'이죠. 그리고 'Socialism'은 '생산수단의 사회화를 추구하는 사상' 또는 '자본주의에서 공산주의로 넘어가는 중간 단계'를 의미하는 맑스적 '사회주의'가 아닌 '공동체'를 의미해요. 히틀러가 굳이 당 명칭에 '사회주의'라는 용어를 쓴 것은 '새로 결성된 운동 명칭은 처음부터 대중에 접근하는 가능성을 나타내는 것이어야만 했다'[72]라고 본인이 고백한 것처럼, 당시 '사회주의'에 호감을 가질 수밖에 없었던 독일 노동자계급을 끌어들이기 위한 전략이었어요. 일종의 오인誤認 전략이죠. '국가사회주의'의 실체는 사실 '독일민족공동체'예요. 히틀러는 이렇게 말해요.

나는 독일 국가주의자, 곧 우리 민족성을 신봉하는 자이다. 내가 생각하는 것, 행동하는 것은 모두 민족성의 일부이다. 나는 또 사회주의자이다. 나에게는 계급도 지위도 관계가 없다. 내 시선에 들어오는 것은 피로 맺어지고, 같은 언어를 쓰고, 같은 보편적 운명의 손에 맡겨져 있는 인간들이 만드는 공동체 모습이다.[73] 참된 국가사회주의자에게는 단 하나의 신조만이 있다. 바로 조국과 민족이다.[74]

국가는 목적을 위한 수단이다. 국가 목적은 같은 인종의 공동사
회를 육체적·정신적으로 유지하고 조성하는 데 있다. 이 유지라
는 것 자체는 첫째로 인종적 존립을 담고 있으며, 그리하여 이 인
종 속에 잠자고 있는 모든 힘을 자유롭게 발전시키는 것이다.[75]

민 지   그렇네요. '국가'는 수단일 뿐이고 그 근본과 목적은
'민족'이네요. 그리고 '사회주의' 하면 기본 출발이 '부
르주아·프롤레타리아의 계급 구분'인데, '계급'에는 아
무 관심이 없고 오로지 '공동체'에만 집중되어 있네요.
독일 민족이라는 인종 공동체의 존립과 발전요. 온 인
류의 불행과 희생을 대가로요.

'피리 부는 사나이를 따르는 쥐 떼'는 현재진행형

신박사   히틀러의 나치즘이 일으킨 제2차세계대전은 인류에
게 많은 숙제를 남겨요. 특히 인간 이성에 대한 회의
요. 수많은 이가 피리 부는 사나이의 뒤를 따르는 쥐
떼처럼 신을 자처한 광인의 뒤를 따랐고, 인간을 고통
으로부터 구원하리라는 믿음의 빛나는 과학 문명은
주인을 거대한 죽음으로 내몰았어요. 5천만에 가까운
생명을요. '인간에게 이성이 있긴 한 건가? 아니, 그

전에 그 이성이라는 것은 도대체 무엇인가?'라는 의문을 갖지 않을 수가 없었죠.

민 지 그런데요, 교수님. 지금 말씀하신 의문은 불행히도 현재진행형이에요. 저는 요즘 '역사는 반복된다'는 생각을 많이 해요. 인류 최대의 비극으로부터 100년도 지나지 않았는데 바퀴벌레 기어 나오듯 히틀러의 아이들이 여기저기 고개를 내밀고 목소리를 내고 있어요. 이런 현상에 대한 교수님의 생각은요?

신박사 아이쿠! 갑자기 무거운 질문을. 음, 일단 정치인·행정가가 아닌 책 쓰는 입장에서 원론적일 수밖에 없어요. 나는 인간의 이성에 대해 끊임없이 회의하고 수시로 낙담해요. 그렇지만 결국은 칸트·페인으로 돌아오곤 해요. '칸트의 도덕'과 '토머스 페인의 이성' 회복이 궁극적인 해결책일 수밖에 없다는 입장인 거죠. 인간은 스스로 도덕적일 때 자기를 귀중하게 대해요. 그리고 이성적일 때 비로소 하나의 독립된 인격으로 존재할 수 있어요. 개나 돼지와 달리, '자기를 귀중하게 대하는' '독립된 인격'일 때 인간은 비로소 행복할 수 있어요. 계몽은 17·18세기의 유물이 아니에요. 17·18세기만의 과제가 아니기 때문이에요. 그것 역시 현재진행형이에요. 인간이 지구상에 존재하는 한 진행형이죠. 그 계몽은 히틀러가 말한 이성이 잠자는 맹목盲目

의, 어둠으로의 계몽이 아니에요. 밝음으로의 계몽이에요. '계몽(enlightment)' 자체가 원래 어둠 아닌 밝음을 향하는 것이니까요. 아래 내용은 '선전을 현명하게 되풀이해서 사용하면 국민으로 하여금 천국을 지옥으로 여기게 할 수도 있고, 반대로 아주 비참한 생활을 천국으로 생각하게 할 수도 있다'[76]라고 말한 히틀러가 《나의 투쟁》 머리말에 쓴 내용이에요. '피리 부는 사나이를 따를 쥐 떼'를 찾고 있어요.

진심으로 이 운동(나치즘)을 따르고 지성이 마음속으로부터 계몽을 바라는 이 운동 신봉자에게 이 저작을 바치고자 한다.[77]

25장

민주주의 제도에 근본적으로 문제가 있는 것 아닌가요?

어떤 민주국가의 정치적 단점 때문에 민주주의를 비난하는 것은 아주 잘못된 일이다. 우리는 오히려 우리 자신, 즉 민주국가의 국민을 비난해야 한다.

'무제한의 관용'은 '관용 자체'를 사라지게 한다

민 지 　교수님, 저는 요즘 들어 '민주주의라는 제도가 과연 최선인가?'라는 의문이 가끔 들어요. 유럽의 여러 정치 선진국에서 극우가 준동하고, 민주주의의 준거로 여겨졌던 미국 같은 나라에서 연방 국회의사당이 백주 대낮에 폭력 세력에 유린되는 사건이 일어났어요. 우리나라에서는 군사정권의 유물 정도로 먼 기억 한쪽 구석에 묻혀 있던 비상계엄이 어느 날 밤 갑자기 무덤에서 튀어나와 전 국민을 공포로 몰아세웠고요. '민주주의'라는 제도가 근본적으로 문제 있는 것 아닌가요? 뭔가 허약하고 무기력한……

신박사 　그런 의문 가질 수 있죠. 앞에서 우리가 살펴봤던 히틀러의 나치 정권(또는 제3제국)은 자유주의·민주주의의 바이마르공화국(1919~1934년)에서 탄생했죠. 독일은 제1차세계대전에서 패한 뒤 혁명을 맞이해요. 1918년 11월 발생한 독일혁명이죠. 이 독일혁명으로 새로 등장한 공화국이 바로 바이마르공화국(1919 ~1933년)이에요. 바이마르공화국은 1919년 8월 11일 '바이마르헌법'을 제정해요. 우리나라 헌법 제정에도 큰 영향을 미친 '바이마르헌법'은 국민주권주의(보통·평등·직접·비밀·비례대표 원리)에 바탕을 둔 민주주의 원리에 사회 국가적 이념을 가미한 헌법으로 '20세기 현대 헌법의 전형[78]으로 꼽혀요. 그런 자유주의·민주주의의 바이마르공화국에서 나치즘이라는 괴물이 탄생했어요. 나치 시대를 지켜보았던 20세기의 지성 칼 R. 포퍼는 제2차세계대전이 끝나기 2년 전인 1943년 이렇게 말해요. '관용의 역설'이에요.

무제한의 관용은 관용 자체를 사라지게 한다. 비관용적인 이들에게까지 무제한의 관용을 베푼다면, 그리고 비관용적인 이들의 사나운 공격으로부터 관용적인 사회를 방어할 준비가 되어 있지 않다면, 관용적인 사회는 파괴되고 관용 역시 함께 사라지고 말 것이다.[79]

민 지 　 맞잖아요, 교수님. 민주주의가 나치즘을 낳고, 민주주
의가 12·3비상계엄을 있게 한 거예요.

신박사 　 정확히 말하면 민주주의가 나치즘, 반헌법적 12·3비
상계엄을 있게 한 것이 아니고, '민주주의의 제한 없
는 관용'이 나치즘이라는 인류 파괴적 악성 종양으로
하여금 고개를 내밀 엄두를 내게 하고, 반헌법 세력으
로 하여금 12·3비상계엄이라는 국가·국민 파괴적 행
위에 나설 마음을 먹게 한 거죠.

민 지 　 그렇다 하더라도 민주주의 상황에서 이런 악성 종양
이 생겨나고, 또 반헌법 행위가 자행된 게 사실이잖
아요.

'민주주의'를 비난할 것이 아니라, '민주국가의 국민'을 비난해야

신박사 　 포퍼는 민주주의 제도에 대해 이렇게 말해요.

민주적 제도에 기대할 수 있는 것은 무엇이며, 민주적 제도 대신
택할 수 있는 것은 무엇인가? -중략- 민주주의는 정치제도를 개
혁하기 위한 제도적인 구조를 제공하는 것이다. 민주주의는 폭
력을 쓰지 않고 제도를 개혁할 수 있게 하며, 그리하여 이성으로

써 새 제도의 설계와 옛 제도의 조정을 가능하게 하는 것이다.[80]

어떤 민주국가의 정치적 단점 때문에 민주주의를 비난하는 것은 아주 잘못된 일이다. 우리는 오히려 우리 자신, 즉 민주국가의 국민을 비난해야 한다. -중략- 민주주의를 비판하는 자들은 인격적인 문제와 제도적인 문제를 구별하지 못한 것이다. 문제를 개선하는 것은 우리들의 일이다. 민주적 제도는 제도 자체를 개선할 수는 없다. 제도를 개선하고자 하는 문제는 항상 제도에 관계되는 문제라고 하기보다는 사람들에 관계되는 문제다.[81]

민 지   아하, 그렇네요. 교수님. 무슨 말씀인지 알겠어요. 그렇죠, 현실적으로 민주주의 말고 다른 대안은 없죠. 민주주의에서의 '관용의 지나침'이 문제고, 그것은 곧 그 사회구성원의 문제이자 구성원의 의지인 법·제도의 문제인 거죠. 아, 정리되었어요. 그러면 교수님, 이번 반헌법적 12·3비상계엄도 '관용의 역설' 때문이네요?

'관용의 반복'과 '기억 축적 과정의 학습'이 '12·3비상계엄'을 불러와

신박사   정확히 그렇죠. 법·제도의 불충분도 문제지만 먼저

법·제도의 적용에 있어 지나친 관용을 보여왔기 때문이죠. 1979년 신군부 세력의 12·12군사반란과 1980년 5·18민주화운동 무력 진압에 대한 단죄를 철저하게 하지 않았어요. 이 사회가, 이 사회의 구성원이 신군부 주도 세력의 만수무강을 허용했어요. 좀 더 거슬러 올라가면 이승만·박정희 정권의 장기집권 및 독재 기도에 대한 응징이 제대로 이뤄지지 않았어요. 더 올라가면 일제강점기의 반민족 행위에 대한 처벌이 이승만과 친일 세력의 노골적 방해와 저항으로 좌절되고 말았어요. 이런 관용의 반복과 기억의 축적 과정에서 학습이 된 거죠. 성공하면 독재와 장기집권, 부富가 주어지고, 실패하더라도 사면·복권으로 12·12군사반란 주도 세력처럼 권세와 만수무강을 누릴 수 있다는 확신요. 그런 '관용의 역설'이 작용하지 않고서는 이처럼 생뚱맞고 엄청난 일을 그렇게 생각 없이(?) 저지를 턱이 없죠.

'민주주의'의 '실제적' 의미는 '독재에 대항하는 합리적·효과적인 제도적 안전장치' 마련일 뿐

민 지   그러면 교수님, '관용의 역설' 문제가 발생하지 않게 하기 위한 현실적인 방법은요?

신박사 　포퍼는 우리가 최선의 통치자를 얻기 위해 노력해야 하지만, 그와 동시에 최악의 통치자가 출현할 경우를 대비해 제도적 장치를 마련하는 것이 합리적[82]이라고 말해요. 그리고 민주주의의 '실제적', 그리고 '본질적' 의미는 '국민의 지배'가 아닌, '독재(참주정치)에 대항하는 합리적이고 효과적인 제도적 안전장치일 뿐'[83]이라는 이야기도 하고요. '관용의 역설'을 방지하는 방법은 일단 제도적·법적 보완이죠. 이번 12·3비상계엄에 국한해 보자면, 헌법 제77조와 계엄법의 계엄 요건 결격 관련 형량을 강화할 필요가 있어요. 그리고 계엄 관련 사범에 한해 사면·복권 절대 불가, 불법 계엄 동조 정당에 대한 정당 해산·국고 보조금 환수 및 동조 국회의원의 의원직 박탈 등의 제도 보완을 생각해 볼 수 있어요. 이렇게 강화해야 하는 이유는 명백해요. 반헌법적·불법 계엄은 말 그대로 국민의 기본권 박탈, 삼권분립의 훼손 등 민주주의 자체를 부정하는 매우 심각한 행위이기 때문이에요. 곧 독재와 전체주의로 들어서는 길목이라는 거죠. 최대한으로 '관용의 역설' 여지를 없애지 않을 수가 없죠.

민 지 　하긴 계엄 전 당시 야당 일부에서 비상계엄 가능성을 이야기할 때 국민 대다수가 말도 안 되는 소리라고 생각했어요. 계엄 주도 세력들도 국회 답변에서 헛웃음을 지으며 말도 안 되는 소리라고 손을 내저었고요. 그런데 그런 말도 안 되는 일이 실제로 눈앞에서 벌어졌어요. 비상계엄이 성공리에 이뤄졌다면 그다음 단계 역시 상상을 넘어섰을 것 같아요. 말도 안 되게요. 교수님 말씀하신 대로, 히틀러의 전체주의도 '20세기 현대 헌법의 전형'으로 평가받는 민주주의의 바이마르헌법 상황에서 나왔잖아요. 그런데요, 교수님. 갑자기 생각나서 말씀드리는 건데, '톨레랑스(tolerance: 관용의 정신)'와는 어떻게 정리해 볼 수 있을까요? '관용의 역설'에서의 '관용'을요.

'톨레랑스'는 '민주주의 말살·헌법 파괴적 행위'를 용서하자는 것이 아니다

신박사   좋은 질문이에요. 단순한 어휘 아닌 정신으로서의 '톨레랑스'는 16세기 프랑스에서 등장하죠. 종교개혁으로 개신교가 등장하자 프랑스 왕 앙리 4세가 낭트칙령을 발표해 신교를 허용해요. 앙리 4세의 신교 허용은 광신적인 구교도로부터 왕 자신이 암살당하는 결과를 가져오고, 구교와 신교 사이에는 살육전이 벌어져요. 이때 등장한 것이 '톨레랑스'예요. 다른 신앙과 사상, 행동방식을 가진 이들을 서로 용인하자는 거죠.[84] 한마디로 '차이'를 '차별'하거나 '억압'·'적대시'하지 말자는 거죠. 당연히 민주주의 말살·헌법 파괴적 행위를 용서하자는 것이 아니고요. '관용은 인류의 보편적 가치와 사회의 기본적 질서를 훼손하지 않는 범위에서 허용해야'[85] 해요.

민 지 12·3비상계엄에 대한 위헌·위법 판결이 나온 뒤에도 비상계엄을 지지하며 폭력을 서슴지 않은 이들이 있어요. 이것 역시 '관용의 역설'의 부작용이겠죠. 그런데요, 계엄 주도 세력은 자기들의 권력 유지와 확대, 부富를 위해 그렇다 치고, 이들은 도대체 무엇을 위해 수형의 고통과 평생 따라다닐 전과 낙인의 위험까지 무릅쓰면서 이런 행위에 나서는 거죠?

신박사 이번 대화는 포퍼의 날카로운 시선에 많이 의지하고 있으니 이 질문에 대해서도 포퍼로 대답할게요. 포퍼는 '민주주의는 이성을 제공하지는 않는다. 국민의 지적, 도덕적 기준의 문제는 상당한 정도로 개인적인 문제다'[86]라고 말해요. 결국 민주주의 최후의 보루는 그 사회구성원의 이성 능력이고, 그 이성은 사회구성원 각자가 도덕과 함께 개별적으로 노력해 챙겨야 한다는 거죠. 자신을 위한 것도, 그렇다고 사회를 위한 것도 아닌데 어떤 행위에 열중하고 있다면 그것은 이 부분의 심각한 결여로 보는 것이 맞을 것 같아요. '이성'요.

민 지　포퍼의 시선은 정말 날카롭네요. 포퍼의 이런 주장으로부터 80여 년 지났어요. 그동안 민주주의는 과연 더 강해지고, 사람들의 이성은 더 단단해진 것일까요? 아님…… 아, 일단 포퍼의 책부터 먼저 읽어야겠네요. 《열린 사회와 그 적들》요. 지금 다른 이들의 이성을 걱정할 때가 아니고 제 이성부터 챙겨야겠어요.

신박사　아주 훌륭한 생각입니다. 하하

26장

시행령 통치에 대해
어떻게 생각하나요?

자유·평등·인권·민주주의와 같은 가치·이념은 사실 법률 용어이기 이전에 상식과 이성의 영역이에요. 상식과 이성은 언급 자체를 생략할 수는 있지만 대놓고 부정하기는 어려워요. 말 그대로 상식, 이성이니까요.

'법 전문가'가 '법 취지'를 깔아뭉개면 그것은 한낱 '법 기술자'

민 지 교수님, 검찰의 업무와 관련한 법무부의 시행령 통치에 대해 어떻게 생각하세요?

신박사 '시행령 통치'요? 아, 문재인 정부 때 '검찰청법' 개정으로 '검찰청 검사의 수사 개시 범죄의 범위'를 '부패범죄, 경제범죄'로 축소한 내용을 윤석열 정부 들어 한동훈·박성재 두 법무부 장관 때 '대통령령'으로 다시 확대한 사건을 말하는 건가요?

민 지 네, 그 사건요. '법률' 개정으로 바꿔야 할 것을 '시행령' 개정으로 바꾼 위법 사건요.

신박사 하하하, 위법 여부는 법원이 따질 일이고요. 한동훈 장관 때 것에 대해서만 알아보죠. 2022년 9월 8일 시행령(대통령령 제32902호) 개정으로 바꾼 '검찰청 검사의 수사 개시 범죄의 범위' 내용을 요약하면, ① 부패범죄, 경제범죄 범위의 확대, ② 부패범죄, 경제범죄를 벗어난 '무고·도주·범인은닉·증거인멸·위증 등'의 범죄 추가, ③ 별건 수사 범위 삭제, 3가지예요. 문재인 정부 때 두 차례(2020년 1월 30일, 2022년 4월 30일)의 '법률(검찰청법)' 개정을 통해, 검찰의 '수사 개시 범죄의 범위'를 1차로 '부패범죄 등 6대 범죄'로, 그리고 다시 2차로 '부패범죄, 경제범죄' 2가지로 좁힌 것을, 윤석열 정부 들어 반대로 확대한 거죠. '법률'이 아닌 하위법의 '대통령령(시행령)'으로요.[87]

민 지 명백히 위법이잖아요. '시행령'이 상위법인 '법률'의 내용을 벗어났으니까요.

신박사 '시행령'이 모법인 '검찰청법'의 검수완박(검찰 수사권 완전 박탈) 법 개정 '취지'를 벗어난 것은 분명해요. 그런데 법 자구 형식으로 보면 논란의 소지가 전혀 없는 건 아니에요. 상위법인 검찰청법 제4조(검사의 직무) ①호에서 '검사가 수사를 개시할 수 있는 범죄의 범위'를 '가. 부패범죄, 경제범죄 등 대통령령으로 정하는 중요 범죄'로 정하고 있어요. 여기서 일단 논란의 소지가 있는 것이, 대통령령으로 정할 수 있는 중요 범죄를 '부패범죄, 경제범죄'가 아닌, '부패범죄, 경제범죄 등'으로 표현하고 있다는 거예요. '등^等'은 '그 밖에도 같은 종류의 것이 더 있음을 나타내는 말'이라는 의미와, '두 개 이상의 대상을 열거한 다음에 쓰여, 대상을 그것만으로 한정함을 나타내는 말'[88]이라는 의미, 2가지로 쓰여요. 윤석열 행정부가 ① 자구의 '형식'을 법 개정 '취지'에 우선하고, 동시에 ② '등^等'에 대한 2가지 해석 중 전자를 따라 '검사의 수사 개시 범죄의 범위'를 확대했다고 봐야겠죠.

민 지   그것은 무리 아닌가요? 모법인 '법률'이 '검사의 수사 개시 범죄의 범위'를 축소하겠다는 '취지'인데 1차로 '모법의 취지'를 무시했어요. 그리고 2차로, '등^等'의 의미가 전자인 '그 밖에도 같은 종류의 것이 더 있음을 나타내는 말'이라는 의미 하나로만 쓰이면 몰라도, '두 개 이상의 대상을 열거한 다음에 쓰여, 대상을 그것만으로 한정함을 나타내는 말'이라는 또 다른 의미가 있는데, 오로지 전자의 의미로만 보겠다는 거잖아요. 법치주의에 어긋나죠.

신박사   어긋난다고 봐야죠. 헌법은 '대통령은 법률에서 구체적으로 범위를 정하여 위임받은 사항과 법률을 집행하기 위하여 필요한 사항에 관하여 대통령령을 발할 수 있다'(헌법 제75조)라고 말하고 있어요. '위임'에 있어, 위임자 또는 위임 내용의 취지를 수임자가 충분히 존중하지 않으면 사실 현실에서 '위임'이라는 것 자체가 불가능해져요. 상상할 수 있는 모든 경우를 대비해 빠짐없이 상위법이 상세하게 정해야 하니까요. 물론 그렇게 되면 하위법도 필요 없게 되겠죠. 당연히 위임도 필요 없이 되겠고요. 결과는 국가 등 모든 조직의 존립 불가죠. 법과 관련된 자리에 법 전문가를 두는 것은 바로 이런 모든 것을 구체화할 수 없는 법 조항을 '취지'에 맞게 해석하고, '취지'에 맞게 현실에 적절히 적용하라는 것이지, 법 조항을 가지고 잔재주를 피우라는 게 아니죠. 다른 이가 아닌 '법 전문가'가 '법 취지'를 깔아뭉개면 그것은 한낱 '법 기술자'에 지나지 않죠.

'행정 각부의 설치·조직과 직무 범위는 법률로 정한다'

민 지 교수님, 이번 '검찰청 폐지'에 대한 검찰 출신들의 '위헌 및 법치주의 훼손' 주장에 대해서는 어떻게 생각하세요?

신박사 헌법재판소가 판단할 문제이지만 위헌일 가능성은 거의 없다고 봐요. 검찰 출신 측이 검찰청 폐지 불가의 근거로 헌법 제89조16의 '검찰총장·합동참모의장 -중략- 국영기업체 관리자의 임명'을 들고 있는데, 이 '16' 내용을 비롯한 헌법 제89조는 국가 정책이나 공직의 중요성에 비추어 국무회의 심의를 거쳐야 할 공직 리스트를 정해 놓은 것이지 검찰청 존폐와는 아무 관련이 없는 사항이에요. '검찰청 폐지'와 관련해서는 헌법 제96조에서 선명하게 정하고 있어요. '행정 각부의 설치·조직과 직무 범위는 법률로 정한다'고요. 검찰청은 어떤 '특별청'이 아니라 '행정 각부'에 속해요.

민 지 명확하네요. 법치주의가 농락당하고 있네요. 법치주의法治主義는 '법에 의한 지배'잖아요. 무엇보다 국가가, 권력기관이 그리고 법 전문가들이 앞장서 법의 취지를 존중해야죠. 번연히 헌법에 나와 있는 내용을 제쳐두고 관련도 없는 내용으로 억지 논리를 펴거나, 상위법의 취지가 분명한데도 자구상의 불완전성을 헤집어 자기 유리한 쪽으로 이중 왜곡을 한다면 그것이야 말로 진짜 법 기술을 부리는 거죠. 법 위에 서려는 행위요. 일반인들은 경찰이나 검찰에서 전화만 걸려와도 가슴이 콩닥콩닥하는데요. 교수님, 이 기회에 '법치주의' 내지는 '법의 의미'를 한번 정리해 보는 게 좋을 것 같아요. '법 아래서' 착실하게 생업에 종사하면서 검찰 사칭 보이스피싱에 우황청심환부터 찾는 저 같은 소시민을 위해서요.

헌법은 단순히 '최고법'이 아닌 '국가 설계도'

신박사 하하하, 나를 위해서이기도 하네요. 나도 마찬가지예요. 우리 모두를 위해 한번 정리해 봅시다. 먼저 법은 잘 알겠지만 위계(hierarchy)가 있어요. '헌법 → 법률 → 시행령 → 시행규칙(총리령·부령) → 조례·규칙' 순으로요. 각 단계별 제정 주체를 보면, '헌법'은 국회가 제정해 국민투표로 확정해요. '법률'은 입법부인 국회, '시행령'은 대통령, '시행규칙'은 국무총리(총리령)와 각 부 장관(부령), '조례'는 지방의회, '규칙'은 지방자치단체장이 제정해요. 앞에서 살펴본 대로 하위법은 상위법이 정한 사항 또는 위임한 범위 내에서만 법을 제정할 수 있고요.

민 지 헌법 내용의 구성에 대해서는 '22장 민주주의, 제도에 앞서 사상이 있었다'에서 살펴봤었죠.

신박사 그랬었죠. 한 나라의 최상위법인 헌법은 국가 설계도예요. '국가의 통치 조직과 통치 작용의 기본 원리 및 국민의 기본권을 보장하는 근본 규범'[89]을 정하고 있는 설계도요. 그래서 헌법은 국가 성립보다 시간상 우선해요. 건물을 짓기 전에 설계도가 먼저 그려지는 것처럼요. 우리나라는 1948년 5월 10일 남한만의 총선거로 198명의 국회의원(헌법 제정 등 특수한 과업 수행을 위한 의회로 2년 임기)을 뽑아, 5월 31일 '제헌국회'가 개설돼요. 헌법을 만들기 위한 국회죠. 제헌국회는 7월 1일 나라 이름을 '대한민국'으로 정하고, 7월 17일 '대한민국헌법'을 공포해요. 그리고 이어, '대한민국임시정부'의 법통을 계승(1987년 10월 29일 공포된 제9차 개헌 때부터 헌법 전문에 명시)해 1945년 8월 15일 '대한민국' 성립을 국내외에 선포해요.

'법치주의'의 3단계 흐름

민 지   헌법은 단순히 '최고법'이 아니네요. 매우 특별한 위치네요. 형식상 국가보다 앞설 정도니요. 그러면 '법치주의'는 궁극적으로 헌법으로 집중되겠네요.

신박사   그렇죠. 헌법으로 귀착되죠. 법치주의의 출발선은 '왕이 법法인 국가가 아닌, 법法이 왕이 되는 국가'[90]에요. 한마디로 '사람의 지배'가 아닌 '법의 지배'죠. 그런데 법치주의의 무게 중심은 시대에 따라 바뀌어요. ① 법치주의(형식적) → ② 실질적 법치주의 → ③ 사회적 법치국가[91] 순으로요. '법치주의(형식적)'는 의회를 최초로 만든 나라가 영국인 만큼 영국에서 시작돼요. 대헌장(1215년), 권리청원(1628년), 권리장전(1689년)에 대한 왕의 승인으로, 왕의 권력은 줄이고 시민의 자유는 확대되는 일련의 과정으로요. 그런데 단순히 '법의 지배' 자체만 강조되는 법치주의에는 문제가 있어요. 바로 '악법도 법이다'라는 상황이 벌어질 수 있다는 거예요. 법대로, 즉 '법에 의한 지배'인데 그 법 자체가 '악법'이라면 법치주의는 그 존재 의미를 상실해요. '법치주의'의 본래 취지가 국민의 자유 확대와 기본권 보장인데, 그 법치주의가 자유 확대와 기본권 보장은 고사하고 국민에게 고통만 가져오는 상황이 발생하니까요.

민 지 　그렇네요. 법대로 하는데 그 법 내용 자체가 독재 상황에서의 법처럼 국민을 억압하는 것이라면 '권력을 법에 구속시켜 권력을 통제한다'는 '법의 지배'는 아무 의미가 없게 되죠. 이때의 법치주의는 다만 '악惡'일 뿐이죠.

신박사 　그렇죠. 이런 경우는 형식만 '법의 지배'일 뿐 실제는 '사람의 지배'가 되죠. 법을 마음먹은 대로 바꿀 수 있는 독재자의 지배요. 그래서 학자들은 이런 '형식적 법치주의'가 아닌 '실질적 법치주의' 또는 '헌법주의'를 주장하게 돼요. 국가권력을 단순히 '형식적인 법률'에 구속시키지 않고, '헌법의 실질적인 법 가치'에 구속시키는 거죠.

헌법이 법률보다 '절대선'에 더 가까울 수 있는 이유 3가지

민 지 잠깐만요, 교수님. 헌법도 일단은 그냥 '법' 아닌가요? 헌법이라고 해서 '절대선'일 수는 없잖아요. 법률이 아닌 헌법을 최종 기준으로 삼았다고 해서 '형식적 법치주의' 문제가 그냥 해결될 것 같지는 않은데요?

신박사 중요한 지적이에요. '헌법'이라고 해서 무조건 '절대선'일 수는 없죠. 그러나 '법률'보다는 더 선▒이고 때로는 현실적인 절대선에 가까울 수도 있어요. 이유는, 같은 법이지만 ① 입법 요건, ② 법 내용의 속성, ③ 헌법소원 심판 기능 보유 등에서 차이가 있기 때문이에요. 먼저 우리나라의 '입법 요건'을 보죠. '법률'은 국회 재적의원 과반수의 출석과 출석의원 과반수의 찬성(헌법 제49조)만으로 제정·개정할 수 있는 데 반해, '헌법'은 국회 재적의원 3분의 2 이상의 찬성과 국회의원 선거권자(국민 중) 과반수의 투표와 투표자 과반수의 찬성(헌법 제130조)을 개정 요건으로 해요. 국민에게 직접 묻고 국회 가결 요건도 훨씬 까다로운 만큼 헌법이 법률보다 국민의 이익과 행복 실현에 충실할 가능성이 커요. 두 번째로, '법 내용의 속성'을 보면 '법률'은 '실천적 규범'인 반면, '헌법'은 자유·평등·인권·민주주의와 같은 '근본 가치'를 담고 있어요. 자유·평등·인권·민주주의와 같은 가치·이념은 사실 법률 용어이기 이전에 상식과 이성의 영역이에요. 상식과 이성은 언급 자체를 생략할 수는 있지만 대놓고 부정하기는 어려워요. 말 그대로 상식, 이성이니까요. 헌법이 현실적 '절대선'에 가까울 수도 있는 근거예요. 세 번째로, 헌법은 자유·평등·인권·민주주의와 같은 '가치 규범·이념 규범' 내지는 헌법 정신을 심판을 통해 현실로 구현할 수 있는 제도적 수단을 가지고 있어요. '헌법재판소'요. '국민의 복리 추구가 최대한으로 반영(입법 요건)'된 '헌법 정신(법 내용의 속성)'을 '헌법재판소(헌법소원 심판 기능)라는 수단'을 통해 현실로 구현하니 '실질적 법치주의', '헌법주의'라 할 만하죠.

민 지 　헌법이 그냥 헌법이 아니네요. 진짜 한 나라 모든 법의 기둥이자 준거이고, 국민 행복 실현에 막대한 영향을 미치는 매우 중요한 존재네요. 헌법을 진짜 귀하게 여겨야 할 것 같은 생각이 막 솟아나요.

'사회적 법치국가' 개념의 등장은
국가 역할의 변화 때문

신박사 하하, 그럴 수 있죠. 법치주의의 흐름 마지막 세 번째 단계인 '사회적 법치국가'를 알아보죠. '사회적 법치국 가' 개념의 등장 배경은 법치주의의 한계가 아닌, 국 가 역할의 변화예요. '자본주의 vs. 사회주의'의 대립 인 '정치혁명 Ver. 2.0'은 혼합경제, 즉 복지국가로 마 무리돼요. 국민의 삶 모든 것을 아우르는 '정치'의 패러 다임이 바뀌면 국가의 역할은 물론 그 역할의 실현 수 단인 법의 의의 역시 바뀌어요. 지금까지 법치주의의 의의가 국가가 국민의 자유와 권리를 함부로 침해하 지 못하게 하는 데 있었다면, 이제는 여기에 국민이 보 다 인간답게 살 수 있도록 보살피는 역할이 추가돼요. 최소한의 행복 조건을 갖춰주는 일요. 헌법(제10조)은 '모든 국민은 인간으로서의 존엄과 가치를 가지며, 행 복을 추구할 권리를 가진다. 국가는 개인이 가지는 불 가침의 기본적 인권을 확인하고 이를 보장할 의무를 진다'라고 정하고 있어요. 법치주의의 기존 역할이 '인간의 기본권' 보장이었다면, 추가된 역할은 현실적 '행복 추구권' 보장이에요.

민 지 정치 패러다임이 바뀌면서 법치주의의 의의도 바뀌네요. 하긴 그럴 수밖에 없죠. 정치 패러다임 자체가 사회와 따로 가는 것이 아니라, 결국 '어떻게 하면 국민 행복이 더 커질 것인가?'에 기준을 두는 것이니까요. 법의 존재 의미 역시 헌법 제10조 내용대로 '국민의 행복 실현'에 있고요. 그런데요, 교수님. 제가 교수님의 '실질적 법치주의(또는 헌법주의)' 설명에서 중대한 결함을 발견했어요. 헌법은 법률보다 더 선(善)이고, 어쩌면 현실적 의미에서의 '절대선'에 가까울 수도 있다고 하셨잖아요, 3가지 이유로요. 그렇다면 '유신헌법'은 어떻게 된 거죠? '절대선'은 고사하고 '악(惡)'이었잖아요. 국민의 기본권을 크게 유린하고 독재자의 종신 집권을 가능하게 하는 '악'요.

'민주주의' 앞에 수식어가 붙으면
그것은 흔히 반(反)민주주의

신박사 음, 그렇죠. 유신헌법은 헌법이라는 존재를 다시 한 번 생각하게 하죠. '민주주의' 앞에 수식어가 붙으면 그것은 흔히 반反민주주의예요. '한국적 민주주의'를 표방한 유신헌법은 그 전형이죠. 유신헌법의 주요 내용은 '국민의 기본권 대폭 축소, 통일주체국민회의 대의원에 의한 대통령 간선제, 대통령 임기 4년에서 6년으로의 연장, 대통령의 중임이나 연임에 대한 제한 삭제, 대통령의 긴급조치권 및 국회해산권 도입, 국회의 국정감사권 폐지 및 국회회기 단축, 국회의원 3분의 1 대통령 추천(선출은 통일주체국민회의), 대통령에 의한 법관 임명 등'이에요. 사실상 3권(행정·입법·사법)이 한 사람의 손아귀로 들어간 독재, 1인 장기집권 체제의 완성이었죠. 이런 개헌안이 1972년 11월 21일 투표율 91.9%에 찬성 91.5%로 통과되었어요.[92]

민 지 아니, 91.9% 투표에 91.5% 찬성요? 이런 초헌법적(?) 개헌안이 도대체 어떻게 그럴 수 있는 거죠? 북한도 아니고요. 시민의식이 그렇게 낮았던 건가요?

신박사 유신헌법 개정이 있기 12년 전인 1960년에 4·19혁명을 일으킨 나라예요. 시민의식만으로는 설명될 수 없죠. 1972년은 1961년 5·16군사정변으로 박정희가 권력을 잡은 지 11년이 지난 때예요. 그리고 그동안 장기집권과 독재 강화를 위해 이미 두 차례나 개헌을 단행했어요. 투표는 전국 비상계엄령 선포와 함께 국회가 해산되고, 정당 및 정치 활동이 금지된 상태에서 진행되었어요. 아, 또 하나 있네요. 언론·출판·보도 및 방송에 대한 사전 검열이 이루어지는 상태였고요.

민 지   아아, 그랬었네요. 도저히 정상적으로 투표가 이루어질 수 있는 상황이 아니었네요. 군사독재에 목숨을 내놓고 항거하든지 아니면 그냥 숨죽이고 있든지, 둘 중 하나였네요. 다른 선택의 여지가 없었겠어요. 충분히 상상이 가요.

'법치주의'는 어떻게든 '실질'을 찾아간다

신박사   나는 헌법 아닌 헌법인 유신헌법의 의의에 대해서는 박정희가 권력을 잡은 뒤 단행한 '제5차 개헌(1962년 12월 26일)부터 박정희 정권 자멸의 방아쇠를 당긴 1979년 부마 민주항쟁'까지, 전체를 두고 봐야 한다고 생각해요. 10년 이상의 철권통치가 유신헌법과 같은 악법을 일단 가능하게 했지만 결국은 사필귀정이 되었다는 역사적 사실요. 법치주의는 형식일 수 없고, 어떻게든 '실질'을 찾아간다는 준엄한 역사적 증명요.

민 지   그렇네요. 교수님 말씀처럼, 자유·평등·인권·민주주의와 같은 가치·이념이 법률 용어이기 이전에 상식이고 이성이니, 비정상 헌법 역시 종국에는 정상 헌법으로 돌아올 수밖에 없겠어요. 그런데요, 교수님. 갑자기 생각난 건데요. 법률이 문제가 있으면 헌법재판소로 달려가면 되는데요. 유신헌법처럼 헌법이 문제가 있으면 어디로 가야 하나요?

신박사   하하, 일단 갈 데가 따로 없어요. '헌법이 위헌인지'를 묻는 것은 헌법이 헌법을 판단하는 것이니 논리상 성립될 수 없고요. 헌법 제10장(헌법 개정)의 제128조~ 제130조에 따라 헌법 개정을 하자고 하는 수밖에 없죠. 물론 개정 발의는 일반 국민은 안 되고, '국회 재적의원 과반수 또는 대통령'(헌법 제128조①항 참조)이 할 수 있죠. 🎨

27장

국회의원은 국가대표인가요, 지역대표인가요?

국회의원이 '입법'에 나선다면 그것은 '국민 전체'를 위한 '입법'이어야 하고, '행정 감시'에 나선다면 '국민 전체'를 위한 '행정 감시'여야 하고, '예산 심의'에 나선다면 '국민 전체'를 위한 '예산 심의'여야 해요.

'○○○○ 개선사업 ○억 ○천 확정. 약속 실천!', 문제 있는 것 아닌가요?

민　지　교수님, 저는 교수님과 정치 대화를 시작하고 난 뒤부터 그 전에는 보이지 않았는데 갑자기 눈에 들어오기 시작한 게 있어요.

신박사　하하하, 개명이라도 된 건가요? 뭐예요, 그게?

민　지　'○○○○ 개선사업 ○억 ○천 확정. 약속 실천!' 같은 길거리 국회의원들의 플래카드 내용요. 예전 같으면 무심코 지나치거나 '어, 여기 국회의원은 일을 열심히 하는 모양이네' 하고, 아무 생각 없는(?) 느낌이었는데, 지금은 '어, 이게 뭐지?' 하게 된 거죠.

신박사　하하하, 안 보이던 것이 갑자기 보이게 되었으니 개명이 되긴 된 거네요.

민 지 하하, 그런 셈이죠. 어쨌든요, 도대체 국회의원들 왜 그러는 거죠? '국민의 대표'가 당당하게(?) '국민 전체의 이익'이 아닌 '지역 이익'을 먼저 챙기고 있다는 것을 스스로 자백하고 나오는 이런 황당한 상황요.

신박사 음, 그렇죠. 오래전부터 나는 이 부분에 문제가 좀 있다고 생각해 왔어요. 그래서 보수와 진보 국회의원의 플래카드, 의정 활동 보고서 내용 같은 것도 비교해 보고, 또 내가 보기에 의정활동에 정말 진심인 국회의원과 그 반대편의 국회의원도 비교해 보았어요. 그런데 별 차이가 없다는 결론이었어요. 국회의원 대부분이 자신이 '지역구 대표'가 아닌 '국민 전체의 대표'라는 것을 분명하게 자각하지 못하고 있거나, 아니면 '다들 그렇게 하는데 나만 그냥 가만히 앉아 있을 순 없잖아' 하고 함께 휩쓸려가는 분위기 아닌가 하는 생각이에요.

민 지 국회의원은 법을 만드는 사람이잖아요. 다른 것도 아닌 법 만드는 일을 하는 이들이 자기 역할을 분명히 인식하지 못하고 있다면 그건 문제죠. 법적으로 문제가 될 수 있다는 것을 알면서도 남들이 하니까 '에라, 모르겠다' 하고 자신도 나선다면 그건 더 큰 문제고요.

국회의원은 '지역대표' 아닌 '국민대표'

신박사   그렇죠. 어느 쪽이든 문제죠. 헌법은 '국회의원은 국가 이익을 우선하여 양심에 따라 직무를 행한다'(헌법 제46조②항)라고 분명히 정하고 있어요. 그리고 국회의원이 되면 임기 개시 후 첫 본회의 때 국회의원 선서를 해요. '나는 헌법을 준수하고 국민의 자유와 복리의 증진 및 조국의 평화적 통일을 위하여 노력하며, 국가 이익을 우선으로 하여 국회의원의 직무를 양심에 따라 성실히 수행할 것을 국민 앞에 엄숙히 선서합니다'(국회법 제24조)라는 내용이에요. 국회의원은 '국가이익', '국민의 자유와 복리의 증진' 실현을 직무로 하는 '국민 전체의 대표'이지 '지역대표'가 아니죠.

민 지   헌법과 국회법에서 이렇게까지 '국민의 대표'임을 분명히 정하고 있는데, 왜 그렇게 '국민의 대표'와는 배치되는 행동이 거리낌 없이 자행되고 있는 걸까요? 지역구 주민에 의해 뽑혔으니 아무 생각 없이 그냥 자신을 지역구 대표로 생각하는 모양이죠.

신박사   지역구별로 국회의원을 선출하는 것은 선거 편의상 (공직선거법 제20조③항에 의거) 그렇게 하는 것이지, '대표성'과는 아무 관련이 없어요. '지역구 국회의원' 말고 '비례대표 국회의원' 있잖아요. 법적 신분(자진

탈당 시 의원직 상실을 제외한)이나 역할에 있어 둘 간
에 아무 차이가 없어요. 선출 방식에 있어서만 차이가
있죠. 전자는 '지역구', 후자는 '전국구' 단위의 선출이
라는 차이요. 비례대표의 전국구 선출 방식 역시 선거
편의상(공직선거법 제20조①항에 의거) 그렇게 할 뿐이
죠. '국회의원'이라면 '지역구'든 '비례대표'든 모두 법
에 나와 있는 대로 '국민 전체의 대표'죠.

민 지   국회의원이 국가 예산 심의를 하면서 자기 지역 예산
을 의도적으로 먼저 챙기는 것은 올림픽 경기에서 심
판이 자국 선수에게 점수를 후하게 주는 경우와 같잖
아요. 공정성이 무너지잖아요.

신박사   그렇죠. 다음 선거에서의 당선 등 자신의 정치적 이
익을 위해 예산 심의 과정에서 지역구 예산을 우선적
으로 챙긴다면 그것은 국가 예산이라는 공적 이익의
사유화이자 예산 심의의 공정성 훼손이죠. 앞의 '헌법
제46조②항', '국회법 제24조'는 물론 '공직자의 이해충
돌 방지법'에도 저촉될 수 있죠.

'자유 위임(Free Mandate)의 원리'

민 지   앗, 그런데요, 교수님. 제가 지금 좀 약간 헷갈리고 있

는데요. 국회의원이 '국민 전체의 대표'이긴 하지만 일단 지역구의 지역민에 의해 뽑혔잖아요. 그러면 그 지역민의 요구 사항이나 여론을 반영하는 것이…….

신박사 하하하, 아니 민지 씨, 잘 나가다 왜 갑자기 방향감각을 잃어요? 음, 헌법상 원리에 '자유 위임(Free Mandate)의 원리'라는 것이 있어요. 이 내용은 쉽게 말해 '국회의원은 유권자의 의사에 구속되지 않고 독자적인 양심에 따라 판단하고 행동해야 한다'는 거예요. 그런데 사실 이 '자유 위임의 원리'는 특별한 원칙은 아니에요. 앞서 알아본 헌법 제46조②항의 '국회의원은 국가 이익을 우선하여 양심에 따라 직무를 행한다' 중 뒷부분인 '양심에 따라 직무를 행한다'를 구체화하면 바로 이 내용이에요. 헌법 조항 앞부분인 '국가 이익을 우선하여'를 이 원리에 더하면 '국회의원은 지역 유권자의 의사에 구속되지 않고 국민 전체의 이익을 위해 독자적인 양심에 따라 판단하고 행동해야 한다'가 되죠. 한마디로 국회의원은 '국민의 대표'로, '지역구·지역주민에 구속되지 않는다'는 거죠.

민 지 그렇죠, 그렇죠. 국회의원은 '국민 전체의 대표'이지 '지역구 대표'가 아니죠. 아, 잠시 헷갈렸네요, 하하. 그러면 교수님, 국가 예산편성 과정에서 국회의원들의 공정성 훼손(?)이 어떻게 이루어질 수 있는지 그

포인트를 한번 알아보죠.

국가 예산 편성 과정과 '당정 협의'

신박사   나라의 1년 살림을 위한 국가 예산은 크게 '행정부의 예산안 편성'과 '국회의 심의·의결', 두 단계를 거쳐 확정돼요. '행정부의 예산안 편성'은 기획재정부가 정부 부처 전체의 소요 예산을 종합·조정해 정부 예산안을 확정하는 단계예요. 기획재정부의 정부 예산안은 대통령 재가를 받은 뒤 국회로 넘어가요. '국회의 심의·의결'은 3단계로 이뤄져요. '① 소관 상임위원회 예비 심사 → ② 예산결산특별위원회 심의·의결 → ③ 국회 본회의 심의·의결'요. 이렇게 예산이 확정되는 과정에서 국회의원이 개인적으로 예산편성에 영향력을 미칠 수 있는 기회는 '① 소관 상임위원회 예비 심사'와 '② 예산결산특별위원회 심의·의결(ex. 쪽지 예산)' 때예요. '③ 국회 본회의 심의·의결'은 사실 단순히 '의결'만 하는 절차이기 때문에 영향력을 미칠 여지가 거의 없어요. 그런데 이 전체 과정에서 공식적으로 드러나지 않는 절차가 하나 있어요. 바로 '당정 협의'요. 기획재정부는 정부 예산안의 무난한 국회 통과를 위해 예산안을 마련하는 단계에서부터 사실 국회와 사전 협의를 해요. 특히 여당과요.

민 지 아, 그렇네요. 예산안의 무난한 국회 통과를 위해 행정부 측이 처음부터 나서서 '당정 협의' 등을 요청하지만, 국회의원 입장에서는 이때가 자기 지역구 예산을 챙기는 기회가 될 수 있겠네요. 정확히 말하면, '국가 예산편성의 공정성'이 흔들리는 지점요. 그래서 정권이 바뀔 때마다 여당 국회의원들이 지역구에서 목소리 높여 '예산 폭탄'을 자신하는 거네요. 교수님, 좀 놀라워요. 이런 위법 소지(?)가 다분한 행위가 사회적 이의 제기 없이 관행적으로 계속해 이루어지고 있다는 사실에 대해서요. 플래카드나 의정 활동 보고서에 버젓이 자신의 업적으로(또는 업적처럼) 드러낼 정도로요. 교수님, 국회의원들의 무감각해진 이 공정성 훼손 행위를 국회의원의 본래 역할에 비추어 한번 정리해 보면 좋을 것 같아요.

국회의원의 법적 권한·의무에 지역구 예산 또는 지역구 숙원 사업 우선 챙기기는 없다

신박사 국회의원의 '의회 정치', 즉 '의정' 활동은 크게 ① 입법

활동, ② 행정감시 활동, ③ 예산 심의, 셋으로 나누어 볼 수 있어요. 당연한 이야기지만, 이 국회의원의 권한 내지 의무는 모두 법에 근거해요. '① 입법 활동'은 헌법 제40조의 '입법권은 국회에 속한다', '② 행정 감시 활동'은 헌법 제61조의 '국회는 국정을 감사하거나 특정한 국정 사안에 대하여 조사할 수 있으며, 이에 필요한 서류의 제출 또는 증인의 출석과 증언이나 의견의 진술을 요구할 수 있다'에 근거해요. 그리고 '③ 예산 심의'는 헌법 제54조①항의 '국회는 국가의 예산안을 심의 확정한다'에 근거하고요. 국회의원의 법적 권한이나 의무에 '지역구 예산 또는 지역구 숙원 사업을 우선적으로 챙길 수 있다 또는 챙겨야 한다'는 내용은 그 어디에도 없어요. 따라서 국회의원의 지역구 예산 또는 지역구 숙원 사업 우선 챙기기는 국회의원의 의정 활동에 해당하지 않아요. 만약 자신이 지역구 예산 확보 또는 지역구 숙원 사업 해결에 힘을 썼다고 플래카드나 의정 활동 보고서에 버젓이 밝히는 의원이 있다면 그것은 그 의원 스스로 법을 벗어난 행위를 했다고 자수하고 나오는 것이나 다름없어요. 또 국회의원 출마자가 그런 공약을 내건다면 그것은 공익을 위해 쓰여야 할 국가 예산을 '사익(결과적으로 자신의 당선)'을 위해 쓰겠다고 처음부터 선언하고 나오는 것이나 다름없고요. 다시 한 번 말하지만, 국회의원은 '국민 전체의 대표'이지 '지역구 주민의 대표'가 아니에 요. 국회의원이 '입법'에 나선다면 그것은 '국민 전체' 를 위한 '입법'이어야 하고, '행정 감시'에 나선다면 '국 민 전체'를 위한 '행정 감시'여야 하고, '예산 심의'에 나 선다면 '국민 전체'를 위한 '예산 심의'여야 해요.

지역을 대표하는 이는 '국회의원' 아닌, 지방자치단체장

민 지 음, 그러면 교수님, 제가 또 헷갈리고 있는지 모르겠 는데요. 지역에 진짜 숙원 사업, 꼭 확보해야 할 국가 예산이 있어요. 그런데 국회의원은 나설 수 없어요. 국가대표·국민대표이니까요. 그러면 어떻게 해야 해 요? 그냥 손 놓고 있어야 하는 건가요?

신박사 하하하, 교통정리를 해보죠. 지역 이익을 대표하는 이 가 따로 있잖아요. 지방자치단체장, 지방자치 의회요.

민 지 에? 아! 그렇네요. 그러고 보니 지방자치단체장이 있 었네요. 지방 대표로요, 진짜 '지역대표'네요.

신박사 그렇죠. 진짜 지역대표죠. 지방자치단체장과 지방자 치 의회가 진짜 지역대표죠. 헌법은 '지방자치단체는 주민의 복리에 관한 사무를 처리하고 재산을 관리하며, 법령의 범위 안에서 자치에 관한 규정을 제정할 수 있다'(헌법 제117조①항)라고 정하고 있어요. 그리고 지방자치법은 '지방자치단체의 장은 지방자치단체를 대표하고, 그 사무를 총괄한다'(지방자치법 제114조)라고 말하고 있어요. 지역을 위한 국가 예산 확보나 숙원 사업 해결은 그 지역 지방자치단체장 소관이라는 거죠. 국회의원이 아니고요. 따라서 지방자치단체장은 길거리 플래카드나 시정·도정 보고서에 국가 예산 확보, 지역 숙원 사업 해결을 자신이 했노라고 자랑스럽게 드러낼 수 있어요. 법적으로 그 자리가 바로 '주민의 복리' 향상을 위한 자리라고 정하고 있으니까요. 지방자치단체장에 출마하는 이도 자신이 지역에 국가 예산 폭탄을 내리게 하겠다고 공약할 수 있어요. '주민의 복리' 향상에 국가 예산 우선 확보는 중요하니까요. 지방자치 의회도 지방자치단체장과 같은 역할이에요. 내부적으로는 단체장을 견제하고 감시하는 관계지만 외부적으로는 지방자치단체장과 함께 지역 주민의 이익 향상을 위해 존재해요. '지방의회의원은 공공의 이익을 우선하여 양심에 따라 그 직무를 성실히 수행하여야 한다'(지방자치법 제44조①항, 의원의 의무)라고 법에서 정하고 있는 것처럼요. '공공의 이익'

은 당연히 '그 지방 주민의 이익'이죠.

예산 폭탄 운운하는 국회의원 후보는 경계해야

민　지　명료하네요. 국회의원은 국가대표, 지방자치단체장
　　　　은 지역대표요. 국가대표는 국가·국민의 이익을 위해
　　　　일하고, 지역대표는 그 지역의 이익을 위해 일하고요.
　　　　그런데요, 교수님. '국가 차원의 공익을 훼손하는 국
　　　　회의원의 지역 대표적 행위'가 국회의원 탓만은 아니
　　　　잖아요. 지역구민이 먼저 그런 역할을 요구해서 그렇
　　　　게 된 측면도 있지 않겠어요? 어찌 보면, 'win-win'의
　　　　상호작용 같은 것요.

신박사　그렇죠. 그런데 바로 그 부분이 문제의 근원이죠. '어
　　　　찌 보면 win-win의 상호작용'요. 지역구민은 국회의
　　　　원이 국가 예산을 많이 끌어오면 끌어올수록 이익이
　　　　고, 국회의원은 다음 선거에서 연이은 당선 보장을 위
　　　　해 국가 예산을 많이 확보하면 할수록 자기에게 이익
　　　　이에요. '어찌 보면' 이 과정에서 피해 보는 이가 없어
　　　　요. 양쪽 다 이익이에요. 문제가 없어요. 그런데 사실
　　　　은 그게 아니죠. '제대로 보면' 매우 중요한 사실, 아니
　　　　진실이 간과되고 있죠. 국민 전체의 이익 증진을 위

해 국가 전체 차원에서 우선순위가 정해져야 할 국가 예산이 예외적으로 특정 지역의 이익을 위해 사용되고 있는 거죠. 그 결과, 국가 예산의 효과성·효율성·형평성이 손상되고 있어요. 어떤 이는 이렇게 생각할 수 있어요. '너나없이 국회의원 모두 그렇게 하면 결과적으로는 전체적으로 다시 균형이 맞춰지는 것 아니냐?'고요. 이때의 '균형'이라면 그것은 '원시 자연 상태의 균형'일 뿐이죠. '힘'이 곧 '정의'가 되는 '불균형의 균형'요. 이때의 '힘'은 '능수능란한 권모술수', '최고권력자와의 친밀도', '은밀한 어둠의 결탁'과 같은 것들이겠고요. 결국 '어찌 보면 win-win의 상호작용' 결과는 '재정 건전성과 정책 효과의 하락', '국가 예산제도 취지의 붕괴' 그리고 '법 따로 정치 따로에 의한 법치의 실종'이죠.

민 지 　그렇네요. 지금과 같은, 국가 예산 확보에 대한 지역 구민과 국회의원의 이해 일치는 사실 'win-win'이 아닌 야합일 뿐이네요. 나라의 뿌리를 조금씩 갉아 종국에는 국가 존립을 위험에 빠트릴 수도 있는 야합요. 그리고 지금 상태는 교수님이 말씀하신 대로 '원시 자연 상태의 균형'이라 할 수 있겠어요. 너나없이 국가 예산 확보를 장담하면서, 팔뚝 굵기(?)에 따라 국가 예산을 크고 작게 전리품처럼 챙겨, 나름의 전과 아닌 전과를 지역구에 소리 높여 광고하는 상황요.

신박사 유권자가 국회의원의 역할을 정확히 인식하고 있지 않으면 자칫 국가·국민을 위할 이가 아닌 도둑을, 그것도 큰 도둑을 국민의 대표로 뽑을 수 있어요. 예산 폭탄 운운하는 국회의원 후보는 경계해야 해요. 그것은 당선이라는 자기 개인의 이익을 위해 나라 살림의 우선순위를 작정하고 한번 크게 흔들어보겠다는 '잘못된 결심'이니까요. 플래카드나 의정 활동 보고서에 자신의 불공정한 국가 예산 심의 행위를 자백하고 나오는 국회의원들도 경계해야 해요. 국민대표로서 공정성을 상실한 것도 잘못된 일이지만, 잘못된 일을 칭찬받을 일처럼 드러내, 지역 시민의 정치 수준을 얕잡아본 것은 더 큰 잘못이에요. 주인을 잘 섬기겠다고 해놓고 그 주인을 깔본 것이니까요. 국회의원과 지방자치단체장의 역할도 올바르게 구분해야 해요. 결국 올바른 시민이 올바른 정치인을 만들어요. 🖋

28장

광화문 광장에 서면
가슴이 벅차올라요

조선시대 '빛'의 주체는 '왕'이었어요. 21세기 민주주의 시대 '빛'의 주체는 당연히 주권자인 '민주 시민'이에요. '촛불혁명'과 '빛의 혁명'으로 민주주의가 가야 할 길을 환히 밝힌 바로 그 '민주 시민'요.

광화문 광장에 서면 가슴이 벅차올라요

민 지   교수님, 저는 광화문 광장에 서면 한 번씩 가슴이 벅차오를 때가 있어요.

신박사   세종대왕 때문에요? 아니면 이순신 장군?

민 지   아니요, 그게 아니고요. 2016~2017년 겨울, 그리고 2024~2025년 겨울, 살을 에는 추위 속에서 제가 광화문 그 역사적 현장을 함께했다는 사실에 대해서요.

신박사   아하, 그 이야기요. 당연하죠. 단순히 역사적 현장을 함께한 것이 아니죠. 주권 시민으로서 직접 역사를 만든 거죠. 역사를 만드는 데 직접 나선 곳이니 가슴이 벅차오를 수밖에요.

민 지   예전에는 광화문 광장을 지나면 그냥 정신없이 복잡하다는 생각밖에 없었어요. 그런데 언제부턴가 광화문 광장을 찾으면 그 공간에 애정이 가고 뭔가 숙연해지기도 하고 그러다 너무 행복하다는 생각이 들기도 해요. 맞아요, 갑자기 광화문이 저에게 말을 걸어오는 것 같기도 하고요.

신박사 광화문이 말을 걸어온다면 그건 중증이에요. 하하, 농담이고요. 다른 곳이 아닌 광화문 광장이라면 그런 느낌을 가질 수 있다고 생각해요. 현대사의 변곡점을 모두 지켜본 공간이자 우리나라 민주화운동의 중심 터잖아요. 민주주의를 위해 지금까지 피 흘린 수많은 원혼이 광화문 광장 어디에선가 지금 이 시대를 지켜보고 있을 거예요.

민 지 그렇죠? 제 느낌이 터무니없는 것 아니죠? 아, 그러고 보니 교수님, 헌법 전문에 나오는 4·19혁명도 여기서 시작된 것 아니에요?

'4·19혁명'에서 '빛의 혁명'에 이르기까지 자유·민주주의 투쟁의 서사를 담고 있는 광화문 광장

신박사 1960년 이승만의 3·15부정선거에 대한 규탄은 맨 먼저 마산에서 시작돼요. 그리고 전국적인 총궐기로 번지게 된 계기가 4월 18일 고려대학교 학생들의 바로 이곳 광화문 진출이죠. 고려대학교 학생 3천여 명이 경무대(지금의 청와대)와 국회의사당(지금 태평로에 위치한 서울시 의회 건물)을 찾아가 '이승만 하야와 독재 정권 타도'를 외친 거죠. 다음 날인 4월 19일, 전국적으로 시민·학생이 시위에 나서고 이승만 정권은 비상계엄령으로 맞서요. 이날 경찰의 발포로 서울에서만 자정까지 약 130명이 죽고 1천여 명이 부상당해요. 일주일이 지난 4월 26일, 결국 이승만은 하야를 발표해요.[93] 국민을 이기는 권력은 없어요.

민 지 서울에서만 130명이 죽었으면 이곳 광화문 광장 주변도 피로 물들었겠네요. 진짜로 원혼이 있다면 광화문 광장을 도저히 떠날 수 없겠어요.

신박사 1972년 10월 17일의 광화문 아침 풍경을 알아볼까요? 박정희의 10월유신 첫날요. "광화문 앞에 탱크가 서 있었다. 긴 포신과 기관총은 광장을 향했다. 경복궁 담장을 따라 군인들이 착검한 총을 들고 있었다."[94] 박정희 정권이 10월유신을 단행하면서 12년 전 이승만 정권을 끌어내린 전국적 총궐기의 진앙지 광화문 광장부터 숨통을 조인 거죠. 탱크와 총칼로요. 전두환 때의 민주화운동 역시 광화문에서 시작돼요. 1980년, 전두환 신군부가 내린 계엄에 대한 철폐를 요구하는 대학생들의 가두 진출 시위가 1980년 5월 13일 밤 광화문 앞에서 시작돼요. 1987년의 '6월항쟁'은 '6·10국민대회'를 기점으로 본격적으로 시작되는데, 대회 장소가 광화문에 인접한 '성공회 대성당(대한성공회 서울 주교좌성당)'이었어요.[95] 민지 씨가 참여한 2016~2017년의 박근혜 탄핵 촉구 집회, 2024~2025년의 윤석열 탄핵 및 파면 촉구 집회 모두 광화문 광장에서 불타올랐고요.

민 지 교수님, 광화문 광장은 그야말로 우리나라 민주주의의 성지네요. 아니, 전 세계 민주화운동의 모범인 'K-democracy'의 성지요. '민주주의 실험'에서도 우리가 세계의 모범이니까요. 평화적인 시위로요. 그런데요, 교수님. 민주주의가 위험에 빠질 때마다 사람들이 광화문 광장으로 모여드는 것은 아무래도 청와대가 있어서 그렇겠죠?

신박사 기본적으로는 그렇지요. 청와대가 있고 또 서울의 중심지라 당연히 시위 효과도 클 테고요. 그런데 나는 결론적으로는 같은 말일 수도 있겠지만, '역사성歷史性'이 크게 작용하고 있다고 봐요.

민 지 '역사성'이라면요?

신박사 '광화문 광장'이라는 공간 자체가 권력자의 자의적 권한 행사에 분연히 항거하는 DNA를 품고 있을 수밖에 없다는 이야기예요. 역사적으로요.

민 지   그 말씀은 현대사뿐만 아니라 그 이전부터 오랜 시간 저항의 역사를 품고 있어, 아예 그 저항 정신이 이 땅의 DNA가 되어 있을 거라는 말씀이네요.

신박사   그렇죠, 그거예요. 광화문을 정문으로 하는 경복궁은 조선 왕조 500년 동안 최고권력자인 왕의 상징이었죠. 따라서 현대 이전, 조선 왕조 500년 동안에도 광화문 광장은 저항의 공간이었죠. 물론 그때는 대체로 '권력자의 도덕 내지는 정책에 대한 비판의 무대'였고 지금은 '민주주의의 상징 공간'이라는 차이가 있지만요. 사례 몇 개를 알아볼까요?

민 지   오우, 교수님. 흥미로워요. 조선 왕조 때도 민지 같은 훌륭한 젊은이들이 있었던 거네요. 크크.

조광조의 도학 정신과 성균관 유생들의 기개가 살아 숨 쉬는 곳, 광화문 광장

신박사   맞아요. 민지 씨 같은 훌륭한 젊은이들이 있었어요, 하하. 먼저 조광조와 관련해 '광화문 광장'을 알아보죠. 주자의 성리학(도학)은 고려 말 안향(1243~1306년)에 의해 우리나라에 도입돼요. 그리고 학통이 '안향 →

정몽주 → 길재 → 김숙자 → 김종직 → 김굉필→ 조광조로 이어져요. 그런데 조광조(1482~1519년)가 살았던 당시, 성리학은 도입된 지 200여 년이 지났지만 아직 이 땅의 주류가 아니었어요. '시 등 수사적 기교의 글쓰기를 중시'하는 '사장학詞章學'에 밀렸어요. 그러던 중 조광조의 도학(성리학) 정치에 대한 주창을 계기로 조선의 풍습과 사상이 유교식으로 바뀌기 시작해요. 조광조는 1515년 33세에 관직에 나가 중종의 두터운 신임으로 불과 3년 만인 36세에 대사헌(종2품) 자리에 올라요. 왕권 견제와 관리 비리 감찰을 담당하는 사헌부의 수장이죠. 조광조는 유교의 성리학에 바탕을 둔 요순시대의 이상 사회 실현을 꿈꾸었어요. 그러나 신진 세력의 대표 주자로 거침없이 개혁을 밀어붙이던 중, 중종의 변심과 훈구세력·중종의 결탁으로 1519년 37세의 나이에 죽음을 맞이해요. 기묘사화예요.[96]

민 지   조광조는 오늘날 우리의 사고방식, 행동 양식에 크게 영향을 미친 인물이네요. 그런데 조광조의 활동 기간이 4년밖에 되지 않아요. 진짜 불같이 살았겠어요.

신박사   그렇죠, 성질이 강직했던 모양이에요. 1519년 11월 16일 중종이 '붕당을 지어 조정의 정사를 어지럽혔다'는 불분명한 이유로 신진 개혁 세력의 대표 주자 조광조에게 사사賜死를 명해요.[97] 그러자 성균관 유생 150

여 명이 '대궐 문 앞에 엎드려 상소를 하다(복합伏閤)'
궐 안으로까지 들어가 통곡을 해요. 군사들이 몰려와
유생들을 궐 밖으로 쫓아내고 5명을 옥에 가둬요.[98]
중종은 조광조에 대한 벌을 사형에서 '곤장 100대와
귀양'으로 감형해요.[99] 그런데 감형에도 불구하고 유
생들이 물러서질 않아요. 유생들이 이번에는 자기들
도 모두 함께 옥에 가두라고 상소하면서 궐 밖에서 버
텨요.[100] 이튿날 17일, 유생들은 두 차례나 또 상소를
해요. 이번에는 전날보다 90여 명이 늘어난 240여 명
이에요. 여전히 조광조의 억울함을 호소하면서 자기
들도 옥에 잡아 가두라는 거죠.[101] 상소가 받아들여
지지 않자 이번에는 모두 스스로 옥을 찾아가 그곳에
서 어명을 기다리겠다고 해요.[102] 그로부터 이틀 뒤인
19일, 인원이 더 늘어나 이번에는 유생 300여 명이 상
소를 해요.[103] 중종은 한 달 가까이 지난 12월 16일 어
명을 번복해요. 그런데 성균관 유생들의 요구와는 반
대로, 조광조를 사사賜死하라고 명령 내려요.[104] 조광
조는 '내가 죽거든 관을 얇게 만들고 두껍게 하지 말
아라. 먼 길을 가기 어렵다'는 마지막 말을 남기고 떠
나요.[105]

민 지   왕정 시대인데도 성균관 유생들의 기개가 대단했네
요. 그러고 보니 성균관이 당시 국립대학이고 또 유일

한 대학이었네요. 자부심이 대단했겠어요.

세종대왕과 성균관 유생들의 타협 정신이
배어 있는 곳, 광화문 광장

신박사   그렇죠. 젊은 대학생으로서의 자부심과 기개가 특히 더 그런 끈질긴 저항을 가져왔다고 봐야죠. 비록 뜻을 이루는 데는 실패했지만요. 오늘날 세종로, 즉 광화문 광장에 세종대왕상이 우뚝 서 있어요. 그런데 세종대왕도 성균관 유생들의 집단 시위를 피하지는 못했어요.

민 지   세종대왕은 성군이잖아요. 이번에는 유생들이 좀 잘못 생각한 것 아니에요?

신박사   하하하, 다른 왕들의 경우와 사안이 좀 다르긴 해요. 집현전 학자들이 불교를 개혁해야 한다고 상소해요. 세종은 불교가 유래가 오래되어 급격한 개혁은 어렵다는 이유로 거부해요.[106] 그러자 성균관 유생들이 들고일어나요. 1424년 3월 12일 성균관 유생 101명이 '대궐에 나아가(예궐詣闕)' 다시 한 번 불교 폐해 지적과 함께 개혁을 요구한 거예요.[107] 세종은 한 달 안 지난 4월 5일, 7종으로 난립해 있는 불교 교단을 정통인 선종과 교종 2종으로 통합할 것과, 전국에 스님들이 거처할 만한 곳을 가려 36개의 절만 남기도록 하면서 사찰에 토지를 넉넉하게 지급하도록 명령 내려요.[108] 집현전 학자들이나 유생들의 요구에는 많이 못 미치지만 어쨌든 불교를 개선한 거예요. 그리고 내용을 보면 알 수 있는 것처럼 합리적이에요. 어쨌든 성리학에 몰입해 있는 젊은 유생들 입장에서는 불교를 배척할 만해요. 그리고 세상을 더 살고 경륜과 함께 학문도 깊은 세종대왕 입장에서는 이 정도 개선을 할 만하고요.

민 지   그렇네요. 서로 입장이 부딪혔지만 'win-lose' 게임으로 끝나지 않았네요. 세종대왕님다워요, 하하.

'광화문 광장'도 얼어붙게 만든 폭군 연산군

신박사   '선정'을 폈던 세종대왕과 '보통'이었던 중종의 사례를 보았으니 이번에는 '악정'을 일삼은 연산군의 사례를 한번 볼까요? 연산군 때 성균관 유생들이 궐 앞으로 몰려갔다는 기사는 없어요.

민 지   예? 연산군 하면 지금 말씀하신 것처럼 악정을 일삼았던 나쁜 왕이잖아요. 그런데 왜 성균관 유생들이 대들지 않았어요?

신박사 　내 생각으로는 상상 이상의 폭군이어서 그랬던 것 아닐까 싶어요. 실록에 이런 내용이 실려 있어요. "전교하기를, '성균관·사학四學 유생과 마을 소년들이 떼로 모여 논의하되, 망령되이 인물을 시비하며 나라 정사를 저주 훼방하니, 매우 불가하다. 지금부터 법을 세워 금하되, 범하는 자는 부형까지 죄주라' 하였다. 왕이 문신을 베어 죽이고 혹은 귀양 보내 내쫓아 거의 다한 뒤에, 또 글 읽으며 사귀어 노는 것을 금하여 엄한 법으로 다스리되, 죄가 그 어버이에게까지 미치므로, 사대부 집에서는 시詩·서書를 꺼려 그 자손들에게 배우지 못하도록 경계하게까지 되었다"[109]

민　지 　와, 지-인짜 폭군이었던 모양이네요.

신박사 　그렇죠. 이런 내용도 나와요. "왕이 전교하기를, '성균관 서재西齋 바깥쪽에 방화벽을 쌓으라' 하였다. 왕이 날마다 여러 희첩들과 후원에서 잔치 놀이하며 유생들이 엿보는 것을 싫어하여 이 전교가 있은 것이다"[110]라는 내용이에요. 또, 이런 내용도 있어요. "인군이 부도하여 걸桀·주紂보다 심하더라도 신하 된 자로서는 원래 나쁜 것을 숨겨야 한다. -중략- 궁중의 은미한 일 같은 것을 감히 짐작으로 억측하고 말하는 것은 매우 불가하므로"[111]라는 내용이에요.

민　지 　진짜 대놓고 나쁜×이었네요. 그런데 폭군에다 저 정도 막가파면 진짜 방법이 없기도 했겠어요.

광화문 광장에 발을 들일 때
광화문이 말을 걸어오는 느낌을 받는다면

신박사　광화문 광장의 '역사성'을 이야기하다 갑자기 인물평으로 넘어갔네요. 앞 중종 때 조광조 관련 내용의, '대궐 문 앞에 엎드려 상소하다(복합伏閤)'와 세종 때 불교 관련 내용의 '대궐에 나아가(예궐詣闕)'에서의 그 '대궐'이 바로 '경복궁'이에요. 그리고 그 '문 앞'이라면 바로 경복궁의 정문인 '광화문 앞'이에요. 500년, 600년 전 성균관 유생들이 바로 광화문 현판 앞에서 권력에 저항하고, 권력에 이의를 제기했던 거예요. 성공하기도 하고 좌절하기도 했지만, 자신들이 옳다고 생각하는 것을 주장하고 입장을 견지했던 거죠. 나는 그 정신이 지금 광화문 광장 공간에 그대로 담겨 있다고 생각해요. 민지 씨가 광화문 광장에 발을 들일 때 숙연해지고, 광화문이 말을 걸어오는 느낌을 받는다면 바로 그런 기운 탓이라 생각해요.

민 지　진짜 '역사는 살아 있다'는 생각이 드네요. 그런데요, 교수님. 물론 민주주의 시대여서 그렇긴 하지만 지금은 광화문 광장의 주인이 그야말로 남녀노소 모두잖아요. 조선시대의 광화문 광장은 신진이긴 하지만 어쨌든 엘리트인 성균관 유생들뿐이었네요. 일반 백성은 보이지 않아요.

광화문 광장에 몰려들어 실력 행사로 형의 집행을 막은 조선의 민중들

신박사   꼭 그렇지는 않아요. '향약'(향촌 규약: 지방의 향인들이 서로 도우며 살아가자는 약속)[112]과 관련해, 중종 때 훈구파와 신진 세력인 사림파가 대립했어요. 이것과 관련해 〈중종실록〉에 이런 내용이 나와요. "저들의 무리가 추국推鞫받을 때에 향약의 무리가 광화문 밖에 떼지어 모여서 상언上言하여 구하기를 꾀하였으나 그대로 되지 않자 결장決杖할 적에 금부禁府로 나아와 삼대처럼 빽빽이 서 있었으므로, 장杖을 잡은 자가 떼 지어 모인 자들에게 밀려 장을 때릴 수 없었습니다."[113] 의금부가 향약과 관련된 이들을 신문하려 하자, 사람들이 임금에게 자신들의 의견을 전하겠다고 광화문 앞으로 몰려들었어요. 그리고 요구가 관철되지 않자, 의금부로 몰려가 위력을 과시했다는 이야기예요. 형리가 곤장을 칠 수 없을 정도로요.

민 지   와, 이건 요구가 받아들여지지 않으니 직접 행동에 나
선 거네요. 오늘날의 시위 이상이네요.

'모두 광화문 밖에 나아와서
제비를 뽑아 묻기를 기다리라'

신박사   그렇죠. 센 시위에 해당하죠. 일종의 무력 아닌 무력
시위니까요. 〈세조실록〉에는 이런 내용도 나와요. 세
조가 내린 명령이에요. "경외京外의 한량閑良과 공사천
례公私賤隷들이 정치의 잘되고 잘못된 점과 민간의 이
익 되고 손해 된 점과 억누름을 안고 원통함을 품고서
도 능히 스스로 아뢸 수 없는 자는 날마다 진시辰時에
모두 광화문 밖에 나아와서 제비를 뽑아 묻기를 기다
리라."[114] 양반·노비 가릴 것 없이 누구든 정치·경제와
관련해 제안할 사항이 있거나 개인적으로 억울한 일
이 있는데 달리 해결할 방법이 없다면, 아침에 광화문
앞으로 나와 제비뽑기에 참가하라는 거예요. 여기서
뽑힌 자는 임금이 직접 만나 주장이나 억울한 사연을
듣겠다는 거예요.

민 지   와, 이건 진짜 대단한 거네요. '명明'과 '암暗'이 함께하

는 세조대에 '명明'에 해당되는 부분이네요.

신박사 그렇죠. 실효성이 어떠했는지는 모르겠지만 일단 시도 자체는 대단한 '명明'이죠. 귀천을 가리지 않고 '누구든 하고 싶은 말 있으면 해보라'는 거잖아요. 이 부분만 보면 상당히 민주주의적이죠. 이런 특별한 사례나 제도 말고도 백성이 임금에게 자신의 억울함을 알릴 수 있는 일반적 수단이 있었어요. 신문고, 격쟁擊錚요. 신문고는 북을 쳐서 자기의 억울함을 알리는 거죠. 그런데 신문고가 그 취지만큼 그렇게 잘 운영되지는 않았던 것 같아요. 세종 때 한 노비가 신문고가 아닌 광화문의 종을 쳤어요. 승정원 관리가 까닭을 물으니, 의금부 당직원이 신문고를 못 치게 했다는 거예요. 그 이야기를 보고받고 세종이 말해요. "신문고를 설치한 것은 사람들이 마음대로 칠 수 있게 하여 아래 백성들의 사정이 위에 통할 수 있게 하려는 것이다. 무슨 까닭에 금하였는가. 만약 진술한 말이 사실이 아니라면 죄는 그 사람에게 있는 것이니 북을 관리하는 관리에게 무슨 상관이 있겠느냐마는, 이와 같이 금지를 당한 사람이 반드시 여러 사람일 것이니 그 의금부의 당직원을 헌부에 내려 국문하게 하라."[115] 1401년 태종 때 시작된 신문고의 설치 장소는 '궁문 앞에 별도로 지은 다락집'인 문루門樓[116]였어요. 궁문 앞이니 지금의 광화문 광장 어디였겠죠. 격쟁擊錚은 임금이 행차하거나 할 때 꽹과리를 쳐서 자기가 호소할 것이 있다고 알리는 것이니, 그것도 광화문 바로 앞에서 많이 이루어지지 않았을까 싶어요.

민 지　이런 제도들이 어찌 보면 신분제 사회를 온존키 위한 최소한의 기층민 숨통 터주기였을 수도 있겠어요. 어쨌든 이제 광화문 광장을 가면 지금까지와는 또 다른 느낌일 것 같아요. 두 차례의 칼바람 속 겨울 투쟁에, 이제 조선시대의 '광화문 광장 역사'까지 장착했으니요. 하하.

조선시대 '광화문 광장'을 중심으로 한 한양 지리 간단 정리

신박사　음, '또 다른 느낌'을 제대로 즐기려면 한 가지 더 장착하는 게 좋을 것 같아요. 지금의 광화문 광장이 아닌, 조선시대 당시의 광화문 광장과 주변에 대한 기본 지식요.

민 지　땡큐죠, 교수님.

신박사　땡큐일 것까지는 없고, 하하. 조선시대 수도 한양은 왕이 거처하는 법궁인 경복궁(1592~1868년은 창덕궁과 창경궁이 법궁이었음)을 중심으로, 4대문(흥인지문·돈의문·숭례문·숙정문)과 그 사이사이의 4소문(혜화문·소의문·광희문·창의문), 그리고 이 8개 문을 잇는 성곽으로 둘러싸인 곳이었어요. 그리고 '큰길'로는, 흥인지문(동대문)에서 돈의문(서대문)까지 동서를 가로지르는 '운종가'(오늘날 종로+신문로)와, 남대문에서 종각역까지 남북으로 이어지는 길인 오늘날의 남대문로가 있었어요. 따라서 한양 도성을 구획 짓는 큰길은 아래가 휘어지는 '丁정'자 형태였어요. 참고로 지금 세종대로 사거리에서 시청으로 이어지는 태평로는 당시 없었어요. 황토현이라는 나지막한 언덕이었어요.[117]

민 지 아하, 그러면 사실상의 큰길은 '운종가' 하나였네요. 그리고 지금의 종각역 있는 곳이 사거리 아닌 삼거리였고요.

신박사 그렇죠. 예나 지금이나 한 나라의 수도는 정치·경제·문화의 중심이에요. 조선시대 '경제의 중심'은 '구름처럼 사람들이 많이 모여드는 길'이라는 의미의 '운종가 雲從街(종로+신문로)'였어요. 운종가에서도 특히 종루(보신각) 부근이 중심이었죠.[118] 특권과 함께 국역 부담의 의무를 지는 '육의전'이 주로 이 보신각 주변에 자리했어요. '정치의 중심'은 마땅히 왕이 거처하는 궁과 중앙 관청이 모여 있는 '육조六曹 거리'였어요. 오늘날 정확히 '세종로'에 해당하는 '경복궁'과 '광화문 광장' 자리가 그곳이에요. 중앙 관청은 광화문을 마주할 때 오른쪽, 광화문 쪽으로부터 의정부, 이조, 경조(한성부), 호조, 기로소가 위치했어요. 왼쪽, 광화문 쪽으로부터는 예조, 중추부, 사헌부, 병조, 형조, 공조가 위치했고요. 그리고 경복궁 동쪽의 건춘문 앞에 사간원이 있었어요. 주변 행정구역 이름이 오늘날 '사간동'이죠.

민 지   교수님, 그때부터 '광화문 광장'이 나라의 중심이었네요. 성균관 유생 300여 명이 한꺼번에 몰려와 광화문 현판 앞에서 엎드려 단체로 상소를 하면 진짜 볼 만했겠어요. 시간 내서 의정부랑 육조가 있던 자리를 천천히 한번 걸어봐야겠어요. 상상 속의 시간 여행을 하면서요.

'빛'을 사해에 미쳐 하늘과 땅에 이르게 하는 '광화문光化門'

신박사   훌륭한 생각이에요. 오늘 대화를 광화문으로 시작했으니 마무리도 광화문으로 하죠. '광화문光化門'의 '광화光化'는 《서경》의 '광피사표光被四表 화급만방化及萬方'에서 가져왔다고 해요. '빛이 사방을 덮고 교화가 만방에 미친다'[119]는 의미죠. 그런데 《서경》을 찾아보면 이 구절이 없어요. 대신, '광피사표光被四表 격우상하格于上下'[120]라는 말이 있어요. 중국의 전설 시대 요 임금이 지극한 공훈을 이루어 '빛이 사해에 미쳐 하늘과 땅에 이르렀다'는 의미예요. 조선시대 '빛'의 주체는 '왕'이었어요. 21세기 민주주의 시대 '빛'의 주체는 당연히 주권자인 '민주 시민'이에요. '촛불혁명'과 '빛의 혁명'으로 민주주의가 가야 할 길을 환히 밝힌 바로 그 '민주 시민'요.

민 지 와, 제가 대단한 사람이네요. 2016~2017년 겨울, 그리고 2024~2025년 겨울에 제가 한 일이 다름 아닌 '광화光化'였네요. 이 나라를 밝히고 미래를 밝히는 데 작은 촛불 하나를 더했으니요. 교수님, 저 광화문 광장과 사랑에 빠질 것 같아요.

신박사 하하하, 민주주의 버전의 '광화문 연가戀歌'라도 하나 만들 기세네요. 🎶

민 지   교수님, 고생 많으셨어요. '보수와 진보', '민주주의' 두
       주제의 마무리에 이르렀어요.

신박사   민지 씨가 고생 많았죠. 정치 대화인데 대화가 아니라
       숫제 강의가 되어버렸으니요. 나이 먹으면 말을 줄여
       야 하는데, '라떼 세대'의 한계예요.

민 지   '라떼 세대'요? 하하하. 교수님, '라떼 세대' 그 말 진짜
       오랜만에 들어요. 그 말도 벌써 올드한 말이 되어버렸
       어요. 먼저 교수님, '보수와 진보', '민주주의' 두 주제
       의 대화를 마무리하는 소감 말씀해 주시죠.

신박사   소감까지는 아니고, 이번 대화를 통해 '보수와 진보',
       '민주주의'와 관련된 주요 개념·제도·관점 등을 알아
       보는 데, 가급적 실제 사례를 이용하려고 노력했어

요. 사례를 통한 학습이 핵심 이해에 제일 도움되고 또 오랫동안 기억에 남으니까요. 따라서 실제 사례의 절반 이상이 이 대화를 하는 시기인 2024년 말경부터 2025년 말경 사이에 일어난 일들인 것 같아요. 따라서 이 책은 최근 1년 사이에 일어난 여러 정치 '현상'을 '소재'로 빌려, '보수와 진보', '민주주의'와 관련된 여러 핵심의 '본질'을 이야기하고 있다고 보면 되겠죠. 즉, '시사'를 다룬 책이 아닌, '보수와 진보', '민주주의' 핵심의 '본질'을 다룬 '시민의 정치학'요.

민 지 오, 맞아요, 교수님. 그거였어요. 하나의 주제가 끝나면 그 주제 관련 핵심이 딱 정리되는 거예요. 그리고 그 핵심 정리 뒤에는 언제나 '스토리(실제 사례)'가 있는 거죠. 제가 언젠가 친구에게 교수님이 저에게 해주신 그대로 설명을 해보았어요. 그랬더니 그 친구가 깜짝 놀라는 거예요. 그런 내용 자기는 처음 들어본다는 거예요. 그러면서 갑자기 세상이 어떻게 돌아가는지 보인다는 거예요. 맞아요, 그게 '정치혁명의 구조' 3단계 '정치 패러다임'이었던 것 같아요. 그런데 그럴 수밖에 없죠. 저도 그랬었으니까요. 보수, 진보 구분을 뒤죽박죽으로(?) 하다 이 패러다임을 알고 나서 갑자기 교통정리(?)가 되기 시작했으니까요.

신박사 하하, 보람이 넘칩니다. 최고의 칭송이에요. 감사합니다, 하하하.

민 지   하하하. 그럼, 교수님. 다음의 《민지의 정치 공부 ②》
계획에 대해 말씀해 주시죠.

신박사   당초 한 권으로 《민지의 정치 공부》를 펴낼 생각이었
는데 중간에 계획이 변경되었죠. 계획했던 것보다 내
용이 많아져서요. 《민지의 정치 공부 ②》에서는 '자
유와 평등', '자본주의와 사회주의', 두 주제를 다룰 거
예요. 두 주제에서는 이 《민지의 정치 공부 ①》에 비
해 철학 내용이 좀 더 들어갈 것 같아요. 물론 '자본주
의와 자유주의' 경우 주 내용은 경제이겠고요. 이른바
'주류 경제학(자본주의)'과 '비주류 경제학(사회주의)'요.

민 지   그런데요, 교수님. '정치'를 학문 차원에서 다룬다면
진짜 그냥 '정치학'이 아닌, '정치경제학'이라고 하는
게 더 맞을 것 같아요. 교수님이 말씀하신 '정치혁명
의 구조' 2단계에서도 '자본주의 vs. 사회주의'의 대결
이잖아요. 즉, 보수와 진보 대립의 본질이 '정치체제
('왕정 vs. 공화정': 1단계)'가 아닌 '경제체제'잖아요. 정
치 현실에서도 어찌 보면 '정치'는 외피고 그 본질은
'경제'고요.

신박사   민지 씨는 항상 생각이 살아 있어요. 사실 원래 '정치
학'과 '경제학'은 별개가 아니었죠. 애덤 스미스에서 맑
스 때까지는 그냥 '정치경제학'이었죠. 그러던 게 19세

기 후반 신고전파 경제학자들이 등장하면서 기존 경제학자들(?)과 달리 '정치경제학'이 아닌, 그냥 '경제학'이라는 말이 사용되기 시작했죠. 영국 옥스퍼드 대학에 'PPE'라는 전공이 있어요. 'Philosophy(철학), Politics(정치), Economics(경제)' 셋을 함께 공부하는 거죠. 나는 정치의 실질이 그렇고, 학문적으로도 이렇게 공부하는 게 더 의미 있다고 생각해요. 《민지의 정치 공부 ②》에서의 우리 대화가 이 비슷한 방향으로 가지 않을까 싶어요.

민 지 교수님, 벌써부터 기대돼요. 지금 저의 정치를 읽는 능력이 한 뼘 자랐으니, 《민지의 정치 공부 ②》가 끝나면 이번에는 한 뼘이 아닌, 두 뼘, 세 뼘 정도 더 자라 있을 것 같아요.

주

1부

1) 구정화 외, 고등학교 통합사회, 2021, 천재교육, 117면
2) 토머스 페인, 박홍규 옮김, 상식인권, 2014, 필맥, 143면 참조
3) 맹자 2권, 2009, 학민문화사, 192~196면 참조
4) A. 토크빌, 임효선 등 공역, 미국의 민주주의, 2005, 한길사, 316면
5) 시사상식사전, '가스라이팅'
6) A. 토크빌, 임효선 등 공역, 미국의 민주주의, 2005, 한길사, 737면
7) 2019년 10월 16일자 MBC 뉴스 참조. https://imnews.imbc.com/replay/2019/nwdesk/article/5549832_28802.html.
8) A. 토크빌, 임효선 등 공역, 미국의 민주주의, 2005, 한길사, 353~355면
9) 에릭 홉스봄, 정도영 등 옮김, 혁명의 시대, 2009, 한길사, 155면
10) 신동기, 이 정도는 알아야 할 정치의 상식, 2019, M31, 67~69면 참조
11) 두산백과, '상원' 참조
12) A. 토크빌, 임효선 등 역, 미국의 민주주의, 2005, 한길사, 763면
13) A. 토크빌, 임효선 등 역, 미국의 민주주의, 2005, 한길사, 287면
14) 에드먼드 버크, 이태숙 옮김, 프랑스혁명에 관한 성찰, 2012, 한길사, 49면
15) 에드먼드 버크, 이태숙 옮김, 프랑스혁명에 관한 성찰, 2012, 한길사, 82면
16) 에드먼드 버크, 이태숙 옮김, 프랑스혁명에 관한 성찰, 2012, 한길사, 164면
17) 토머스 페인, 박홍규 옮김, 상식인권, 2014, 필맥, 202~207면 참조
18) 토머스 페인, 박홍규 옮김, 상식인권, 2014, 필맥, 405~406면 '옮긴이 해설' 참조
19) 에드먼드 버크, 이태숙 옮김, 프랑스혁명에 관한 성찰, 2012, 한길사, 65면
20) 네이버지식백과, '도덕'
21) J. J. 루소, 이환 역, 사회계약론, 2002, 서울대학교출판부, 5면
22) 토머스 페인, 박홍규 옮김, 상식인권, 2014, 필맥, 230·373면 참조

23) K. 맑스, 최인호 등 역, 칼 맑스 프리드리히 엥겔스 저작선집4권, 2003, 박종철출판사, 377면

24) 고려대 한국어대사전, '이상주의'

25) 참조: https://www.youtube.com/watch?v=DuP4TzU_RPY

26) 아돌프 히틀러, 황성모 역, 나의 투쟁, 2025, 동서문화사, 671·680~681면 참조

27) 참조: https://www.youtube.com/shorts/LGcdRMNNRAQ

28) K. 맑스, 최인호 등 역, 칼 맑스 프리드리히 엥겔스 저작선집1권, 2003, 박종철출판사, 2면

29) 표준국어대사전, '극우'

30) 두산백과, '국수주의'

31) 신동기, 회사에 대한 오해와 착각을 깨는 인문학적 생각들, 2016, 티핑포인트, 193~194면

32) 신동기, 이 정도는 알아야 할 정치의 상식, 2019, M31, 171~199면 참조

33) 존 로크, 강정인 등 역, 통치론, 2006, 까치, 151면

2부

1) 두산백과, '제헌헌법' 참조

2) 국가기록원-헌법이야기, '제1차 개정' 참조. 한국민족문화대백과, '발췌개헌' 참조. Basic 고교생을 위한 국사 용어 사전, '발췌개헌' 참조

3) 시사상식사전, '대한민국헌법' 참조

4) 시사상식사전·한국민족문화대백과, '의원내각제' 참조

5) 두산백과, '대통령제' 참조

6) 시사상식사전, '이원집정부제' 참조

7) 토머스 페인, 박홍규 옮김, 상식인권, 2014, 필맥, 229면

8) 표준국어대사전, '행정'

9) 몽테스키외, 하재홍 역, 법의 정신, 2012, 동서문화사, 187면

10) 존 로크, 강정인 등 역, 통치론, 2006, 까치, 153면

11) 몽테스키외, 하재홍 역, 법의 정신, 2012, 동서문화사, 185면

12) 라인홀드 니버, 이한우 옮김, 도덕적 인간과 비도덕적 사회, 2004, 65면

13) 라인홀드 니버, 이한우 옮김, 도덕적 인간과 비도덕적 사회, 2004, 81면

14) 라인홀드 니버, 이한우 옮김, 도덕적 인간과 비도덕적 사회, 2004, 358면

15) 논어3권, 2003, 학민문화사, 233면

16) 논어2권, 2003, 학민문화사, 89면

17) 권덕주 역해, 서경, 혜원출판사, 240면

18) 대학중용(중 대학), 2000, 학민출판사, 112면

19) 신동기, 네 글자의 힘, 2015, 티핑포인트, 33~35면

20) 오극 찬, 최호 역해, 정관정요, 2001, 홍신문화사, 336면 참조

21) 에드먼드 버크, 이태숙 옮김, 프랑스혁명에 관한 성찰, 2012, 한길사, 57~58면 참조

22) 토머스 페인, 박홍규 옮김, 상식인권, 2014, 필맥, 93면

23) 조선일보 2024년 12월 4일자 '대법원, 비상계엄 관련 긴급 심야 간부회의 진행' 기사 참조https://www.chosun.com/national/court_law/2024/12/04/XASRIGRYBRFHZK5667JDXOH7ZU/?utm_source=chatgpt.com, KBS 2024년 12월 4일자 '사법부, 대법원장 지시로 비상계엄 심야 긴급간부회의 소집' 기사 참조 https://news.kbs.co.kr/news/pc/view/view.do?ncd=8122069

24) MBC 2025년 10월 30일자 '항소심 선고 2일 만에 대법원 송부는 '이 대통령' 1건..'평균 31.3일'' 기사 참조. https://v.daum.net/v/20251030095810133

25) 한국민족문화대백과, '헌법소원' 참조

26) 신동기, 이 정도는 알아야 할 정치의 상식, 2019, M31, 250~255면 참조

27) 이데일리 2025년 11월 7일자 '대법 "李재판 중단은 5개 재판부 판단…존중 받아야"' 기사, https://v.daum.net/v/20251107150449121

28) J. J. 루소, 이환 역, 사회계약론, 2002, 서울대학교출판부, 52면 참조

29) 존 로크, 강정인 등 역, 통치론, 2006, 까치, 215·219면 참조

30) 마르쿠스 툴리우스 키케로, 성염 역, 법률론, 2013, 한길사, 193면; 존 로크, 강정인 등 역, 통치론, 2006, 까치, 151면 참조

31) 사마천, 박일봉 편역, 사기 본기, 2000, 육문사, 96면 참조

32) 헤겔, 임석진 옮김, 법철학, 2012, 한길사, 54면

33) K. 맑스, 최인호 등 역, 칼 맑스 프리드리히 엥겔스 저작선집1권, 2003, 박종철출판사, 189면

34) 존 로크, 강정인 등 역, 통치론, 2006, 까치, 119면

35) 존 로크, 강정인 등 역, 통치론, 2006, 까치, 139면

36) 존 로크, 강정인 등 역, 통치론, 2006, 까치, 125면

37) 존 로크, 강정인 등 역, 통치론, 2006, 까치, 217~218면

38) 존 로크, 강정인 등 역, 통치론, 2006, 까치, 219면

39) 존 로크, 강정인 등 역, 통치론, 2006, 까치, 196면

40) 몽테스키외, 하재홍 역, 법의 정신, 2012, 동서문화사, 180면

41) J. J. 루소, 이환 역, 사회계약론, 2002, 서울대학교출판부, 36면

42) J. J. 루소, 이환 역, 사회계약론, 2002, 서울대학교출판부, 121~123면

43) 시사상식사전, '레드 팀'

44) 아돌프 히틀러, 황성모 역, 나의 투쟁, 2025, 동서문화사, 309면

45) 아돌프 히틀러, 황성모 역, 나의 투쟁, 2025, 동서문화사, 306면

46) 토머스 페인, 박홍규 옮김, 상식인권, 2014, 필맥, 230면

47) 토머스 페인, 박홍규 옮김, 상식인권, 2014, 필맥, 226~228면

48) 닐 맥그리거, 김희주 역, 독일사 산책, 2016, 옥당, 455·499면 참조

49) 아돌프 히틀러, 황성모 역, 나의 투쟁, 2025, 동서문화사, 426면

50) 아돌프 히틀러, 황성모 역, 나의 투쟁, 2025, 동서문화사, 422면

51) 아돌프 히틀러, 황성모 역, 나의 투쟁, 2025, 동서문화사, 436면

52) 교육학용어사전, '민족주의'

53) 문학비평용어사전, '국수주의'

54) 시사상식사전, '쇼비니즘'

55) 아돌프 히틀러, 황성모 역, 나의 투쟁, 2025, 동서문화사, 562면

56) 표준국어대사전, '전체주의'

57) 아돌프 히틀러, 황성모 역, 나의 투쟁, 2025, 동서문화사, 428면

58) 아돌프 히틀러, 황성모 역, 나의 투쟁, 2025, 동서문화사, 578면

59) 아돌프 히틀러, 황성모 역, 나의 투쟁, 2025, 동서문화사, 863면

60) 아돌프 히틀러, 황성모 역, 나의 투쟁, 2025, 동서문화사, 577~584면 참조

61) K. 맑스, 최인호 등 역, 칼 맑스 프리드리히 엥겔스 저작선집1권, 2003, 박종철출판사, 418면

62) K. 맑스, 최인호 등 역, 칼 맑스 프리드리히 엥겔스 저작선집1권, 2003, 박종철출판사, 433면

63) K. 맑스, 최인호 등 역, 칼 맑스 프리드리히 엥겔스 저작선집1권, 2003, 박종철출판사, 402면 참조

64) 아돌프 히틀러, 황성모 역, 나의 투쟁, 2025, 동서문화사, 414~462, 459, 732면 참조

65) 시사상식사전, '카리스마' 참조

66) 아돌프 히틀러, 황성모 역, 나의 투쟁, 2025, 동서문화사, 644면

67) 아돌프 히틀러, 황성모 역, 나의 투쟁, 2025, 동서문화사, 645면

68) 아돌프 히틀러, 황성모 역, 나의 투쟁, 2025, 동서문화사, 592면

69) 아돌프 히틀러, 황성모 역, 나의 투쟁, 2025, 동서문화사, 405면

70) 아돌프 히틀러, 황성모 역, 나의 투쟁, 2025, 동서문화사, 418면

71) 아돌프 히틀러, 황성모 역, 나의 투쟁, 2025, 동서문화사, 530면

72) 아돌프 히틀러, 황성모 역, 나의 투쟁, 2025, 동서문화사, 334면

73) 아돌프 히틀러, 황성모 역, 나의 투쟁, 2025, 동서문화사, 878면

74) 아돌프 히틀러, 황성모 역, 나의 투쟁, 2025, 동서문화사, 340면

75) 아돌프 히틀러, 황성모 역, 나의 투쟁, 2025, 동서문화사, 526면

76) 아돌프 히틀러, 황성모 역, 나의 투쟁, 2025, 동서문화사, 405면

77) 아돌프 히틀러, 황성모 역, 나의 투쟁, 2025, 동서문화사, 127면

78) Basic 고교생을 위한 세계사 용어 사전, '바이마르 헌법'

79) 칼 R. 포퍼, 이한구 옮김, 열린 사회와 그 적들1, 2025, ㈜민음사, 457면 참조(영어 원문: Unlimited tolerance must lead to the disappearance of tolerance. If we extend unlimited tolerance even to those who are intolerant, if we are not prepared to defend a tolerant society against the onslaught of the intolerant, then the tolerant will be destroyed, and tolerance with them)

80) 칼 R. 포퍼, 이한구 옮김, 열린 사회와 그 적들1, 2002, 민음사, 177~178면

81) 칼 R. 포퍼, 이한구 옮김, 열린 사회와 그 적들1, 2002, 민음사, 178면

82) 칼 R. 포퍼, 이한구 옮김, 열린 사회와 그 적들1, 2002, 민음사, 173면 참조

83) 칼 R. 포퍼, 이한구 옮김, 열린 사회와 그 적들1, 2002, 민음사, 175~176면 참조

84) 시사상식사전, '똘레랑스' 참조

85) 구정화 등, 고등학교 통합사회, 2021, 천재교육, 237면

86) 칼 R. 포퍼, 이한구 옮김, 열린 사회와 그 적들1, 2002, 민음사, 178면

87) 뉴스토마토 2025년 12월 8일자 '①윤석열-한동훈 시행령 개정 3건에 검찰개혁 수포' 기사 참조. https://www.newstomato.com/readnews.aspx?no=1249282

88) 표준국어대사전, '등'

89) 법률용어사전, '헌법'

90) 토머스 페인, 박홍규 옮김, 상식인권, 2014, 필맥, 67면 참조

91) 한국민족문화대백과, '법치주의' 참조

92) 한국민족문화대백과·시사상식사전, '10월유신' 참조

93) 시사상식사전·한국민족문화대백과, '4·19혁명' 참조

94) 2020년 11월 11일자 '[정병호의 기억과 미래] 광화문 탱크와 경복궁 BTS' 칼럼 참조. https://www.hani.co.kr/arti/opinion/column/969513.html

95) 한국민족문화대백과, '6월항쟁' 참조

96) 한국민족문화대백과, '조광조', '성리학' 참조

97) 중종실록 37권, 중종 14년 11월 16일 12번째 기사 참조

98) 중종실록 37권, 중종 14년 11월 16일 13번째 기사 참조

99) 중종실록 37권, 중종 14년 11월 16일 16번째 기사 참조

100) 중종실록 37권, 중종 14년 11월 16일 18번째 기사 참조

101) 중종실록 37권, 중종 14년 11월 17일 5번째 기사 참조

102) 종실록 37권, 중종 14년 11월 17일 11번째 기사 참조

103) 중종실록 37권, 중종 14년 11월 19일 2번째 기사 참조

104) 중종실록 37권, 중종 14년 12월 16일 첫 번째 기사 참조

105) 중종실록 37권 중종 14년 12월 16일 2번째 기사 참조

106) 세종실록 23권, 세종 6년 3월 8일 2번째 기사 참조

107) 세종실록 23권, 세종 6년 3월 12일 2번째 기사 참조

108) 세종실록 23권, 세종 6년 4월 5일 2번째 기사 참조

109) 연산군일기 53권, 연산 10년 5월 18일 10번째 기사

110) 연산군일기 53권, 연산 10년 5월 11일 7번째 기사

111) 연산군일기 53권, 연산 10년 5월 4일 3번째 기사

112) 한국민족문화대백과, '향약'

113) 중종실록 38권, 중종 15년 1월 4일 2번째 기사

114) 세조실록 39권, 세조 12년 6월 25일 첫 번째 기사

115) 세종실록 40권, 세종 10년 5월 24일 2번째 기사

116) 중종실록 73권, 중종 27년 5월 18일 3번째 기사 참조

117) 홍순민, 우리 궁궐 이야기, 2009, 청년사, 23~36면 참조

118) 홍순민, 우리 궁궐 이야기, 2009, 청년사, 23~36면 참조

119) 시사상식사전, '광화문' 참조

120) 권덕주 역해, 서경, 혜원출판사, 20면

MZ가 묻고 라떼가 답하는 정치에 대한 모든 것

민지의 정치 공부 ①

ⓒ 신동기 2026

인쇄일 2026년 2월 10일
발행일 2026년 2월 25일
지은이 신동기
편집 추지영
디자인 이다오
발행처 생각여행
사업자등록번호 161-93-01927
전화 010-3254-0825 **팩스** 050-4319-0825 **이메일** dgshin0825@daum.net
ISBN 979-11-984688-4-0 (04340) 979-11-984688-0-2(세트)